© Sapna Richter

Lena Marbacher, geboren 1981, ist freie Journalistin, schreibt u. a. für »Der Freitag« und ist Co-Autorin des Bestsellers »Unlearn Patriarchy« mit einem Text über Arbeit. Sie ist Mitgründerin des Wirtschaftsmagazins »Neue Narrative« und des dazugehörigen Verlags. Davor war sie Gesellschafterin einer selbstorganisierten Unternehmensberatung. Sie spricht als Expertin über die Zukunft der Arbeit vor Vertreter*innen der Politik und Wirtschaft und auf Konferenzen. Promoviert hat sie in Kunst und Design an der Bauhaus-Universität Weimar. Lena Marbacher lebt in Berlin.

Weitere Informationen finden Sie auf www.fischerverlage.de

Lena Marbacher

ARBEIT MACHT MISSBRAUCH

Eine Gesellschaftskritik

 S. FISCHER

Erschienen bei S. FISCHER

© 2024 S. Fischer Verlag GmbH,
Hedderichstr. 114, 60596 Frankfurt am Main
Die Nutzung unserer Werke für Text- und Data-Mining
im Sinne von § 44b UrhG behalten wir uns explizit vor.
Umschlaggestaltung: Grafikladen Berlin
Satz: Dörlemann Satz, Lemförde
Druck und Bindung: GGP Media GmbH, Pößneck
ISBN 978-3-10-397611-3

Inhalt

Die Annäherung *7*

DIE MACHT *13*   Die Machterfahrung *15* Die Autorität *18*
Die Machtformen *22* Die organisationelle Macht *29*
Die soziale Ordnung *33* Die Arbeit *46*

DIE BETROFFENEN *59*   Die Sprachlosigkeit *61*
Die Schuldumkehr *65* Die Zweifel *69* Die Opferwerdung *77*
Die Lieblingsopfer *85* Die Fragilität *90*

DIE TÄTERINNEN UND TÄTER *95*   Der Respekt *103*
Die Erklärungen *107* Die Wiederholungen *116*
Die Stellungnahmen *123* Die Integration *140*

DIE INSTITUTIONEN *145*   Die Organisationen *154*
Die Formalstruktur *166* Die Funktionssysteme *170*
Die Kultur *175* Die Hierarchie *184* Die Abflachung *193*
Die Werte *203* Der Fachkräftemangel *211* Der Profit *220*
Die Vielfalt *224*

DAS WIR *231*   Die Liegestühle *232* Die Solidarität *238*
Das Sicherheitsdilemma *243* Die Berichterstattung *248*

DIE KONSEQUENZEN *255*   Die Positionierung *257* Die totale
Organisation *260* Die Balance *263* Die Evaluierung *267*
Die Akten *271* Die Belohnung *274* Die Workshops *278*
Der Verhaltenskodex *281* Das Recht *286*
Der Ausblick *290*

ANMERKUNGEN *293*

Die Annäherung

Jede Person, mit der ich für dieses Buch sprach, fragte ich, was für sie Machtmissbrauch ist. Eine Frau Anfang 30, die in der Spitzengastronomie arbeitet, erzählt mir eine Geschichte, um sich einer Definition zu nähern. Gerade vor zwei Tagen war sie vormittags, bevor sie zur Arbeit ging, beim Sport. Wassergymnastik. Während der Stunde nahm sie wahr, dass die Trainerin, die am Beckenrand stand, sie relativ oft ansprach und freundlich korrigierte. Weil sie das erste Mal in dem Kurs war, fand sie das nicht ungewöhnlich. Als die Stunde vorbei war und die Teilnehmenden verabschiedet wurden, bat die Trainerin meine Gesprächspartnerin, kurz zu warten, damit sie ihr noch etwas erklären könne. Sobald sie allein waren, sagte die Trainerin, dass sie ihr gefalle: »Du hast einen sehr schönen Körper.« Meine Gesprächspartnerin war überrascht und irritiert. Sie lächelte den Kommentar weg, obwohl er ihr unangenehm war, und stieg aus dem Becken. Dann ging sie zu den Duschen. Auf dem Weg zur Umkleide, nur in ein Handtuch gehüllt, begegnete sie der Trainerin erneut und beeilte sich, schnell von dort wegzukommen. Danach fuhr sie zur Arbeit. Weil das Erlebte sie immer noch beschäftigte, erzählte sie einem Kollegen davon. »Ist das sexuelle Belästigung, obwohl es eine Frau war?«, fragte dieser sie darauf. »Ja!«, schnellte es aus ihr heraus.

Im Laufe meiner Recherche erlebe ich häufiger, dass Betroffene und Umstehende um eine Definition von Machtmissbrauch ringen. Die Betroffenen können in der Rückschau oft sehr genau sagen, an welchem Punkt ein Verhalten ihnen gegenüber ehrverletzend, übergriffig oder belästigend wurde. Männer, Frauen und non-binäre Menschen erzählen mir Geschichten über Diskriminierungen, Belästigungen, Schikanierungen, körperliche Gewalt. So gut wie alle sind sich darin einig, dass die psychischen Verletzungen am schlimmsten waren: die Beschämung, die Selbstanklage, die Opferwerdung, die Angst und das Gefühl, alleine zu sein. Was personenbezogener Machtmissbrauch ist, weiß jede Person, die ihn erlebt hat. Darum geht es in diesem Buch. Nicht um Korruption, Entwendung von Geldern oder Steuerhinterziehung. Nicht um Hubschrauberflüge von Politikerinnensöhnen, private Dinnerpartys auf Firmenkosten oder millionenschweren Krankenkassenbetrug.[1] Personenbezogener Machtmissbrauch fängt da an, wo empfundene Freiwilligkeit aufhört. Wo eine Professorin ihrer – von ihr abhängigen – wissenschaftlichen Mitarbeiterin wiederholt sagt, dass sie »Analphabetin« sei und in Psychotherapie gehöre.[2] Wo eine Theaterschauspielerin von einem Intendanten während der Proben unangemessen intim berührt wird.[3] Wo eine Schwarze Patientin keine Schmerzmittel bekommt, weil Schwarze Menschen angeblich weniger Schmerzempfinden hätten.[4] Wo eine Jugendliche von einem Arzt bei der Untersuchung vergewaltigt wird.[5] Wo ein behinderter Mann gegen seinen Willen in einem Zimmer eingesperrt wird.[6] Wo ein Kollege seiner Kollegin beständig vermittelt, sie sei unfähig.

Oder sind die beschriebenen Situationen keine Fälle von Machtmissbrauch? Für viele Menschen ist das diskutabel: Diejenigen, die der Übergriffigkeit beschuldigt werden, sind erwartungsgemäß häufig der Meinung, dass ihr Verhalten legitim war, dass die andere Person es so wollte, dass es nur Kritik, nicht so gemeint oder gar Ausdruck von Verehrung war. Manche Beschuldigte bekräftigen, die betroffenen Personen hätten sich in dem Moment nicht beschwert. Nicht Machtmissbrauch, sondern Missverständnis also. Solange ein Verhalten nicht als problematisch empfunden wird, gibt es auch kein Problem, könnte man meinen. Machtmissbrauch wird es erst, wenn Menschen ein Verhalten ihnen gegenüber als dermaßen grenzüberschreitend empfinden, dass sie sich in ihrer Intimität, ihrer Psyche oder Physis eingeschränkt, bedroht, verletzt oder bedrängt erleben. Oder? Kann die eine Profisportlerin von einem Physiotherapeuten im Genitalbereich berührt werden und die Berührung als Machtmissbrauch bezeichnen und die andere nicht? Ja. Kann beides wahr sein? Ja. Ob etwas Machtmissbrauch ist, liegt zuallererst am Empfinden der betroffenen Person und erst dann an der geprüften Einschätzung durch eine unabhängige Instanz.

Eine Organisation hat die Pflicht, die Gesundheit ihrer Mitglieder zu schützen. Kommen Mitglieder im Rahmen ihrer Organisation oder Kunden und Kundinnen durch sie zu Schaden, ist die Organisation verpflichtet, Vorwürfe eingehend und sensibel zu prüfen. Auch wenn die Betroffenen selbst den Vorfall weniger radikal sanktionieren würden oder ihn vielleicht nicht als Machtmissbrauch erkennen. Im Fall von Schutzbefohlenen spielt das eine wichtige Rolle. Die Organisation muss sicherstellen, dass sich ein entsprechender Vorfall nicht wiederholt. Gleichsam darf sie selbst nicht übergriffig gegenüber Betroffenen und Beschuldigten sein. In der Realität wirken diese beiden Anforderungen manchmal gegeneinander. Viel häufiger aber werden Betroffene unsensibel behandelt oder als lästig abgetan. In einem Fall von sexuellem Machtmissbrauch in der evangelischen Kirche soll eine »kirchliche Ermittlungsführerin Betroffenen vorgerechnet haben, wie teuer es würde, wenn der mittlerweile pensionierte Dieter K. sein Ordinariat und somit seine Pension verlöre, weil dann nämlich staatliche Versicherungsbeiträge in sechsstelliger Höhe nachgezahlt werden müssten«.[7]

Neben der in den letzten Jahren häufig gestellten Frage: *Was darf man denn jetzt eigentlich noch sagen?* wird im Zusammenhang mit Machtmissbrauch auch diese aufgeworfen: *Kann jetzt jede Kritik als Machtmissbrauch gelabelt werden?* Die Frage ist tatsächlich interessant. Sie zeigt an, dass es nicht nur eine Frage des Rechts, sondern auch eine Frage gesellschaftlicher Normen ist, was als Machtmissbrauch gelten darf und was nicht. In ihr schwingt das Bedürfnis nach einem Kriterienkatalog mit, in dem machtmissbräuchliches Verhalten beschrieben und eindeutig zu bestimmen ist. Auch um klarzustellen, was alles *nicht* Machtmissbrauch ist. Die Frage übersieht jedoch die Komplexität von Macht und Menschen. Dennoch soll sie beantwortet werden: Natürlich kann Kritik als Machtmissbrauch empfunden werden. Solange sie aber nicht beweisbar gelogen, ehrverletzend, diskriminierend oder körperlich ist, ist sie strafrechtlich nicht relevant. Aber wäre nur das Verhalten Machtmissbrauch, was rechtlich Bestand hat, also wofür Täterinnen und Täter tatsächlich rechtlich belangt werden können, das Problem wäre deutlich kleiner. Machtmissbrauch beginnt häufig subtil. Fast unbemerkt werden Verhaltensweisen Stück für Stück immer übergriffiger. Erst fühlt es sich an wie Kritik. Dann wie eine Frechheit. Dann beschämend. Die Betroffenen werden immer unsicherer und denken, sie seien tatsächlich unfähig. Das nennt man Manipulation in Form von Gaslighting. Über Wochen oder Monate wird daraus Mobbing. Betroffene erkennen das oft erst, wenn sie Abstand vom System haben, in dem der Machtmissbrauch stattfand.

Eine eindeutige Definition von Machtmissbrauch ist deshalb

schwer möglich, weil Vorfälle unterschiedlich interpretierbar sind, auch abhängig davon, ob sie in ihrer Gesamtheit betrachtet werden. Aber es gibt noch eine ganz andere Perspektive, die die empörte Frage, ob denn jetzt alles als Machtmissbrauch angesehen werden kann, vernachlässigenswert macht: Würde Machtmissbrauch in all seinen Facetten in der breiten Öffentlichkeit diskutiert, wäre seine Feststellung weniger stigmatisierend. Die Tabuisierung von machtmissbräuchlichem Verhalten erzeugt nachvollziehbarerweise Abwehr und Scham bei Beschuldigten und Betroffenen. Scham hält eine Gesellschaft angeblich zusammen und erzeugt soziale Erwartungen. Der Effekt der Tabuisierung und Beschämung von Machtmissbrauch ist aber auf der einen Seite, dass vor allem die Betroffenen beschämt werden, wenn sie es wagen, Vorfälle zu benennen, und auf der anderen Seite, dass die Beschuldigten alle Vorwürfe von sich weisen, um nicht schuldig zu sein. Denn allein die Schuldzuweisung von Machtmissbrauch ruft gesellschaftliches Raunen hervor. Insbesondere dann, wenn die Beschuldigten angesehene Mitglieder der Gesellschaft sind.

Machtmissbrauch findet ständig statt, soll aber nicht sein – da sind sich alle einig. Betroffene, aber auch Beschuldigte werden gesellschaftlich deshalb isoliert. Scham zeigt an, was in welchem Kontext sozial anerkannt ist und was nicht. Das bedeutet eben auch, dass Scham ein Instrument sozialen Ausschlusses ist. Um ein gesellschaftliches Problem zu lösen, muss man sich allerdings ausgiebig mit ihm befassen, es breit und öffentlich diskutieren. Tun wir das nicht, bereiten wir Machtmissbrauch erst recht den Boden, denn seine Enttabuisierung beugt ihm vor. Machtmissbrauch kann massiv und weniger massiv sein. Nicht immer ist das abhängig von der juristisch eingeschätzten Schwere einer Tat, sondern auch von der Bewältigungsfähigkeit und -möglichkeit der Betroffenen. Die eine Person empfindet eine Diskriminierung als nicht der Rede wert, die andere ist zutiefst traumatisiert. Die Würde eines Menschen ist unantastbar, steht in unserer Verfassung. Machtmissbrauch bricht zuweilen damit.

Um die Formen und Wirkungen von Macht und Machtmissbrauch erkennen und benennen zu können, braucht es Wissen. Organisationen sollten die Dynamiken von Macht kennen, um sie kontrollieren zu können. Wir alle brauchen dieses Wissen, um uns und andere schützen zu können. Dieses Buch möchte einen Beitrag dazu leisten.

Teil I

DIE MACHT

Mein Klassenlehrer stand beim Klingeln zum Ende der großen Pause immer in der Tür des Schulgebäudes und rief uns lachend zu sich. Unter seinen Armen waren riesige Schweißflecken zu sehen. Er war ein freundlicher Mann, der viel schwitzte. Das sei wegen einer Krankheit, erklärte er uns einmal und zeigte uns einen elektronischen Kasten, den er tragen musste, um irgendwelche Daten seines Körpers zu sammeln. Wir Kinder rannten vom Hof zu unserem Lehrer. Das mussten wir, wenn wir pünktlich zurück im Klassenzimmer sein wollten. Einen anderen Weg als an ihm vorbei gab es nicht. Während wir auf ihn zurannten, ging unser Klassenlehrer in die Hocke und breitete lachend die Arme aus. Er fing uns ab und drückte jeden von uns fest an sich. An seine schweißnassen Achseln. Nach einem Moment gab er uns wieder frei. Dann, wenn das nächste Kind angerannt kam, das er in den Arm nehmen konnte. So ging das jeden Tag. Ich hasste es. Und widersetzte mich den Umarmungen. Ich wurde aufmüpfig. In meinem Zeugnis stand später: »Lena ist ein sehr impulsives Mädchen und neigt zur Schwatzhaftigkeit.« Beides stimmte. Mein Lehrer bestrafte mich dafür und schickte mich vor die Tür. Dort stand ich oft und wartete, bis ich wieder reindurfte. Und schwatzte weiter. Später drohte er mir, mich in eine andere Klasse versetzen zu lassen. Meine Mutter stellte mich zur Rede. Ich erzählte ihr nicht von den Umarmungen und den Schweißflecken. Ich konnte das nicht wirklich einordnen, aber dass der erzwungene Körperkontakt unangemessen war, fühlte ich. Er wich ab von dem Verhalten anderer Lehrer, die uns nicht umarmten, wenn sie es wollten. Mein Klassenlehrer aber tat das jeden Tag. Das Erdulden der Umarmungen war wie eine Art Wegezoll, den wir zahlen mussten, um sanktionsfrei in die Klassenräume zu gelangen. Weil ich meinem Lehrer untergeben und anvertraut war, weil ich ihm Achtung entgegenbrachte und auf seine Anerkennung angewiesen war, um in der Schule bestehen zu können, sprach ich nicht über mein Unbehagen und mein Empfinden, dass erzwungene Umarmungen nicht zum Aufgabengebiet eines Klassenlehrers gehörten.

Ich hatte wie jedes Kind gelernt, dass Erwachsene recht haben, weil sie erwachsen sind, auch wenn sie etwas taten, was ich nicht wollte. Ich war nicht nur unmündig aufgrund meiner fehlenden Volljährigkeit. Ich war unmündig im Sinne fehlender Sprachfähigkeit. Ich war unmündig durch Bevormundung. Ich sagte meiner Mutter also nur, dass ich den Lehrer nicht mochte. Sie sagte, sie könne das verstehen und ob ich mich nicht dennoch etwas zusammenreißen wolle. Es sei ja nicht mehr lang. Der drohende Verlust meines sozialen Umfelds, der Zugehörigkeit zu meinen Mitschülerinnen und Mitschülern, sorgte dafür, dass ich mich fügte. Ich wurde vor die Wahl zwischen Freundinnen und Einsamkeit gestellt – und blieb. Freiwillig? Das ist eine mögliche Interpretation: Ich hätte schließlich in eine andere Klasse gehen können. In eine andere Schule. Nur die Schule gänzlich verlassen konnte ich nicht. Wegen der Schulpflicht.

Die Machterfahrung

Was Macht ist, lernen wir als Kinder. Durch Eltern, Erziehungsberechtigte und andere Erwachsene, denen wir unterstellt sind. Jedes Kind lernt seine eigene Verletzlichkeit dadurch kennen, dass Erwachsene in seine Autonomie eingreifen, um es etwa vor einem vorbeifahrenden Auto oder anderen Gefahren zu schützen. Ein Kind »fesselt sich an die Zuwendung und an die Anerkennungen Erwachsener, es richtet sich ein in einer von anderen hergestellten Welt. Die Empfindung der eigenen Unterlegenheit ist Teil des sozialen Wissens aller Kinder«, so der Soziologe Heinrich Popitz. »Wo Menschen Kinder pflegen, heranziehen, üben sie intentional und mit hoher Überlegenheit Macht aus.«[1]

Mein Lehrer wollte mich aus der Klasse haben, weil ich ihn zusehends nervte. Meine Abwehr gegen seine Umarmungen fand nicht nur körperlich und im Augenblick seiner Grenzüberschreitung statt, sondern setzte sich fort bis in das Klassenzimmer hinein. Ich sprach im Unterricht noch mehr dazwischen, ich widersetzte mich seinen Aufgabenstellungen, ich machte schlechte Stimmung und gab ihm freche Antworten. Auf seine Grenzüberschreitung reagierte ich mit meiner. Als er mich schließlich in eine andere Klasse versetzen wollte, wusste ich, dass ich ihn so weit getrieben hatte. Es war fast ein Gefühl des Triumphes. Der Triumph einer Zehnjährigen. Hatte ich auch Macht? Wollte mein Lehrer von seiner Schülerin anerkannt werden, weil er ein guter Lehrer sein wollte? War seine Androhung, mich aus der Klasse auszuschließen, ein Eingeständnis dieses Anerkennungsverlustes? War das Ausnutzen seiner Macht ein Zeichen von Hilflosigkeit? Selbst wenn Empfindungen dieser Art auf seiner Seite eine Rolle gespielt haben könnten – die Machtverhältnisse, in denen ich mich befand, unterstellten mich eindeutig ihm und niemals meinen Lehrer mir. Er befand sich als Lehrer in der Rolle eines gesellschaftlich anerkannten Berufs. Sein Job war die verantwortungsvolle Bildung und Erziehung von Kindern. Lehrende erklären Kindern die Welt, sagen ihnen, was richtig und falsch ist, bewerten ihre Leistungen, ihr Verhalten und ordnen sie im Vergleich zu anderen ein. Lehrende sind Autoritätspersonen für schulpflichtige Kinder. Von ihnen anerkannt zu werden, ist essenziell, weil ein erheblicher Teil der Bildungskarriere von dieser Anerkennung abhängt. Die letzte mögliche Machtausübung meines Lehrers über mich war die Empfehlung für die weiterführende Schule. Ich erinnere mich, wie er sagte, er sei unsicher, ob ich für das Gymnasium geeignet sei. Er fragte meine Mutter, was sie darüber denken würde. Mein Lehrer zeigte sich unentschlossen. Die Macht, die Entscheidung zu treffen, hatten letztlich meine Eltern – nicht ich.[2]

Wie sich Machtausübung und auch Machtmissbrauch anfühlt, gehört zu den frühkindlichen Erfahrungen, die wir sammeln. Durch sie lernen wir, was Unterdrückung, Zwang, Bestrafung, Belohnung und Gewalt sind:

Wir müssen essen, was auf den Tisch kommt.

Wir bekommen ein Zäpfchen in den Arsch.

Wir werden aufs Zimmer geschickt, weil wir laut waren.

Wir bekommen etwas nicht, bis wir aufräumen.

Wir dürfen bei etwas mitmachen, wenn wir uns fügen.

Über jede und jeden von uns wurde im Kindesalter Macht durch Erwachsene ausgeübt, mitunter gewaltvoll. Im besten

Fall geschah das zu unserem Wohl. Wahrscheinlich aber auch manches Mal auf unfaire Weise, aus Überforderung, Eigennutz oder mangelnder Geduld der Machtausübenden. Durch derlei Erlebnisse haben wir zumindest unbewusst gelernt, wie Machtausübung funktioniert. Wir probieren uns schon als Kinder selbst darin aus, z. B. gegenüber unseren Geschwistern, Mitschülerinnen und Mitschülern oder als lebendig imaginiertem Spielzeug, das wir beschimpfen, bestrafen, belohnen und vor Wut in die Ecke werfen.

Die Autorität

Erwachsene gestalten die Welt und ihre Regeln, in der Kinder sich zurechtfinden müssen – aber auch wollen. Es ist dieses Streben nach Anerkennung, »mit dem wir Autoritätswirkungen überhaupt erst erzeugen und die Bindung an Autoritätspersonen hervorbringen«.[3] Das gilt nicht nur für Kinder, sondern auch für Erwachsene (wenn auch in geringerem Maße). Wem Anerkennung gebührt, wird im sozialen System der Gesellschaft festgelegt. Prestige und Autorität werden traditionell bestimmten Personengruppen und institutionellen Rollen zugeschrieben: dem Pfarrer oder Priester, dem Lehrer, dem Arzt, dem Professor, dem Wohltäter, dem Herrscher, dem Helden. Oder anders: dem Erfolgreichen, dem Gebildeten, dem Reichen, dem Weißen, dem Starken, dem Mann. Dass es heute auch die Professorin ist, die Prestige genießt, bedeutet, dass sich unsere gesellschaftliche Bewertung davon, wem Autorität gebührt, mit den Jahrzehnten verändert hat. Diese Veränderungen geschehen insbesondere in demokratischen Gesellschaften langsam, weil kein Autokrat und keine Autokratin von oben anordnen kann, wem wir Autorität zu verleihen haben. Gesellschaften wie unsere sind deshalb auf Aushandlungsprozesse angewiesen, um die Traditionen dessen, was wir als anerkennungswürdig empfinden, zu verändern. Frauen haben heute so viel Macht und so viele Rechte wie nie zuvor. Jedes einzelne wurde mühsam von ihnen erkämpft. Im direkten Vergleich wird einer Professorin gegenüber einem Professor aber nach wie vor weniger Autorität verliehen. Hat der Professor jedoch beispielsweise eine Schwerbehinderung, ändert sich wahrscheinlich das Maß an Anerkennung zugunsten der nicht behinderten Professorin. Trägt die Professorin einen Hidschab, ist es wahrscheinlich, dass der behinderte Professor wieder mehr Anerkennung hinzugewinnt. Ist die Professorin Ökonomin und der Professor Sozialpädagoge, wird das Pendel der Anerkennung wiederum mehr in Richtung der Professorin ausschlagen. In welchem Maß das geschieht, hängt von vielen unterschiedlichen Faktoren ab: Alter, Zugehörigkeit zur Universität, vorzuweisende wissenschaftliche Erfolge, sozioökonomische Herkunft, Qualität des eigenen Netzwerks, Bekanntheitsgrad, Veröffentlichungen, Redegewandtheit und viele mehr. Aber auch das jeweilige Publikum ist entscheidend dafür, wie die Verleihung von Anerkennung vor sich geht.

Diese Dynamik zu erkennen ist wichtig, um in einem nächsten Schritt zu verstehen, wie vielschichtig sich die Verleihung und Ausübung von Macht in den unterschiedlichsten Kontexten gestaltet. Die gesellschaftliche Bewertung und Abstufung von Menschen und ihre Homogenisierung zu Gruppen spielt dabei eine wesentliche Rolle. Autorität ist aber nicht gleich Macht. Der Soziologe Alfred Vierkandt wollte Macht und Autorität unterschieden wissen in Fügungsbereitschaft aus Furcht und Fügungsbereitschaft aus freier Neigung. Der Sozialphilosoph Max Horkheimer differenzierte zwischen autoritären und autoritativen Beziehungen und meinte mit letzteren eine »bejahte«, also freiwillige Abhängigkeit. Autorität gründet sich auf Prestige, auf der freiwilligen Anerkennung der Überlegenheit einer oder eines anderen. Wer jemandem Autorität verleiht, passt sich in seinem Verhalten den Vorlieben der Autoritätsperson oft an.

Stellen Sie sich vor, ins Personalteam, dem Sie angehören,

kommt ein neuer Kollege, den Sie vorher schon aus der Entfernung kannten und stets für seinen Erfolg und sein Ansehen bei den Vorgesetzten bewundert haben. Sie sind beeindruckt von seiner Redegewandtheit, seinem selbstbewussten Auftreten und vielleicht auch von seinem Klamottenstil. Nach ein paar Wochen der Zusammenarbeit spricht Sie ein Freund an, ihm sei aufgefallen, dass Sie in letzter Zeit so viele Fremdwörter benutzen, woher das denn käme? Wenn wir Anerkennung durch eine Autoritätsperson bekommen wollen, verhalten wir uns so, wie sie es bevorzugt. Wir machen es der Autoritätsperson recht, übernehmen oft ihren Sprachgebrauch, eignen uns ihr Verhalten an, um ihr zu gefallen – auch in Momenten, in denen sie nicht dabei ist.[4] Neben unserem Verhalten passen wir auch unsere Einstellungen, Meinungen und Urteile an. Wir übernehmen sogar die Perspektive der Autoritätsperson. Um in unserem Gedankenspiel zu bleiben: Statt darüber nachzudenken, wie Sie als Mitarbeiter eine Situation im Team einschätzen, fragen Sie sich seit kurzem, was Ihr Kollege wohl darüber denkt, und erwischen sich dabei, wie Sie seine Aussagen vor anderen wiederholen. Das passiert uns allen, und je unerfahrener wir sind, desto häufiger. Das ist ein wichtiger Punkt im Zusammenhang mit Macht: »Autoritätsanerkennung bedeutet immer auch psychische Anpassung.«[5] Es geschieht, ohne dass die Autoritätsperson Kontrolle ausüben muss, denn wir – als Autoritätsabhängige – kontrollieren uns selbst. Die Autorität ausübende Person *muss* deshalb nicht gewaltvoll vorgehen, um sich unseren Gehorsam zu sichern, aber sie kann es. Betrachten wir menschliches Verhalten als Prozess, können wir sagen, dass Autorität, Macht und Gewalt sich innerhalb einer Situation dynamisch abwechseln und ineinander übergehen: Je nach Kontext, Verfassung der zueinander in Beziehung stehenden Personen, je nach Motivation, Interpretation, Empfinden und je nach Anwendung der Mittel. Je intensiver eine Autoritätsbeziehung ist, desto naiver folgen wir den Anweisungen der Autoritätsperson. Bittet Sie der von Ihnen bewunderte Kollege, die Kündigung einer Kollegin zu übernehmen, weil Sie sie ja besser kennen und in seinen Augen geschickter sind, machen Sie das. Sie fühlen sich sogar besonders gewertschätzt dadurch und hinterfragen nicht, ob Sie die Wahl gehabt hätten, nein zu sagen. Indem der Kollege eine unangenehme Aufgabe an Sie delegiert, überträgt er Ihnen damit auch die Verantwortung für eine Entscheidung, die er getroffen hat.[6] Häufen sich mit der Zeit die an Sie delegierten unliebsamen Aufgaben, mit denen Sie sich im Unternehmen immer unbeliebter machen, während Ihr Kollege Sie dafür aber lobt, sich Ihnen gegenüber dankbar zeigt und Ihnen womöglich eine Beförderung in Aussicht stellt, passiert etwas: Fast ohne es zu bemerken, kann aus einer gesunden, bejahten Autoritätsbeziehung ein subtil machtmissbräuchliches Verhältnis werden. Der Übergang von zwangloser Autorität zu zwangvoller Abhängigkeit verläuft meistens schleichend.

Die Machtformen

Ein Universitätsprofessor genießt allein durch seine Stellung institutionelle und intellektuelle Autorität. Doktoranden, die bei einem Professor oder einer Professorin promovieren, sind von deren Beurteilungen abhängig und schätzen in der Regel deren Erfahrungen im Wissenschaftsbetrieb und in der Forschung höher ein als ihre eigenen – allein aufgrund des Alters, des Status und belegbarer Erfolge. Durch die hierarchischen Weisungsbefugnisse über die Doktorandinnen haben Professorinnen eine Macht, die über Karriere und die finanzielle Situation der Promovierenden entscheiden kann. Das nutzte 2015 ein Professor an der Fakultät für Forstwissenschaft und Waldökologie in einer deutschen Universitätsstadt aus, um mehrere Mitarbeitende, darunter eine Doktorandin, in seinem Büro mit einem Stock auf Brust, Waden und Po zu schlagen.

In seinem Buch *Phänomene der Macht* fasst Popitz die historisch gängigen Konzepte von Macht zusammen und subsumiert sie in vier Machtformen, von denen wir uns anhand dieses Beispiels die ersten drei Formen anschauen können. Der vierten wenden wir uns im nächsten Kapitel ausführlicher zu. Aus der Autoritätsbeziehung zwischen Doktorandin und Professor wurde *autoritative Macht*. Das passiert »wenn die Anerkennungsbedürftigkeit […] anderer bewußt dazu ausgenutzt wird, ihr Verhalten und ihre Einstellung zu beeinflussen«.[7] Während der Bestrafung schloss der Professor die Tür ab. Ein sexuelles Motiv wies er später vor Gericht von sich. Angeblich seien die Schläge einvernehmlich gewesen. Aber die Doktorandin »fühlte sich nach den Feststellungen des Gerichts beruflich und finanziell von ihm abhängig. Ihren Lebensunterhalt bestritt die Frau durch ein Stipendium, für dessen Fortsetzung sie regelmäßig Bescheinigungen des Professors vorlegen musste. Sie lebte erst seit wenigen Jahren in Deutschland und sprach nur wenig Deutsch. Weil sie Angst vor dem Scheitern ihrer Promotion hatte und zum Tatzeitpunkt allein mit dem Professor in seinem abgeschlossenen Büro war, ›gestattete‹ sie ihm die ›Bestrafung‹. Nach jeder ›Bestrafung‹ umarmte er die junge Frau und verlangte, dass sie sich für die erhaltenen Schläge bedanke.«[8]

Das Schüren von Befürchtungen (Verlust der Anerkennung) und Wecken von Hoffnungen (Zugewinn von Anerkennung) sind klassische Methoden autoritativer Machtausübung. *Autoritative Macht* kann als innere Macht beschrieben werden. Sie wirkt unsichtbar und beruht auf der Orientierungs- und Anerkennungsbedürftigkeit von Menschen. Unser Selbstwert hängt von den Bestätigungen anderer ab. Wir suchen nach Gewissheit und Anzeichen der Bewährung. In der autoritativen Bindung wird die Sicherheit der sozialen Orientierung und des Selbstwertgefühls gewonnen oder verloren. Denn Autorität bietet zwei Alternativen: erhoffte Anerkennung und befürchteter Verlust der Anerkennung. Wer solche Alternativen einsetzen kann und dies bewusst tut, um Verhalten und Einstellung anderer zu steuern, übt *autoritative Macht* aus.

Besagter Professor wandte aber nicht nur *autoritative Macht* an, indem er die Doktorandin befürchten ließ, ihre Promotion zu verlieren, und ihr Hoffnung gab, indem er ihr zur Wahl stellte, sich schlagen zu lassen. Im Moment der Androhung übte der Professor auch *instrumentelle Macht* aus durch Bedrohung (Verlust der Promotion) und in Aussicht gestellte Belohnung (Gewährung der Promotion). *Instrumentelle Macht* ist die

Verfügung über Belohnung und Strafe. Ihre Strategie besteht im Aufbau und Bewahren dieser Glaubhaftigkeit. »Eine glaubhafte Gefahr und die glaubhafte Chance können instrumentalisiert werden zur Begründung permanenter Unterwerfung.«[9] Auch hier stehen sich zwei Alternativen gegenüber. Der Machthabende und Alternativenstellende teilt das Verhalten der Betroffenen in zwei Klassen: in Fügsamkeit und Unbotmäßigkeit, also Widerstand. Daraus resultiert, dass jede Entscheidung der Betroffenen zu einer Ja- oder Nein-Antwort führt. Man kann nicht *nicht* antworten. Die Definition der Situation ist aufgezwungen. Bei Drohung entsteht der Charakter einer Erpressung, bei Versprechen der einer Bestechung. Als der Professor zuschlägt, übt er banale *Aktionsmacht* mittels physischer Kraft seines bewaffneten Körpers aus.[10] *Aktionsmacht* ist Macht als Verletzungskraft. Diese ist zwar mitunter ungleich verteilt durch körperliche Überlegenheit, Begabung, Gewandtheit, Tempo oder Zugang zu Ressourcen – alles Mittel zur Steigerung der Verletzungseffizienz. Aber in Überraschungsmomenten oder durch entsprechende Mittel, etwa eine Waffe, können auch körperlich Unterlegene einen körperlich Überlegenen massiv verletzen. Aktionsmacht meint auch den Entzug von Mitteln, die Zerstörung von etwas, den verhinderten Zugang zu Ressourcen oder den Entzug sozialer Teilhabe durch Ausgrenzung und Herabsetzung.

Autoritative Macht erleichtert dem Machthaber oder der Machthaberin die gleichzeitige Anwendung anderer Machtformen. Autoritätsausübung lässt sich wunderbar mit Bedrohung und Schlägen kombinieren. Durch die Anerkennungsbedürftigkeit sind die Untergebenen verletzlich. Ihre Selbstachtung ist an die Beziehung zur Autoritätsperson gebunden: »Die Verletzbarkeit, die Ausgeliefertheit macht auch für geringe Verschiebungen im Urteil der Autoritätspersonen empfindlich. Wie die autoritative Bindung die Welt, in der wir leben, stimmig macht, stimmig durch Zustimmung, so kann der Verlust der Zustimmung zu dem Gefühl führen, aus der Welt zu fallen. Wird dies planvoll ausgenutzt, können auch leise Mittel und schwache Drohungen einen hohen Konformitäts-Effekt haben.«[11]

Die Personen, von denen wir Anerkennung brauchen, zu denen wir aufsehen, denen wir nacheifern, denen wir Autorität über uns geben, sind am ehesten diejenigen, die sich uns gegenüber schädlich verhalten werden. Unser Selbstwertgefühl wächst durch die Anerkennung anderer. Erst dadurch erkennen wir uns selbst an. Zugleich kann unser Selbstwert nur dann besonderen Schaden nehmen, wenn wir andere als Autoritätsperson anerkennen: Autoritätsbeziehungen beruhen auf dem Bestreben, von denen anerkannt zu werden, deren Anerkennung als besonders dringlich empfunden wird, »als ausschlaggebend für die Gewissheit, überhaupt sozial angenommen, sozial ernst genommen zu werden. Die Empfindung sozialen Anerkanntseins ist konstitutiv für unsere Selbstanerkennung und unser Selbstwertgefühl.«[12] Die Bindung zu diesen Personen abzubrechen ist so schwer, weil wir damit unsere Zuversicht, in der Welt als jemand zu gelten, zumindest teilweise verlieren. »Aus wahrgenommener Anerkennung wird uns das beklemmende Gefühl von Unterwerfung bewusst, in der wir Sicherheit gefunden hatten.«[13] Nimmt man eine andere Person nicht generell als überlegen wahr, sondern lediglich in einigen Bereichen, beschränkt sich der Einfluss dieser Person wahrscheinlich auch nur auf einige Bereiche des Lebens. Weil ich meine Freundin als sportlich überlegen anerkenne, schließe ich mich vielleicht ihrer Meinung zu Trainingsplänen für Marathonläufe an, übernehme aber nicht ihre politische Meinung, denn in diesem Bereich sehe ich zu anderen Menschen auf. Autoritätsbeziehungen sind immer auch positiv und müssen nicht zwangsläufig unangenehme Auswirkungen auf uns haben. Potenziell riskanter werden Autoritätsbeziehungen erst, wenn wir die Überlegenheit der Autoritätsperson als allumfassend empfinden. Als eine Aura genereller Überlegenheit, die eine Person umgibt.

Die Lösung liegt auf der Hand: Macht euch unabhängig von der Anerkennung anderer. So einfach ist das – im Prinzip. Die Basis für einen soliden Selbstwert wird in unserer Kindheit gelegt. Wer bedingungslos von seinen Eltern oder anderen Erwachsenen geliebt wird, macht die Erfahrung, dass die eigene bloße Existenz ausreicht, um wertgeschätzt zu werden. In der Folge schätzt sich ein solches Kind auch unabhängig von einer erbrachten Leistung selbst wert. Kinder, die nur dann Anerkennung und Liebe erfahren, wenn sie etwas leisten, empfinden sich auch selbst nur dann als wertvoll und liebenswürdig.[14] Wer besonders abhängig von der Wertschätzung und Anerkennung anderer ist, wird sich häufiger von Autoritätspersonen abhängig machen, auch dann, wenn diese Autoritätsbeziehungen machtmissbräuchlichen Charakter annehmen. Gleichsam lässt sich aber auch sagen: Der Mensch ist als soziales Wesen immer abhängig von sozialer Anerkennung und der Zugehörigkeit zu anderen. Ein belastbarer Selbstwert kann auch im Erwachsenenalter noch erlernt werden, auch wenn er die mangelnde Anerkennung aus der Kindheit nicht komplett wettmachen kann. Haben Menschen alternative Sozialsysteme, in denen sie aufgefangen werden, und einen soliden Selbstwert, der sie gegen die Urteile von Autoritätspersonen unempfindlicher macht, wird ihnen der Entzug sozialer Teilhabe in einem Bereich weniger anhaben können. Sie fallen nicht aus der Welt. Selbstzweifel und unangenehme Gefühle wird diese Erfahrung dennoch auslösen. Und egal wie unabhängig, selbstbewusst und sozial aufgefangen wir in verschiedensten Kontexten sind: Machtmissbrauch kann uns trotzdem treffen.

Abhängigkeiten können psychischer Art sein, wie anhand der Autoritätsbeziehungen erklärt, aber auch rein organisationell. Ein Markt mit vielen verfügbaren Arbeitskräften, aber sehr wenigen Arbeitsplätzen und noch weniger Chancen auf Erfolg – wie beim Theater, im Film, in der Wissenschaft, dem Kunstmarkt oder der Musikbranche – erzeugt Abhängigkeitsverhältnisse. Ein Markt, in dem Fachkräftemangel herrscht und Arbeitgeber gezielt Arbeitnehmende im Ausland suchen, die den Job dringend brauchen – wie in der Pflegebranche oder der Fleischindustrie –, erzeugt Abhängigkeit. Wenn die Arbeitsbedingungen in der gesamten Branche schlecht sind, dann halten selbst begehrte Fachkräfte an einem etwas weniger schlechten Arbeitgeber fest, weil ein neuer Arbeitsplatz vielleicht noch schlechter ist. Organisationen, die staatliche Aufgaben erfüllen und mit hoheitsrechtlichen Befugnissen ausgestattet sind – wie die Polizei, Justizvollzugsanstalten und Gerichte –, erzeugen Abhängigkeiten gegenüber Bürgerinnen und Bürgern. Umgebungen, in denen Erwachsene mit Schutzbefohlenen arbeiten, also alten, jungen oder behinderten Menschen – wie in der Schule, bei den Pfadfindern, im Heim, in der Kirchengemeinde, im Sportverein oder in der Behindertenwerkstatt –, erzeugen Abhängigkeiten. Solange Abhängigkeiten nicht ausgenutzt werden, sind sie unproblematisch, können lehrreich, vertrauensvoll, förderlich und angenehm sein. Die Entscheidung einer machthabenden Person aber, ein solches Abhängigkeitsverhältnis zum eigenen Vorteil auszunutzen und damit die eigene Macht zu missbrauchen, wird nicht aus Versehen getroffen. Bei »jemandem [...], der in einer Chefposition ist, kann ich einfach davon ausgehen, dass der weiß, was richtig und falsch ist. Ob er sich immer daran halten will, ist die andere Frage«,[15] sagt der forensische Psychiater Prof. Elmar Habermeyer von der Uniklinik Zürich. Dem Machtausübenden geht es im Falle seines übergriffigen Verhaltens »nicht um das Gegenüber als Person, sondern um die Funktion des Gegenübers, nämlich den eigenen Selbstwert zu stärken. Dieses Machtgefälle, wo Belohnungssysteme angesprochen werden können, dadurch dass man einfach andere Menschen gängelt [...], [werden] als für sich befriedigend« empfunden.[16] Der Missbrauch von Macht dient dem Zweck der eigenen Bedürfnisbefriedigung. Dabei ist weniger relevant, ob es sich um Sexismus oder andere Diskriminierungsformen wie Rassismus oder Behindertenfeindlichkeit, um physische Gewaltanwendung oder verbale Übergriffe handelt. Die bewusste Unterdrückung anderer ist der Versuch, die eigene Machtposition zu bewahren und daraus Stärke und Bestätigung zu ziehen. Dem Machtausübenden wird durch die Reaktionen des Opfers und der Umstehenden Anerkennung gezollt: einerseits die erzwungene Anerkennung seiner Machtposition und seiner Überlegenheit durch das Opfer, andererseits die Anerkennung durch den Respekt, das Gelächter, das Zurückweichen oder die bloße Duldung Umstehender. Ein Mobber oder eine Mobberin ist nichts ohne eine Gruppe, die ihn oder sie anerkennt. Im Unterschied zu Aktionsmacht und instrumenteller Machtausübung ist Autoritätsbindung »wohl diejenige fundamentale soziale Bindung, die am eindeutigsten zur Machtausübung disponiert«, so Heinrich Popitz. »Doch ist diese Macht zugleich, wie immer sie gemeint sein mag, behütend oder bedrückend, in besonderer Weise riskant.«[17]

Die organisationelle Macht

In einer Stadt wird eine Parkbank aufgestellt. Die Parkbank hat Platz für sechs Personen, was daran ersichtlich ist, dass es sechs Sitzmulden gibt, die für je ein Gesäß bestimmt sind. Die Größe einer Mulde gibt vor, wie groß ein Gesäß maximal sein darf. Die Bank hat zusätzlich nicht nur rechts und links außen eine Armlehne, sondern jede Sitzmulde wird mit je einer Armlehne begrenzt. Die Gestaltung der Bank sorgt dafür, dass wir uns nur auf eine bestimmte Art hinsetzen können, dass nur eine bestimmte Art Mensch mit einer bestimmten Leibesfülle dort hineinpasst und dass die Bank ausschließlich zum Sitzen genutzt werden kann. Dass sich jemand hinlegt, etwa Obdachlose, die nachts einen Platz zum Schlafen brauchen, wird durch die sieben Armlehnen verhindert. Diese Art der Gestaltung wird *defensive Architektur* oder *hostile design* genannt. Sie ist ein einprägsames Beispiel dafür, was Heinrich Popitz als *datensetzende Macht* bezeichnet: Der Mensch baut Machtentscheidungen in die Dinge ein, die er erzeugt und in die Welt bringt. Das geschieht durch die Herstellung von Produktionsmitteln, also Dingen, die dazu benötigt werden, andere Produkte – Parkbänke zum Beispiel – herzustellen. Es geschieht ebenso durch die Gestaltung und Produktion der Dinge selbst und schließlich durch die Verwendung der Dinge, die Verhalten verändern und festigen. Das gilt für die Programmierung einer App genauso wie für das Design eines Services. Mit der Gestaltung unserer Welt üben wir Macht über andere aus. Indem ich etwa in einer App explizite Nacktbilder oder

Hasskommentare verschicken kann, bin ich in der Lage, Macht und Gewalt auszuüben. Interessant ist aber auch das organisierte Herstellen selbst, das nötig ist, um Parkbänke, Apps und Services anbieten zu können. Je größer die Menge oder je höher die Qualität der Produkte werden soll, desto besser muss die organisierte Zusammenarbeit und die prozessuale Arbeitsteilung sein. Nicht nur die Büros und Arbeitsplätze von Organisationen, sondern ihr gesamtes Regelwerk werden damit selbst zu einem Element *datensetzender Macht*, die ich präziser und eingängiger als *organisationelle Macht* bezeichnen möchte. Die Arbeitsteilung basiert auf Regeln, denen sich die Mitglieder der Organisation unterwerfen müssen. Die Organisation übt zudem Macht aus, indem sie ihre Mitglieder sanktionieren kann: »Das Organisationssystem kann zur Disziplinierung seiner Mitglieder mit Sanktionen drohen, möchte diese aber nicht einsetzen: Es bevorzugt die erfolgreiche ›Neutralisierung des Willens‹ des Mitglieds.«[18] Dem gegenüber steht die Freiwilligkeit der Mitgliedschaft, die Mitarbeitende auch selbst durch eine Kündigung ausdrücken können oder indem sie der Organisation und ihren Bedingungen gar nicht erst beitreten. Zugestanden werden muss allerdings auch, dass die Freiwilligkeit beeinträchtigt wird, wenn Menschen sich in finanziellen Nöten befinden, andere Jobs nicht zu finden sind, eine bestimmte Organisation die vermutet einzige Möglichkeit ist, um einen bestimmten Karriereweg zu gehen, ihre Kenntnisse anderswo nicht benötigt werden, andere Organisationen gleich schlechte (oder sogar noch schlechtere) Bedingungen bieten. Das System der einen konkreten Organisation ist umgeben vom System der Privatwirtschaft, vom System des Politikbetriebs, der Gesellschaft oder auch des Rechts. Alle diese Systeme bringen mehr oder weniger drängende Zwänge, Abhängigkeiten und Freiheiten mit sich und wirken aufeinander. Angedrohte Sanktionen der Organisation wirken besonders stark, wenn die empfundenen Zwänge des Mitarbeitenden groß sind.

Organisationelle Macht wirkte auch schon damals in der Grundschule auf mich: Das Pausenläuten erinnerte uns Kinder daran, dass wir uns auf den Weg in die Klassenräume machen sollten. Andernfalls drohten Sanktionen durch meinen Lehrer, etwa ein Eintrag ins Klassenbuch. Er nutzte das Läuten und die Wegeplanung des Schulgebäudes, um uns Schülern und Schülerinnen den Weg abzuschneiden. So kamen wir nur sanktionsfrei ins Klassenzimmer, wenn wir uns von ihm in den Arm nehmen ließen.

Organisationelle Macht zeigt sich auch am Beispiel einer Flugbegleiterin: »In manchen Betrieben müssen alle Mitarbeiterinnen die gleichen Frisuren tragen: Lange Haare, Dutt und Hütchen – das wird dann als Firmenidentität verkauft. Auch mir wurde damals in meiner Ausbildung gesagt, dass ich mich stärker schminken solle – weil das Kabinenlicht ja so viel Farbe nehme. Ganz lange gab es auch Gewichtsvorgaben für Flugbegleiterinnen. Airlines schreiben das heute zwar nicht mehr in die Anforderungen, aber viele legen darauf nach wie vor Wert«,[19] sagt Sylvia Gaßner. Sie arbeitete von 2006 bis 2010 als Flugbegleiterin. Seitdem ist sie im Verein Unabhängige Flugbegleiter Organisation (UFO) beschäftigt. Im Mai 2023 bringt der Verein eine Umfrage zu sexueller Belästigung von Flugbegleiterinnen und Flugbegleitern am Arbeitsplatz heraus.[20] Die Organisation übt ihre Macht aus, indem sie Flugbegleitende in der Werbung »mit sexistischen Bildern« darstellt. Die »Slogans haben suggeriert, dass die Kolleginnen den Passagieren jeden Wunsch von den Augen ablesen«.[21] Wie sich die Regeln der Organisation auf die Mitarbeitenden auswirken, weiß Gaßner aus eigener Erfahrung: »Das kann zum Beispiel der Kabinenverantwortliche sein, der einem über den Nacken streicht, wenn man in der Start- und Landephase nicht wegkann. Bei einem Zwischenstopp hat mir mal ein Kapitän gesagt: ›Na, wir beide gehen jetzt aber schon noch aufs Zimmer.‹«[22] Die Organisation gestaltet maßgeblich, welches Ansehen dein Beruf in der Öffentlichkeit genießt. Wird deine Tätigkeit sexualisiert, auch wenn du hauptsächlich für die Sicherheit an Bord verantwortlich bist, kannst du dagegen vorerst wenig unternehmen. Wenn dein Arbeitsplatz auf engem Raum stattfindet, können andere Mitarbeitende diesen Umstand ausnutzen. Sylvia Gaßner hat ihren Fall damals nicht gemeldet: »Das war im Jahr 2006, mein erster Langstreckenflug. Zum einen war ich unsicher, weil das ein neues Arbeitsumfeld war. Zum anderen hatte ich das Gefühl, ich könnte es sowieso niemandem sagen. Die Person, der ich mich eigentlich hätte anvertrauen sollen, war die, die mich sexuell belästigt hatte.«[23] Bei der UFO-Umfrage kommt heraus: Flugbegleiter und Flugbegleiterinnen werden nahezu gleich oft sexuell belästigt. Zu 45 Prozent sind die Täterinnen und Täter Vorgesetzte. Zu 26 Prozent ein gleichgestelltes Crewmitglied. Zu 25 Prozent sind es Passagiere.[24]

Die soziale Ordnung

Etwa zur selben Zeit, als die US-amerikanische Konzeptkünst-
lerin Jenny Holzer den Spruch *Abuse of Power Comes As No
Surprise* auf T-Shirts druckt, fordern einige Mitglieder der
Partei Die Grünen Straffreiheit für Sex mit Kindern.[25] Vergeht
sich ein deutscher Priester unter Führung von Kardinal Jo-
seph Ratzinger an Schutzbefohlenen.[26] Missbraucht der Regisseur Dieter Wedel mutmaßlich mehrere Schauspielerinnen.[27]
Legt ein FDP-Politiker der späteren rbb-Intendantin Patricia
Schlesinger die Hand aufs Knie und sagt der Politiker Hans-
Dietrich Genscher zu der Journalistin Inga Griese: »Ich wüsste
schon gern, wie Ihre Lippenstiftfarbe schmeckt.«[28] Es sind die
1980er Jahre. Die frische CDU-Regierung unter Helmut Kohl
zerbricht sich gerade die Köpfe über die sogenannte *Hau-ab-
Prämie* für rückkehrwillige Gastarbeiter und Gastarbeiterin-
nen. Sie fragt sich, »wie man die Fremdlinge, die zum Teil mit
Viehhändler-Methoden angeworben worden waren, wieder
los wird«.[29] Besonders die Türken hat man satt. Sie haben die
Italiener schnell als meistgefürchtete und -gehasste Ausländer
abgelöst und werden (noch vergleichsweise nett) als Kümmeltürken beschimpft. Ein Begriff, von dem die meisten Deutschen nicht einmal wissen, dass damit ursprünglich Deutsche
bezeichnet wurden. In Halle an der Saale wurde zum Ende des
18. Jahrhunderts reichlich Kümmel angebaut. Die Landschaft
war trist und karg. So stellten sich die Hallenser Studierenden
damals die Türkei vor und nannten solche Gebiete entsprechend. Wer dort wohnte, wurde deshalb Kümmeltürke ge-

nannt: »Ihren Mitstudenten galten Kümmeltürken als engstirnig, da sie ihre eigene Heimat nie verlassen hatten und sogar ihre Fresspakete aus dem Elternhaus bekamen. Erst seit den 1960ern erhielt der Begriff eine ausländerfeindliche Bedeutung, als mit dem Anwerbeabkommen zahlreiche türkische Arbeitskräfte in die Bundesrepublik einwanderten.«[30] Zwei Jahre vorher, 1958, trat in der BRD ein Gesetz in Kraft, das es Frauen erlaubte, ohne Zustimmung ihres Ehemannes zu arbeiten. Allerdings war die Berufstätigkeit für Ehefrauen bis 1977 nur erlaubt, wenn sie mit ihren ehelichen Pflichten vereinbar war. Dazu zählte neben dem Haushalt auch der Beischlaf: »Die ›Mach' die Beine breit‹-Rechtsprechung war ein Phänomen der 1960er- und 1970er-Jahre. Eine ordentliche deutsche Ehefrau müsse für ihren Mann zur Verfügung stehen, völlig klar, Sex sei ein Anrecht des Mannes: Darin waren sich am 2. November 1966 die Richter – ausschließlich Männer – des 4. Zivilsenats am Bundesgerichtshof einig.«[31] Sex stach Arbeitserlaubnis. Frauen aus Arbeit fernzuhalten reicht historisch noch weit tiefer zurück. Erst seit Mitte der 1890er Jahre konnten Frauen vereinzelt das Abitur als Externe an Knabengymnasien ablegen[32] – eine notwendige Voraussetzung, um für ein Studium zugelassen zu werden. Die bereits als höher gebildet geltenden Frauen hatten ansonsten nur Zeugnisse von »Lehrerinnenseminaren, -lyceen und höheren Töchterschulen« vorzuweisen.[33] Sie bekamen lediglich den Status als Gasthörerinnen, für den sie sich für jede einzelne Vorlesung bei Unterrichtsministern, Professoren und Rektoren eine Erlaubnis einholen mussten. Die Frauen waren abhängig vom guten Willen der Männer.[34] Weil der Andrang größer war als erwartet und die Universitätsverwaltungen überfordert, behalfen sie sich mit strengeren Regeln, die vor allem ausländische Studentinnen trafen. Zu diesem Zeitpunkt waren das vor allem jüdische Russinnen, die wegen des Antisemitismus in Russland nach Deutschland kamen, um zu studieren.[35] Auch jüdische Studenten wurden im Deutschen Kaiserreich ausgegrenzt, die Studentinnen traf es allerdings ungleich schwerer. Die Zahl jüdischer Russinnen an deutschen Universitäten sank in der Folge drastisch. Zur gleichen Zeit wurden in Deutschland Arbeitskräfte aus dem Ausland benötigt. Es herrschte Arbeitskräftemangel: »Als Pariahs, denen die Schwerst- und Schmutzarbeit zugewiesen wurde, drangen ausländische Arbeitskräfte, meist aus Russisch-Polen, Österreich-Ungarn und Italien kommend, in der Industrie rasch vor. In einem Prozess der ›Unterschichtung‹ füllten sie die untersten Erwerbsklassen auf, durchweg in der ersten Generation zu einer subproletarischen Existenz verurteilt. Rund sieben Prozent der Arbeiterschaft vor 1914 stammten bereits – das gehört bis heute nicht zum historischen Bewusstsein – aus dem benachbarten Ausland; nur ein Viertel davon wurde, überwiegend für Saisonarbeit, von der Landwirtschaft beschäftigt.«[36] 1893 eröffnete das erste Mädchengymnasium in Karlsruhe. Sechs Jahre später legte der erste Jahrgang dort sein Abitur ab.[37] Ab 1900 erfolgten die ersten offiziellen Immatrikulationen von Frauen an Universitäten. Zu dieser Zeit wurden auch Anstalten der sogenannten »Irren-, Krüppel- und Gebrechensfürsorge« gegründet, in die Menschen mit Behinderung abgeschoben wurden. Körperbehinderte Frauen, Kinder und Männer waren in der Armengesetzgebung Preußens von 1891 »ausgenommen von medizinischer Versorgung, von Ausbildung und beruflicher Rehabilitation«.[38]

Wenn Benachteiligungen, Herabwürdigungen und Demütigungen institutionell, kulturell und individuell historisch verankert sind, handelt es sich um strukturelle Diskriminierungen.

Sie betreffen Personen, die von anderen zu einer homogenen Gruppe verallgemeinernd zusammengefasst und mit wertenden Attributen beschrieben werden: Die *hysterischen Frauen*, die *schmutzigen Ausländerinnen*, die *dummen Behinderten*, die *perversen Queeren*, die *klauenden Polen*, die *asozialen Armen*. Das geht auch vermeintlich positiv, bleibt aber dennoch strukturelle Diskriminierung: die *rassige Schönheit*, der *aufregende Exot*, die *fürsorgliche Frau*, der *hochbegabte Autist*, der *einfühlsame Schwule*. Strukturelle Diskriminierung bedeutet, der Deutungshoheit von Institutionen, Kultur und Individuen historisch und aktuell unterworfen zu sein. Sie hat zur Folge, dass strukturell Diskriminierte deutlich seltener Prestige und Autorität zugesprochen wird. Weil ihnen der Zugang zu Bildung erschwert wird und sie häufiger mit begrenzten finanziellen Ressourcen umgehen müssen, schaffen deutlich weniger von ihnen den Aufstieg in Machtpositionen. Zugleich sind sie deutlich häufiger von Machtmissbrauch betroffen. Knapp sechzig Jahre nach dem Anwerbeabkommen mit der Türkei erzählt eine türkische Einwanderin 2021 von ihren Arbeitserfahrungen in Deutschland. Sie sei »Mobbing ausgesetzt gewesen«, habe »sich aber nicht […] wehren können, weil sie ihre Vertragsverlängerung und somit ihre Aussicht auf eine Niederlassungserlaubnis nicht gefährden wollte«.[39] Um ein Visum »im Rahmen des sogenannten Ankara-Abkommens zu erhalten« war sie abhängig von ihrem Arbeitgeber. »Das Assoziierungsabkommen, das 1963 zwischen der damaligen Europäischen Wirtschaftsgemeinschaft und der Türkei abgeschlossen wurde, regelt bis heute die arbeitsbedingte Aufenthaltserlaubnis.«[40]

Der Missbrauch von Macht hat eine lange Tradition, wird organisiert, durch formelle Strukturen ermöglicht und durch Institutionen und Individuen passiv oder aktiv gestützt. Und er findet in einer Weltordnung statt, die auf weißer, männlicher Herrschaft beruht und sich nach Pierre Bourdieu als *symbolische Macht* ausdrückt.[41] Besonders eindrücklich und nahezu anachronistisch zeigt sich das zum Beispiel im Familienunternehmen August Bremicker Söhne KG, auch bekannt unter dem Namen ABUS. Die Gründerfamilie ist Teil der evangelikalen Brüderbewegung und gehört zu den 500 reichsten Deutschlands: »Ein ehemaliges Mitglied sagt: Es zählte immer erst, was in der Bibel steht, dann kamen die Gesetze.«[42] Ernst-August Bremicker war Prokurist und Geschäftsführer im Unternehmen. Bis heute veröffentlicht er christliche Texte, auch zu seinen Ansichten über die Stellung von Mann und Frau: In seinem »Text ›Männer und Frauen nach Gottes Plan‹ schreibt er, die Frau müsse sich ihrem Mann unterordnen, komme was wolle: ›So wie die Knechte nicht nur den guten und angenehmen Herren gehorchen sollten, gilt die Aufforderung der Unterordnung der Frau unabhängig von dem Charakter ihres Mannes.‹«[43] Auf dem YouTube-Kanal *bibleteaching* erklärt Bremicker 2021 in einem Video, sogenanntes *Gender Mainstreaming* sei ein Frontalangriff auf die biblische Ordnung.[44] Dem Rollentausch von Mann und Frau prophezeit er fatale Folgen, da Mann und Frau in Geist, Seele und Körper unterschiedlich von Gott geschaffen seien. Entsprechend kämen ihnen verschiedene Aufgaben zu.[45] In der ABUS-Familie ist es durchaus üblich, die Töchter aus der Erbfolge des Unternehmens per Erbverzichtsvertrag auszuschließen. Eine dieser Töchter ist Andrea Bremicker. Sie möchte den von ihr in jungen Jahren unterzeichneten Erbverzichtsvertrag anfechten und beruft sich auf das Grundgesetz, schreibt die *Süddeutsche Zeitung* 2019. »In Deutschland gibt es klare Vorgaben, wie das Zusammenleben der Geschlechter aussehen soll. Im Grundgesetz steht: ›Männer und Frauen sind gleichberechtigt.‹ Und weiter: ›Niemand darf wegen seines Geschlechtes (...) benachteiligt oder bevorzugt werden.‹«[46] Ihr Anwalt meint, dass »das Testament ›im Gesamtkontext des Gleichbehandlungsgrundsatzes‹ im Grundgesetz anfechtbar und der Erbverzicht ›sittenwidrig‹ sein könnte«.[47] In seinem YouTube-Video weist Ernst-August Bremicker ausdrücklich darauf hin, Frauen seien Männern gleich*wertig* aber nicht gleich*artig*. Gleich viel wert wie Knechte, meint er vielleicht.

Im Jahr 2019 geben 68 Prozent aller Frauen in Deutschland an, in ihrer beruflichen Laufbahn sexuelle Übergriffe erlebt zu haben. Das ergab eine EU-Umfrage des Institut français d'opinion publique (IFOP).[48] Mehr als in Italien, dem Land, aus dem in den 1960er Jahren die ersten Gastarbeiter kamen, vor denen die Deutschen meinten, ihre Töchter schützen zu müssen. Das ist nicht frei von Ironie und sagt einiges über das Selbstbild der Deutschen und ihre Ressentiments – oder besser *Rassentiments* –, die bis heute wirken. 2021 sind nur rund 29 Prozent der Führungspositionen in Deutschland mit Frauen besetzt.[49] Pierre Bourdieu schreibt bereits 1998: »Die Definition des Exzellenten steckt auf allen Gebieten voller männlicher Implikationen, deren Eigenart es ist, nicht als solche in Erscheinung zu treten. Die Definition einer Stelle, besonders einer solchen mit Machtbefugnissen, umfaßt lauter mit geschlechtlichen Konnotationen versehene Eignungen und Befähigungen. Viele Positionen sind für Frauen deshalb so schwer erreichbar, weil sie maßgeschneidert sind für Männer, deren Männlichkeit durch Entgegensetzung zu den heutigen Frauen konstruiert wurde.«[50] In diesem Umfeld Anerkennung zu bekommen, gelingt Frauen vor allem dann, wenn sie sich eher wie Männer verhalten. Das Problem dabei sind weniger fehlende weibliche Vorbilder, sondern die Maßstäbe, die wir anlegen. Frauen, die männliches

Verhalten im Job adaptieren, werden nach wie vor von der Gesellschaft als Frauen beurteilt und damit in Abweichung ihrer zugewiesenen Rolle betrachtet. Insbesondere in Führungsrollen müssen Frauen – egal, ob sie stereotyp weiblich oder als dessen Antonym auftreten – um Anerkennung kämpfen. Dabei tragen beide Varianten zur Reproduktion vorhandener Geschlechterrollen bei: die harte, männliche Geschäftsfrau genauso wie die devote Konformistin. Es bleibt der Versuch, in ein System zu passen, das nicht für sie gemacht wurde. Und so zeigt es sich auch: 28 Prozent deutscher Kinofilme wurden 2020 unter der Regie von Frauen produziert.[51] In den USA sind es 2020 16 Prozent, im »Vergleich zu 2018 hat sich der Wert vervierfacht«.[52] In der EU sind 28 Prozent der Drehbücher von Autorinnen und 39 Prozent der Hauptrollen weiblich besetzt.[53] In der Musikindustrie sind die Zahlen Frauen betreffend international sogar rückläufig. Nur 12,6 Prozent Songwriterinnen und 21,6 Prozent Künstlerinnen stellt die University of Southern California Annenberg (USCA) 2021 in den USA fest.[54] In Deutschland sind die Zahlen schlechter.[55] Im Bundestag sitzen im selben Jahr immerhin 35 Prozent Frauen.[56] 40 Prozent der Politikerinnen geben laut einer Studie der Europäischen Akademie für Frauen in Politik und Wirtschaft Berlin e. V. (EAF) an, dass sie im Rahmen ihrer politischen Tätigkeit sexuell belästigt wurden. Bei den unter 45-Jährigen sind es 60 Prozent.[57]

Der Verein Reporter ohne Grenzen veröffentlicht 2021 einen Bericht mit dem Titel *Wie Sexismus Journalistinnen bedroht*. Ein Fragebogen, der an Korrespondentinnen in 130 Ländern geschickt wurde, ergab: 51 Prozent der Journalistinnen wurden von Vorgesetzten sexistisch behandelt. 50 Prozent von Mitarbeitenden staatlicher Behörden. Zu je 46 Prozent ging der Sexismus von Parteivertretenden und von Kollegen oder

Kolleginnen aus.[58] Als Sexismus definiert Reporter ohne Grenzen alle Formen geschlechtsspezifischer und sexueller Gewalt: Diskriminierung, Beleidigungen, sexuelle Belästigung, verbale und körperliche sexuelle Übergriffe, angedrohte und tatsächliche Vergewaltigung.

In den Leitmedien sind mittlerweile 39 Prozent der Führungsrollen mit Frauen besetzt. Bei Onlinemedien sind es rund zehn Prozent weniger. Die katholische Nachrichtenagentur KNA besetzt 2023 keine einzige Führungsposition mit einer Frau.[59]

An deutschen Theaterbühnen geben 90 Prozent von rund 750 Befragten an, bereits persönlich mit Machtmissbrauch konfrontiert worden zu sein, mehrheitlich in Form von psychischer Gewalt und Diskriminierung.[60] Insgesamt arbeiten dort rund 44 Prozent Frauen. Regie führen allerdings zu über 70 Prozent Männer. 78 Prozent der staatlichen Bühnen werden von Intendanten geführt. Je renommierter die Bühnen sind, desto höher ist der Anteil von Männern in Führung.[61]

Start-ups werden lediglich zu 20 Prozent von Frauen gegründet. Bei 37 Prozent der Gründungen ist eine Frau im Gründungsteam. Nur fünf Prozent der Start-ups, die von Frauen gegründet werden, bekommen Venture Capital. Start-ups von Männern bekommen durchschnittlich neunmal mehr Kapital von Investoren. Die bestehen wiederum zu 86 Prozent aus Männern.[62] 22 Prozent der Start-up-Gründer und -Gründerinnen in Deutschland haben eine Zuwanderungsgeschichte. Davon gehören 59 Prozent zur ersten Generation, sind also im Ausland geboren: »43 Prozent der Gründer*innen mit eigener Migrationserfahrung haben Schwierigkeiten bei der Kapitalbeschaffung« und »jede*r dritte Migrant Founder erster Generation hat im Zuge der Gründung rassistische Erfahrungen gemacht – im Fokus stehen Behörden und Ämter, aber auch im Kontakt mit Banken und Investor*innen gibt es Probleme«.[63] Dabei haben Gründer und Gründerinnen mit eigener Zuwanderungserfahrung häufiger einen Hochschulabschluss als die ohne Zuwanderungsgeschichte.[64] Laut der Studie *Being Black in the EU* von 2023 ist Deutschland auf dem ersten Platz, wenn es um Rassismus gegenüber Schwarzen geht.[65]

47 Prozent der angehenden Köche und Köchinnen brechen 2022 in der Gastronomie ihre Ausbildung ab.[66] Auszubildende erzählen von unzulässigen Überstunden und psychischer Gewalt. 327 Sterneküchen gibt es 2022 in Deutschland. Darunter 17 Sterneköchinnen.[67]

In der GWA (Gesamtverband Kommunikationsagenturen GWA e. V.) Diversity Studie 2021 wird festgestellt: 60 Prozent der Mitarbeitenden in Kreativagenturen sind Frauen, aber nur 18 Prozent der Geschäftsführenden in diesen Agenturen sind Frauen.

Ende 2021 leben 7,8 Millionen schwerbehinderte Menschen in Deutschland. 49 Prozent der schwerbehinderten Menschen haben eine betriebliche oder schulische Ausbildung. Bei den nicht schwerbehinderten sind es nur 34 Prozent. Trotzdem gelingt es »Schwerbehinderten Arbeitslosen [...] seltener als nicht-schwerbehinderten, eine Beschäftigung am ersten Arbeitsmarkt aufzunehmen«.[68] 2024 stellt der Europarat fest, dass Deutschland deutlich zu wenig für die Rechte und Inklusion von Menschen mit Behinderung tut. Es fehle der politische Wille. Deutschland parkt Menschen mit Behinderung lieber in »ausgrenzenden Strukturen wie Behindertenwerkstätten, Förderschulen oder Wohnheimen«[69] – Orte, wo regelmäßig Machtmissbrauch stattfindet.

Laut der EU-Veröffentlichung *Für mehr Geschlechtergleich-*

berechtigung im Sport sind »auf europäischer Ebene nur 14 %
der entscheidenden Führungspositionen in Sportverbänden
der Mitgliedstaaten der EU von weiblichen Führungskräften
besetzt«.[70] 2021 berichten die Turnerinnen Pauline und Helene Schäfer von Machtmissbrauch und psychischer Gewalt
durch ihre Trainerin.[71] Der frühere Wasserspringer Jan Hempel macht ein Jahr später öffentlich, dass er massiven sexuellen
Missbrauch durch seinen Trainer erlebt habe.[72] Die Kommis-
sion zur Aufarbeitung sexuellen Kindesmissbrauchs im Sport
der Bundesregierung veröffentlicht 2022 eine Studie. Die daran
beteiligte Sportsoziologin Bettina Rulofs spricht von »schwers-
ten Menschenrechtsverletzungen«.[73]

In der Kunst- und Kulturbranche liegt der Gender Pay Gap
von 2014 bis 2023 zwischen 31 und 20 Prozent.[74] Höchstens
zehn Prozent der Künstlerinnen und Künstler können von
ihrer Kunst halbwegs leben. Etwa zwei Prozent gut und nur
ein Prozent sehr gut.[75] In der Ausstellung *Die Kunst der Gesellschaft. 1900 – 1945. Sammlung der Nationalgalerie* »stünden
22 Künstlerinnen 110 Künstlern gegenüber, von den 250 ge-
zeigten Werken seien nur 14 Prozent von Frauen geschaffen«.[76]

Macht missbrauchen kann nur, wer mächtig ist. Männer missbrauchen ihre Macht allein deshalb häufiger, weil sie deutlich
mehr Machtpositionen innehaben. Ihr Missbrauch in den
Kriminalstatistiken ist entsprechend häufiger gewaltvoll und
sexuell. Sie missbrauchen ihre Macht gegenüber anderen Männern, Frauen und Kindern. Frauen missbrauchen ihre Macht
eher gegenüber anderen Frauen, Kindern, Menschen mit Behinderung oder Alten. Auch physisch gewaltvoll und sexuell.
Machtmissbrauch ist nicht zwangsläufig ein Problem von Ge-

schlecht. Das wird klar, wenn man sich nicht nur auf eine Branche fokussiert, wie z. B. die Musikindustrie, sondern die Fälle vieler verschiedener Branchen nebeneinander betrachtet. Dennoch werden gesellschaftlich konstruierten Geschlechterrollen unterschiedlich viel Macht, Kompetenz, Härte, Führungspotenzial und Leistungsfähigkeit zugesprochen. Diese Zuschreibungen führen zu Erwartungen an Geschlechterrollen. Die UN-Studie von 2023 *Gender Social Norms Index* (GSNI) gibt an, dass knapp die Hälfte der Weltbevölkerung glaubt, Männer seien bessere politische Führungskräfte als Frauen. Das Abbild dieser Annahme sitzt in unserem Bundestag: 223 Frauen sitzen dort neben 486 Männern.[77] Zwei von fünf Menschen halten Männer auch in der Wirtschaft für die besseren Chefs. Sowohl in Ländern mit niedrigem als auch hohem Wohlstandsindikator, unabhängig von Einkommen, Kultur und Region, bestehen diese Vorurteile. In der Folge besitzen Männer weltweit mehr Macht als Frauen und blicken auf eine lange Historie der Machtausübung zurück. Dadurch verfügen sie über gewachsene Strukturen, mehr Kapital, Eigentum, Mitbestimmung und Deutungshoheit. Dieser Zugang erzeugt eine größere Selbstverständlichkeit, mit der Männer Macht erwarten, beanspruchen und verliehen bekommen. Aus diesen Gründen werden Frauen bei gleicher Arbeit schlechter bezahlt als Männer.

Die Minor-Studie *Ungleiche Bezahlung in Engpassberufen* von 2024 stellt aber fest, »dass die Staatsangehörigkeit einen größeren Einfluss auf Lohnunterschiede hat als das Geschlecht«.[78] Wenn du ohne deutschen Pass in Deutschland arbeitest, verdienst du also am wenigsten. Bist du das Kind von Eltern ohne Hochschulabschluss, wirst du sehr viel unwahrscheinlicher studieren und trotz Studium weniger verdienen. Und bezogen auf Machtmissbrauch kann man es drastisch formulieren: Mehrfachmarginalisierte sind am wahrscheinlichsten von ihm betroffen. Die Meldungen zu Diskriminierungen steigen 2022 auf einen Rekordwert bei der Antidiskriminierungsstelle des Bundes.

Und allen Diversifizierungsmaßnahmen zum Trotz können Männer in sogenannten Männerbranchen auch kein Interesse daran haben, dass die Zahl der beschäftigten Frauen in ihren Branchen zunimmt. Zum einen sinken ihre Löhne dann statistisch, heißt es immer wieder. Zum anderen nimmt das Ansehen der Branche ab: »Kellner, Friseur, Apotheker, Verkäufer oder Grundschullehrer – früher waren das alles männlich geprägte Berufe. Heute sind es vor allem Frauen, die Haare schneiden und Getränke servieren. ›In all diesen Fällen kam es vor oder während der Feminisierung zu einem teils erheblichen Statusverlust dieser Berufe, Berufsbereiche oder Branchen‹, erklärt die Soziologin Angelika Wetterer – und nicht immer, aber oft auch zu finanziellen Einbußen.«[79] Etwas genauer geben amerikanische Studien an, dass die Gehälter ab einem Frauenanteil von 60 Prozent sinken.[80] In Deutschland haben drei Soziologinnen untersucht, ob die Gehälter tatsächlich auch für Männer sinken, wenn der Frauenanteil in ihrer Branche steigt – tun sie nicht. Zwar »zeigt sich, dass ein steigender Frauenanteil im Beruf tatsächlich zu einem Absinken des Lohnniveaus führt. Dies liegt jedoch nicht daran, dass die Löhne beider Geschlechter in diesem Beruf sinken, sondern daran, dass mehr Frauen mit konstant niedrigeren Verdiensten als Männer in diesem Beruf arbeiten. Dies spricht für eine gesellschaftliche Abwertung aller erwerbstätigen Frauen, unabhängig von der vorherrschenden Geschlechtertypik des Berufs.«[81] Die Hoffnung, dass Frauenlöhne steigen, wenn mehr Männer in bisher von Frauen dominierten Sparten arbeiten, ist also unberechtigt. Nicht die Berufe sind weniger wertvoll. Sondern die Frauen.

Programmieren war anfangs die Arbeit von Frauen, die als Bürokräfte beschäftigt waren. Mit der zunehmenden Relevanz von Computern wurde das Programmieren zur Wissenschaft und gut bezahlten Arbeit von Männern. Die Verdrängung der Frauen aus der Branche zeigt sich heute noch. Es ist fast amüsant zu beobachten, wie man sich seit Jahren den Kopf darüber zerbricht, wie Frauen zurück in die Branche zu locken sind. Die Hochschule für Technik und Wirtschaft Berlin (HTW) hat dafür den *Frauenstudiengang Informatik und Wirtschaft* etabliert.[82] Schlussendlich werden aber nur gleichwertige Bezahlung und eine diskriminierungsfreie Studien- und Arbeitsumgebung helfen.

Statt bei den Strukturen von Arbeit anzusetzen – da, wo sich symbolische, männliche Macht mit organisationeller verbindet, nämlich in der Art, wie wir Organisationen gestalten –, wird versucht, Frauen mehr Mut zu machen, in den für Männer gemachten Systemen Fuß zu fassen. Die »sogenannte natürliche Autorität«, die Männern zugesprochen wird, übersetzt sich zudem in autoritative Macht, die Männern in Arbeit ohne Gegenleistung verliehen wird. Pierre Bourdieu beschreibt mit seinem *Habitus*-Konzept, wie sich gesellschaftliche Machtverhältnisse im Habitus eines Menschen spiegeln. Er entsteht »durch eine Verinnerlichung der Werte oder Wahrnehmungsformen, die auf eine bestimmte Herrschaftsordnung hin angelegt sind. Er ermöglicht eine gleichsam vorreflexive, auch somatisch wirksame Anpassung an die bestehende Herrschaftsordnung, erzeugt eine Automatik der Gewohnheit, in der etwa die sozial Benachteiligten nach den Verhaltensmustern handeln, die gerade jene Herrschaftsordnung stabilisieren, die zu ihrer Benachteiligung geführt hat.«[83] Das ist die soziale Ordnung, die Grundlage, auf der Machtmissbrauch wächst.

Die Arbeit

Arbeit ist in unserer Gesellschaft und Wirtschaft ein Ort von Leistung und Wettbewerb, nicht vordergründig von Gemeinschaft. Der Grund für Arbeit – Erwerbs- und Sorgearbeit – ist zwar die Existenzsicherung aller in einem Staat. Tatsächlich aber denken wir häufiger an unser eigenes Wohl und Konto als an das der Kollegen und Kolleginnen. Sich selbst zuerst zu schützen, ist ein simples existenzsicherndes Verhalten, das auch evolutionär erklärt werden kann. Andere mögen es salopp auf das Fortschreiten des Kapitalismus zurückführen. Aber der Prozess der Individualisierung begann lange vor dem Einzug des Kapitalismus. Erste Veränderungen setzten bereits im Spätmittelalter ein.[84] Sie sind durchaus als Emanzipation der einfachen Leute zu verstehen, als Befreiung von den Zwängen eines Kollektivs. Die Veränderungen zu mehr Individualität stehen durchaus im Zusammenhang mit Arbeit, denn die zunehmende Arbeitsteilung durch fortschreitende Technisierung – also auch die Zunahme komplexerer Organisationen – führte gleichzeitig zu einer Abnahme des sozialen Zusammenhalts. Michel Foucault stellt dazu fest: »Als Fabriken mit zahlreichen […] Arbeitern an die Stelle der Handwerksbetriebe traten, entstand mit der Arbeitsteilung auch die Notwendigkeit, die Arbeit zu überwachen und die verschiedenen Tätigkeiten zu koordinieren. Die Arbeitsteilung war der eigentliche Grund, weshalb man die neue Arbeitsdisziplin erfinden musste. […] Ohne diese Arbeitsdisziplin, also ohne Hierarchie, ohne Überwachung, ohne Vorarbeiter, ohne zeitliche Kontrolle der Arbeitsvorgänge wäre es nicht möglich gewesen, eine solche Arbeitsteilung zu entwickeln.«[85] Für den Soziologen Georg Simmel war das größte Problem des modernen Menschen der Widerspruch zwischen seiner Individualität und Eigenart des Daseins und den Mächten der Gesellschaft, der äußeren Kultur und Technik.[86] Der politische Individualismus spricht sich naheliegend für die Freiheit jedes und jeder Einzelnen aus, respektiert aber einen Staat mit Gesetzen, wenn dieser Leben, Freiheit, Eigentum und Selbstbestimmung des Individuums regelt. Der Liberalismus, entstanden im 17. und 18. Jahrhundert, ist diesen Ideen eng verbunden: »Dazu gehört auch die Vorstellung der natürlichen Harmonie, dass also die uneingeschränkte Verfolgung der wirtschaftlichen Einzelinteressen gleichzeitig der Erreichung des größtmöglichen Gemeinwohls dient.«[87] In seiner Extremform forderte der Manchesterliberalismus des 19. Jahrhunderts, dass der Staat jedwede Einflussnahme auf die Wirtschaft unterlässt. Die zugrunde liegende Idee: Wenn jede und jeder für sich sorgt, ist für alle gesorgt. Diese Logik übersetzte sich auch in die Überzeugung der Trickle-down-Ökonomie, der zufolge der Wohlstand der Reichsten mit der Zeit zu den Ärmsten durchsickern würde. Der Internationale Währungsfonds (IWF) stellte in einer Studie von 2015 jedoch das Gegenteil fest.[88] Die Wirtschaftsleistung wächst schneller, »wenn der Anteil derjenigen mit den geringsten Einkommen wächst. ›Die Armen und die Mittelschicht sind am wichtigsten für das Wachstum; sie sind sein Motor‹, resümieren die Forscher.«[89] Der Soziologe Andreas Reckwitz beschreibt 2017 in seinem Buch *Die Gesellschaft der Singularitäten*, wie Menschen in der modernen Arbeitswelt dazu angehalten sind, sich vor ihrem Kollegium als »Performanzarbeiter« zu inszenieren.[90] Die heutige Arbeitswelt sei von einer massiven Abstufung zwischen Hoch- und Niedrigqualifizierten, zwischen einfacher Arbeit und Wissensarbeit geprägt. Der Taylorismus hatte im 19. Jahrhundert damit angefangen, körperliche und geistig anspruchsvolle Arbeit zur Effizienzsteigerung voneinander zu trennen. Reckwitz spricht von »standardisierten, routinisierten Tätigkeiten, die als profane Arbeit wahrgenommen werden und sozial wertschaffenden, kreativ-singulären Arbeitstätigkeiten«, die durch die Entwertung ersterer Aufwertung erfahren.[91]

Die Zusammenarbeit von Menschen innerhalb von Organisationssystemen macht sie im Idealfall, so beschreibt es der Systemtheoretiker Niklas Luhmann, zu Mitgliedern, die verlässlich ihnen zugewiesene Aufgaben erfüllen. Als Individuen sollten sie für die Organisation nicht von großem Interesse sein. Allerdings nicht abgewertet und betrachtet als Zahnräder im Getriebe, sondern respektvoll, ihre Menschlichkeit und Privatsphäre achtend. Das mag Befürworter einer Arbeitswelt, in der die Mitarbeitenden als *ganze Menschen im Mittelpunkt* stehen, irritieren. Aber Luhmanns Theorie ist nicht menschenfeindlich, sondern schützt den Menschen vor der Organisation.[92] Seine organisationssoziologische Theorie berücksichtigt, dass weder Regeln und Programme allein den perfekten Organisationsablauf schaffen noch die schwer planbaren informellen Regeln und sozialen Erwartungen, also die Kultur, die im Miteinander der Menschen entsteht.

Dabei sind es die formalen Regeln und Programme, die diese Kultur prägen. Das Verhalten der Menschen in der Organisation folgt aus ihren Verhältnissen. Unternehmen, Vereine oder Parteien versuchen hingegen gern, ihre Probleme auf die Individuen im System abzuwälzen und wundern sich, wenn nach drei Entlassungen immer noch dieselben Schwierigkeiten auftauchen. In einer Organisation, die die Privatsphäre von Menschen achtet, sich ihnen gegenüber nicht übergriffig verhält und dafür sorgt, dass Macht kontrolliert wird, ist deren Missbrauch schwer. In Zeiten, in denen stetiges Sinn- und Selbstfinden sowie Glück an die Arbeit gekoppelt werden, ist in Organisationen aber häufig das Gegenteil der Fall. Sie werden zu emotionalen Orten zahlreicher persönlicher Beziehungen und Projektionen, wo es immer weniger formale Regeln gibt. Den Neoliberalismus kann das nur freuen. Je stärker Menschen ihr Glück in der Arbeit suchen, desto abhängiger sind sie von den Organisationen, in denen sie arbeiten. Nicht allein finanziell, sondern auch psychologisch und sozial.

Aber deine Arbeit liebt dich nicht.

Das ist das Dilemma, in dem Menschen in Arbeit häufig stecken: Arbeit, die sich im ersten Moment angenehmer, weil kollegialer anfühlt, ist auf lange Sicht Arbeit, die Abhängigkeiten verstärkt. Das muss nicht schlecht ausgehen, kann aber.

Wissensarbeitende sind für diese Abhängigkeiten besonders anfällig. Gerade weil sie die Wahl haben, suchen sie sich einen Job, der sich besonders *liebevoll* präsentiert: Augenhöhe, Büro-Yoga, Homeoffice, Rücksichtnahme auf mentale Gesundheit, Mitbestimmung und Urlaub, wann du willst. Das klingt für viele paradiesisch. Entgegen der Erwartungen zeigen sich diese Organisationen im Konfliktfall aber genauso übergriffig und selbstbezogen wie alle anderen Organisationen. Weil die Schauseite sich aber als das Gegenteil präsentiert und man innerhalb der Organisation Werte wie Fairness und Verständnis hochhält, ist die Enttäuschung besonders schmerzhaft. Im Fall von Konflikten und Machtmissbrauch sind Organisationen mit wenigen formalen Regeln oft besonders schlecht aufgestellt. Die vermeintlich enge Gemeinschaft auf Augenhöhe zieht sich im ernstzunehmenden Streitfall auf gesetzliche Regelungen und implizite Formalitäten zurück. Der bisher in den betrieblichen Yogarunden geliebte Kollege, der jetzt Vorwürfe gegen einen anderen geliebten Kollegen erhebt, bekommt lediglich ein Schulterzucken als Kommentar, aber keine aktive Unterstützung. Die emotionale Bindung zu beiden bringt die restlichen Organisationsmitglieder in eine Zwickmühle. Ein formaler Weg bei Machtmissbrauch existiert nur rudimentär. Er ist mit einem Larifari-Satz beschrieben: Wir dulden keinen Machtmissbrauch. Smash the Patriarchy. Weil man sich einig ist, dass alle in der Organisation gegen Machtmissbrauch sind, kann man sich nicht vorstellen, dass es in den eigenen Reihen trotzdem dazu kommt. Erhebt nun jemand einen Vorwurf, ist die Organisation überfordert. Hinzu kommt, dass auch vermeintlich formlose, solidarische Organisationen im neoliberalen Funktionssystem der Wirtschaft agieren. Auch und gerade dann, wenn sie genau dieses System vordergründig ablehnen, erkennen sie ihre eigene, perpetuierende Rolle darin oft nicht an und negieren ihr persönliches Performanzstreben, das den vereinbarten Werten entgegensteht.

Die historisch von den Arbeiterinnen und Arbeitern gewünschte Befreiung aus den Zwängen der Gemeinschaft führte zur Verfolgung von Einzelinteressen: nach Glück, Freiheit und persönlichem Vorteil. Diese Logik setzt sich bis heute in unserem Wirtschaftssystem fort. Innerhalb von Organisationen führt das eher zu Konkurrenz als zu kollektivem Zusammenhalt. Auch in Vereinen und Kulturstätten, die nicht primär privatwirtschaftlich orientiert sind, zeigt sich diese Tendenz. Zwar bilden Menschen in Organisationen Handlungsgemeinschaften, aber immer mit dem Ziel, dass ihre Arbeit der Erfüllung des Organisationszweckes dient. Für die Organisation und die Mitarbeitenden ist diese Zweckmäßigkeit sinnvoll, weil sie auf diese Weise möglichst unabhängig von der Organisation bleiben. Arbeitende, die sich in Gewerkschaften organisieren, erleben einen emotionalen Zusammenhalt, weil sie eine gegenseitige, persönliche Interessenvertretung bilden. Sie organisieren sich außerhalb der Organisation, in der sie arbeiten, für ihre Interessen. Das macht sie sozial verbunden, aber in einer externen Organisation und damit emotional unabhängiger vom Arbeitgeber. Und Unabhängigkeit macht uns weniger anfällig für Machtmissbrauch. Allerdings kann auch eine Abhängigkeit in der Organisation der Gewerkschaft entstehen, die ihrerseits zu Machtmissbrauch führen kann.

Wirtschaftsunternehmen wird die emotionale Bindung ihrer Mitarbeitenden als Mittel zur größeren Produktivität und niedrigeren Fluktuation verkauft. Das Meinungsforschungsinstitut Gallup bringt jährlich den *Engagement Index Deutschland* heraus. Für 2023 ist laut seinen Umfragen die mangelnde emotionale Bindung der Mitarbeitenden mit 19 Prozent auf dem höchsten Stand seit 2012. Laut Gallup sorgt mangelnde emotionale Bindung für Produktivitätseinbußen, mehr Krankentage und höhere Fluktuation: »167,2 Mrd. € betragen die potenziellen Kosten des Mangels an emotionaler Bindung für die deutsche Wirtschaft aufgrund von Produktivitätsverlusten.«[93] Die Summe kommt dadurch zustande, dass Gallup einen Mangel an emotionaler Bindung mit einer Häufung der Krankentage und Produktivitätseinbußen in Zusammenhang setzt. Die emotional eng gebundenen Befragten kommen auf nur 4,8 Fehltage pro Jahr. Die gering gebundenen geben 7,1 Fehltage an. Die ohne jegliche emotionale Bindung nennen 9,1 Fehltage. Ein Fehltag kostet ein Unternehmen im Durchschnitt rund 316 Euro.[94] Das Institut hat diese Informationen anhand von zwölf Fragen in 1500 Telefoninterviews ermittelt.

Die Krankenkassen errechnen pro Erwerbstätigen durchschnittlich 20 Krankentage für das Gesamtjahr 2023.[95] Fehltage aufgrund psychischer Erkrankungen nahmen laut dieser Studie im selben Jahr um 7,4 Prozent zu.[96]

Was unter emotionaler Bindung zu verstehen ist, wird im *Engagement Index* nicht erklärt. Wissen die Interviewten vor der Befragung, was damit gemeint ist? Inwieweit arbeiten besonders emotional gebundene Mitarbeitende zu viel und machen Überstunden? Und arbeiten emotional mittelmäßig gebundene Mitarbeitende einfach genau so viel, wie vertraglich vereinbart ist? Gallup sagt, gute Führung sei maßgeblich für emotional eng gebundene Mitarbeitende. Aber was ist mit den Führungskräften selbst? Bekommen diese seltener einen Burnout? Oder eher häufiger?

2023 teilt das Bundesarbeitsministerium auf eine kleine Anfrage der Linken im Bundestag mit, dass die »Zahl der Arbeitsunfähigkeitstage von Beschäftigten aufgrund psychischer Erkrankungen und Verhaltensstörungen [...] im vergangenen Jahr auf 132 Millionen Tage gestiegen« ist. »Das waren sechs Millionen mehr als 2021.«[97] Die dadurch verursachten Kosten für die deutsche Wirtschaft belaufen sich auf 17,2 Milliarden Euro. Psychische Erkrankungen sind 2022 der dritthäufigste Grund für eine Krankmeldung.[98] Laut Statista entfielen »mit 516,7 Arbeitsunfähigkeitstagen je 1000 Mitglieder [...] im Jahr 2022 die meisten Burn-out-Krankheitstage auf [...] Aufsichts- und Führungskräfte in der Gesundheits- und Krankenpflege. Zusammen mit Berufen im Dialogmarketing und in der Sonder- und Sozialpädagogik gehört dieses Berufsfeld zum wiederholten Male zu den Burn-out anfälligsten Berufsgruppen.

Der Wert liegt dabei mehr als dreimal so hoch wie der Durchschnitt unter AOK-Mitgliedern.«[99] Wer sich unter Dialogmarketing nichts vorstellen kann: Dort arbeiten zum Beispiel auch die Menschen, die 1500 Personen anrufen und sie bitten, an einer kurzen Umfrage zu ihrer emotionalen Bindung an ihren Arbeitgeber teilzunehmen.

Die Faktoren, die Menschen für einen Burnout prädestinieren, sind zwischenmenschliche Extremsituationen im Berufsalltag, wie sie in medizinischen Berufen, in der Pflege, in der Schule, bei der Polizei, der Feuerwehr und weiteren auf der Tagesordnung stehen. Eine hohe, verantwortliche Position und Entscheidungsgewalt, ein hoher zeitlicher und inhaltlicher Arbeitsaufwand und sehr hohe Leistungsanforderungen sind weitere Faktoren und entsprechen den Anforderungen einer Führungsposition. Zudem ist die Doppelbelastung durch Familie und Beruf ein Faktor, der in Branchen, in denen überwiegend Frauen arbeiten, gehäuft zum Tragen kommt. Frauen übernehmen 79 Minuten mehr Sorgearbeit pro Tag als Männer.[100] Hochmotivierte, engagierte, leistungsbereite, perfektionistische, harmoniebedürftige und idealistische Menschen sind ebenso anfälliger für Burnout.[101] Diese Menschen arbeiten besonders viel und sind überdurchschnittlich engagiert. Ihre emotionale Bindung zu ihrer Arbeit ist ungesund hoch. Aufgrund ihres starken Fokus auf ihre Arbeit halten sie lange durch, aber fallen im Krankheitsfall auch lange aus.

Die beste Prävention, um Burnout und entsprechende Fehltage zu verhindern, sind ein nicht übergriffiger Arbeitgeber und die individuelle, emotionale Unabhängigkeit von der Arbeit. Eine Langzeitstudie am Schmalenbach Institut für Wirtschaftswissenschaften der Fachhochschule Köln hat ergeben: »Eine sinnvolle und abwechslungsreiche Tätigkeit, gute Bezahlung und die Sicherheit des Arbeitsplatzes sind die entscheidenden Kriterien für die Bindung von Arbeitnehmern an ein Unternehmen.«[102] Angemessenes Managen trägt dazu sicherlich bei. Wenn aber Vorgesetzte besonders gefährdet sind für Überarbeitung und Burnout, ist fraglich, wie gut sie ihre Aufgaben ausüben können. Rund ein Drittel der Führungskräfte hält sich für gefährdet und »41 Prozent halten Burnout […] für ein Zeichen von Schwäche und mangelnder Leistungsfähigkeit«.[103] In diesem Ergebnis wird der Grund für die Burnout-Gefährdung gleich mitgeliefert.

In manchen Organisationen wird die Aufgabe, Mitarbeitende emotional zu binden, wörtlich genommen. So kann es als selbstverständlich gelten, Freizeit und Arbeitszeit zu vermischen, wie eine Mitarbeiterin einer Kreativagentur in der *Zeit* schildert: »Überstunden sind normal und Feiern gehören mit zum Job […]. Das Problem ist, dass es dann auch keine klaren Grenzen gibt.«[104] Bei einem Abendessen der Agentur mit einem Auftraggeber legt ihr Chef ihr mehrfach den Arm um die Schultern und seine Hand rutscht des Öfteren zu ihrem Gesäß. Konfrontiert mit den Vorwürfen, reagiert ein Anwalt des Beschuldigten. Der Mann habe »weder an diesem Abend und auch zu keinem anderen Zeitpunkt Frau Wenkmann unangemessen berührt und damit auch nicht willentlich ihr Gesäß«.[105] Falls die Frau »eine solche Berührung wahrgenommen habe, könne das allein darauf zurückzuführen sein, dass sich feiernde Personen auf engem Raum befunden haben«.[106]

Die Antidiskriminierungsstelle des Bundes veröffentlicht 2019 eine Studie zu sexueller Belästigung am Arbeitsplatz. Darin stellt sich heraus, dass insgesamt über die Hälfte (53 Prozent) der Belästigungen von Personen ausgehen, die nicht Teil der Organisation sind, sondern in einem Kundinnen- und Mandantenverhältnis zur Organisation stehen. Am zweithäufigsten (43 Prozent) geht die Belästigung von Kolleginnen und Kollegen aus. In 19 Prozent der Fälle sind es Vorgesetzte oder anderweitig höhergestellte Personen im Betrieb.[107] »Frauen sind demnach häufiger sexuellen Belästigungen durch statusüberlegene Personen sowie durch Personen in einem Pflege- bzw. Dienstleistungsverhältnis ausgesetzt (Kund_innen, Klient_innen und Patient_innen), während Männer sexuelle Belästigung am Arbeitsplatz eher durch gleich hohe oder niedriger positionierte Personen erfahren.«[108] Bei Frauen sind 37 Prozent der belästigenden Personen aus dem Kollegium, bei Männern sind es 60 Prozent.[109] Die BKA-Studie *Sicherheit und Kriminalität in Deutschland* von 2020 ergibt, dass die überwiegende Zahl der Sexualdelikte von Männern begangen wird.[110]

Bei Machtmissbrauch in Form von Mobbing zeigen sich unterschiedliche Resultate, die vermutlich auf unterschiedliche Befragungsmethoden, Kategorisierungen, die Anzahl der Befragten oder den Befragungszeitraum zurückzuführen sind: Der Ergebnisbericht *Diskriminierungserfahrungen in Deutschland* vom Berliner Institut für empirische Integrations- und Migrationsforschung (BIM) stellt 2017 für den *Lebensbereich Arbeit* fest, dass »die Mehrheit der Mobbingerfahrungen von Kolleg_innen aus[geht] (59,2 Prozent)«.[111] Bei einer repräsentativen Umfrage der Bundesanstalt für Arbeitsschutz und Arbeitsmedizin antworten Mobbingbetroffene hingegen, dass sie zu 38,2 Prozent von Vorgesetzten, zu 22,3 Prozent von Kollegen und Kolleginnen und zu 20 Prozent von einer Gruppe im Kollegium gemobbt wurden.[112] In einer Befragung des US-amerikanischen *Workplace Bullying Institute* von 2021 sind ebenfalls Vorgesetzte am häufigsten unter den Mobberinnen und Mobbern.[113]

In Medienberichten über Machtmissbrauch werden überwiegend Vorgesetzte als Täter und Täterinnen genannt. Die hierarchisch höhergestellte Position in Organisationen wird in der Berichterstattung zumindest überproportional häufig als Ursache für Machtmissbrauch beschrieben. Diese Darstellung wirkt sich auf die Rezeption von Ursachen aus. Margarete Stokowski schreibt sodann 2021 in einem Artikel über Machtmissbrauch in verschiedenen Organisationen: »Das Problem sind Hierarchien. Überall da, wo es so hohe Posten gibt, dass Menschen sich auf diesen Posten allzu sicher fühlen, ist Machtmissbrauch zwar nicht für jeden Einzelfall vorprogrammiert, aber insgesamt kaum zu verhindern.«[114] Ihr Vorschlag zur Lösung des Problems lautet deshalb: »Wenn sich dauerhaft immer wieder Menschen auf diesen Posten missbräuchlich verhalten, dann muss man diese Posten abschaffen oder zumindest ganz grundlegend verändern.«[115] Wie jedoch manche Studien und ebenso diverse Fälle in hierarchisch flachen Organisationen zeigen, wird eine Abschaffung von Hierarchien Machtmissbrauch wohl kaum verhindern.

Worum es im Kern also gehen muss, ist nicht das radikale Abschaffen von formalen Hierarchiestufen, sondern darum, Täter und Täterinnen präventiv besser zu kontrollieren. »Nennen Sie mir eine einzige Art von Institution, in der Macht stark auf Einzelne konzentriert ist und in der es in den vergangenen Jahren keinen Fall von Machtmissbrauch gab. Er wächst nach, wenn man seine Wurzeln nicht zerstört«, schlussfolgert Margarete Stokowski schließlich in ihrem Artikel.[116] Die Wurzel ist allerdings nicht allein die Hierarchie. Dieses Miss- oder Unverständnis besteht, weil die Auseinandersetzung mit den Funktionsweisen von Macht und Organisationen nicht weit verbreitet ist. Auch unter denen, die Organisationen gründen, ist das Nichtwissen über Organisationsgestaltung mitunter groß. Hinzu kommt, dass Hierarchie und Führung zwei verschiedene Dinge sind, die zwar zusammenkommen können, aber nicht müssen. Erstere benötigt lediglich ein Bündel an formalen Befugnissen. Letztere benötigt informelle Anerkennung.

Wenn Hierarchien in Organisationen nicht die einzige Ursache von Machtmissbrauch sind, haben wir eine größere Aufgabe vor uns. Es wäre so schön einfach, wenn wir nur Chefinnen und Chefs abschaffen müssten, damit alles gut wird. Sowohl für die Organisation als auch für die Belegschaft und uns als Gesellschaft ist es leichter, wenn »die da oben« das Problem sind. Wenn Kolleginnen und Kollegen Macht missbrauchen, deren Machtvorteil weniger offensichtlich und nicht formal verankert ist, sie sogar auf gleicher Ebene sind, kann dann überhaupt von Machtmissbrauch gesprochen werden? Die kurze Antwortet lautet: Ja. Die ausführlichere Antwort findet sich in Teil 4. Aber zunächst kommen wir zu den Betroffenen.

Teil 2
DIE BETROFFENEN

Opfer haben eine klar definierte Rolle in unserer Gesellschaft. Sie befriedigen nicht nur unsere Sensationslust, sondern dienen zudem als Projektionsfläche für Mitgefühl, Schadenfreude und Abgrenzung. Die Abgrenzung hat zwei Effekte: eigene Aufwertung und Schuldumkehr. Ich fühle mich bei der Betrachtung des Opfers selbst besser, weil es mir vor Augen führt, dass mein eigenes Leben doch ganz in Ordnung ist. Um mich besser zu fühlen, muss ich zum anderen die Merkmale benennen, die mich vom Opfer unterscheiden: Ich bin zwar nicht zufrieden mit meinem Job, aber ich werde bei der Arbeit wenigstens nicht gemobbt, sexuell belästigt oder diskriminiert. Dumme Sprüche lasse ich mir nicht bieten. Ich bin zwar schon angegraben und beleidigt worden, aber nicht vergewaltigt. Distanz zum Opfer zu schaffen bedeutet, sich selbst nicht als Opfer zu sehen, auch nicht potenziell. Durch diese Abgrenzung zeigt sich, dass wir intuitiv alle wissen: Opfer zu sein bedeutet, machtlos zu sein, und machtlos zu sein bedeutet, fremdgesteuert und unfrei zu sein. Etwa seit den 2000er Jahren wird das Wort Opfer im deutschen Sprachgebrauch auch als Schimpfwort verwendet. »Du Opfer« wird zwar auch ironisch unter Jugendlichen genutzt, drückt generell aber eine abwertende und verächtliche Sprecherposition aus. Werten wir andere ab, führt das häufig zur eigenen Aufwertung – ein Effekt, von dem z. B. auch diverse Reality-Shows profitieren, die oft ein klassistisches Bedürfnis befriedigen: Die Protagonistinnen und Protagonisten werden bewusst dumm inszeniert, damit sich die Zuschauenden klüger fühlen.

Die Sprachlosigkeit

Niemand will Opfer sein, auch die Opfer nicht. »Betroffene wollen keine Opfer sein. Häufig werden Menschen, die von Gewalt oder Belästigung betroffen sind, in den Medien als Opfer bezeichnet. Doch damit wird oft ein falsches Bild vermittelt. Denn aus der ›Opfer‹-Rolle wollen sich die Betroffenen – meist Frauen – gerade befreien«[1], heißt es im Deutschlandfunk. Journalistinnen würden deshalb häufiger den Begriff Betroffene verwenden: »Opfer klingt passiv und unmündig, sagen sie, und wird auch als Schimpfwort gebraucht. Das passt zu einem journalistischen Klischee, dass Frauen häufig als passiv und schwach dargestellt werden, mit negativen Folgen dafür, wie andere und sie selbst sich wahrnehmen.«[2] Die Journalistin und Autorin Mithu Sanyal schlägt vor, statt von Opfern und Betroffenen von Erlebenden zu sprechen: »So wie vorher der Begriff ›Überlebende‹, nimmt ›Erlebende‹ eine Verschiebung vom Passiven zum Aktiven vor, allerdings ohne die damit einhergehende Wertung. Schließlich wird Erlebnis erst durch ein beigefügtes Adjektiv (wunderbares Erlebnis, grauenhaftes Erlebnis, langweiliges Erlebnis) näher bestimmt und lässt sogar Raum für Ambivalenzen (ein schreckliches, aber auch banales Erlebnis). Durch die Substantivierung ›Erlebende sexualisierter Gewalt‹ kann somit jede*r selbst bestimmen, wie er*sie das Erlebte bewertet. Gleichzeitig findet ein Perspektivwechsel statt: Die Formulierung lädt ein, über die Wahrnehmung der erlebenden Person nachzudenken, und nicht, was ein anderer Mensch mit dieser Person macht.«[3] Wie wir über Menschen sprechen, die psychische oder physische Gewalt erleben, prägt, wie wir über sie denken. Die gesellschaftliche Position von Opfern ist keine teilnehmende. Allein an unserer Sprache ist zu erkennen, dass Opfer und Betroffene von einer Schwere umgeben und deshalb in gewissem Sinn unbeweglich sind. Sie sind keine aktiven Teilnehmenden der Gemeinschaft und werden an den Rand gedrängt. Opfer sprechen nicht, für sie wird gesprochen: durch Anwältinnen, durch Journalisten, durch die Öffentlichkeit. Deshalb ist die Veröffentlichung von selbst erlebten Übergriffen in den Sozialen Netzwerken immer auch eine Befreiung vom gesellschaftlichen Maulkorb für Erlebende von Machtmissbrauch. Weil Opfer unmündig zu sein haben, dürfen sie nicht hörbar sein. Sie müssen in Stille leiden. Wer aber nicht zu hören und nicht zu sehen ist, findet auch nicht statt. Und das ist, was wir als Gesellschaft letztendlich wollen: Wir wollen keine Opfer sehen. Wir wollen uns nicht mit ihren Erlebnissen beschäftigen. Wir wollen nicht, dass sie einen Riss in die Fassade unserer heilen Welt ziehen. Opfer müssen Einzelfälle bleiben, über die man sich eine Woche oder auch zwei in der Mittagspause echauffieren kann, um dann wieder zum Alltag zurückzukehren.

Wer stumm ist und unsichtbar bleibt, sieht sich auch gegenseitig schlecht und bleibt allein. Das ist natürlich von Vorteil für eine Gesellschaft, die sich mit Erlebenden von Machtmissbrauch nicht auseinandersetzen möchte. Gleichzeitig spielt die Isolierung den Tätern und Täterinnen in die Hände. Die Vereinzelung der Betroffenen ermöglicht es, den Status quo der Machtverteilung aufrechtzuerhalten. Wenn Betroffene nicht von anderen hören, bleiben sie die Ausnahme. Einzelfälle. Wenn Betroffene sich nicht austauschen, betrachten sie sich deshalb häufig selbst als Fehler im System. Statt das übergriffige Verhalten zu benennen und sich zur Wehr zu setzen, suchen sie die Verantwortung bei sich und keine Hilfe. Täter und Täterinnen bleiben dadurch geschützt.

In der Psychologie gibt es das Konzept der erlernten Hilflosigkeit, das zur Erklärung von Depressionserkrankungen in den 1970er Jahren unter anderen durch den US-amerikanischen Psychologen Martin Seligman bekannt wurde. Erlernte Hilflosigkeit wird beschrieben als Überzeugung von Personen mit entsprechend negativen Erfahrungen, die Fähigkeit zur Veränderung des eigenen Lebens eingebüßt zu haben und dafür selbst verantwortlich zu sein. Diese Personen erwarten in der Folge, Situationen nicht beeinflussen und kontrollieren zu können. Frühe Erfahrungen von Macht- und Hilflosigkeit können die Ursache für ihr passives, erlerntes Verhalten sein. Erlebende von Machtmissbrauch erkranken häufiger als Unbetroffene an psychischen Erkrankungen wie Depressionen. Seligmans Erklärungsversuch würde bedeuten, dass Menschen, die traumatische Ereignisse erleben, mit größerer Wahrscheinlichkeit auch in Zukunft Opfer bleiben. Bis 1997 war das die gängige Annahme. Doch dann zeigte der Psychologe Stefan Krause in seiner Dissertation *Sadder but Wiser*, dass Hilflosigkeit und Passivität nicht erlernt sind. Krause vergleicht dazu die Selbsteinschätzungen von Sportlerinnen und Sportlern mit denen von Depressiven. Das Ergebnis widerspricht dem Konzept der erlernten Hilflosigkeit: Depressive konnten ihren Leistungsfortschritt realistischer einschätzen als Nichtdepressive. Letztere nahmen sich und ihre Umwelt häufiger positiv verzerrt wahr. Dieses Phänomen wird zwei Jahre später in der Psychologie als Dunning-Kruger-Effekt benannt. Krauses Arbeit zum Realismus der Selbsteinschätzung zog viele Studien nach sich, die seine Annahmen belegten. Seligman und sein Kollege korrigierten daraufhin 2016 ihr Konzept: Passive Reaktionen auf einen Schock sind nicht erlernt, sondern die klassische und ungelernte Reaktion auf anhaltende negative Ereignisse.[4] Es will zwar niemand betroffen sein, unsere ersten Reaktionen auf die übergriffigen Erlebnisse als Betroffene sind aber fast immer identisch: Passivität. Sie ist nicht erlernt, nicht Schuld der Opfer und führt nicht zwangsläufig zu Depressionen. Sollte das aber doch passieren, schätzt der oder die Depressive sich selbst und das Vermögen, das eigene Leben zu ändern, realistischer ein als andere. Wer einmal Opfer war, muss es nicht bleiben, auch wenn die Gesellschaft das gern so hätte.

Die Schuldumkehr

Indem ich mich vom Opfer distanziere, vergleiche ich meine Situation mit der des Opfers und gehe auf die Suche nach Gründen dafür, dass ich selbst nicht zum Opfer geworden bin. So mache ich mir etwa weis, dass ich schlagfertiger reagiere, einen gewissen Stolz habe, Respekt einfordere, stärker bin, keine Opferhaltung einnehme, mündig und nicht hilflos bin. Von Instagram-Coaches wird Selbstverantwortung gern als Mittel gegen Opfersein angepriesen. Auf bunten Kacheln steht dort: »Raus aus der Opferrolle«. Darunter verlinkt ist ein Onlinekurs, der für 24 Stunden 50 Prozent Rabatt anbietet und mit dessen Hilfe man endlich die Person wird, die man immer schon sein wollte. Nicht Opfer zu sein, nicht betroffen zu sein ist ein Geschäftsmodell und folgt dem neoliberalen Leistungsparadigma: Wer es wirklich will, kann alles schaffen, auch nicht zum Opfer zu werden. Es klingt, als müsstest du nur genug Verantwortung für dich selbst übernehmen, um niemals Opfer zu sein. Dieses Narrativ weist die Schuld den Betroffenen oder, nach Sanyal, den Erlebenden zu. Der Vorgang der Schuldumkehr geht damit einher, die Ursachen für die Opferwerdung bei den Betroffenen zu suchen. In einer Fernsehdokumentation über Machtmissbrauch im Yoga fragt die Journalistin Tasnim Rödder eine Besucherin einer Yoga-Messe nach den Gründen für Machtmissbrauch in ihrer Branche: »Missbrauch entsteht immer da, wo jemand sich erhebt und wo jemand sich unterordnet. Da gehören zwei dazu und die finden sich.«[5] Ein Besucher antwortet: »Man sollte aber auch sehen, dass es nicht immer nur von den Lehrern ausgeht, sondern öfter auch projiziert wird von den Schülern auf die Lehrer.«[6] In einem Gespräch mit einer älteren Nachbarin erzähle ich ihr von der Dokumentation. Ohne zu zögern, beginnt sie, ihre eigene Breitensporterfahrung zu rekapitulieren, und kommt zu dem Schluss, dass ihr aber nie etwas passiert sei. Das ist ein gängiges Muster: Die eigene, individuelle Erfahrung wird als Maßstab verwendet und die Glaubwürdigkeit der Betroffenen damit in Frage gestellt. Was ich persönlich nicht erfahren habe, scheint nicht begreifbar zu sein. Was ich nicht begreifen kann, glaube ich nicht. Was ich nicht mit eigenen Augen sehe, überzeugt mich nicht. Meine Nachbarin schlussfolgert deshalb, sie könne sich nicht vorstellen, dass Übergriffe beim Turnen oder Yoga passieren, wenn eine Person keinerlei Signale aussende. Das Opfer wird zur Täterin, weil es provoziert, und der Täter zum Opfer, weil er zum Übergriff »gezwungen« wurde. Ich frage meine Nachbarin: Senden Kinder auch Signale aus? Oder Menschen mit Behinderung? Und Alte?

In milder Form und meist unbewusst begegnet mir diese Ungläubigkeit auch in manchen Interviews, die ich für dieses Buch führe. Mit einer Studentin spreche ich über die Machtmissbrauchsvorwürfe gegen einen wissenschaftlichen Mitarbeiter der HU Berlin, die im August 2023 öffentlich werden.[7] Sie hatte bei dem Dozenten einen Kurs belegt, wissend, dass er als umstritten und übergriffig gilt. Das habe man sich unter den Studierenden schon erzählt, als sie noch ganz frisch an der Uni war. Sie entschloss sich, den Kurs trotzdem zu belegen, unter anderem, weil sie sich selbst davon überzeugen wollte, ob etwas an den Erzählungen dran sei. Auch wenn sie keinen Zweifel an den Schilderungen der mutmaßlich Betroffenen äußert, zeigen ihre Worte zumindest, dass diese Schilderungen allein nicht ausreichen, um glaubhaft zu sein. Sie haben nicht dazu geführt, dass sie den Kurs meidet. Als wir miteinander sprechen, hat sie bereits ein Semester bei dem Dozenten in der Vorlesung gesessen. Sie beschreibt ihn als humorvoll, selbstdarstellerisch und in gewisser Weise respektlos. Hält ein Student einen Vortrag, unterbricht er mittendrin und erklärt 20 Minuten lang einen historischen Zusammenhang. Dann darf der Student weitersprechen, worunter die Qualität seines Vortrages natürlich leidet. Direkte verbale Belästigungen erlebt meine Gesprächspartnerin nicht. Im Frühjahr 2023 führt die Universität eine Maßnahme ein: Aufgrund mehrerer Beschwerden gegen den mutmaßlichen Täter dürfen Konsultationen in seinem Büro oder per Videositzung nicht mehr allein wahrgenommen werden. Studierende dürfen eine Person ihrer Wahl mitnehmen. Das passiert genau in der Zeit, als meine Gesprächspartnerin den Kurs belegt hat und für eine Hausarbeit eine Konsultation bei dem Dozenten vereinbaren möchte. Sie fragt ihn zweimal nach einem Termin. Er weicht aus, sagt, dass man ihre Fragen auch gut per E-Mail klären könnte. Nach Bekanntwerden der Vorwürfe im August wird der Kurs für das folgende Semester abgesagt und der beschuldigte Mitarbeiter freigestellt. Die Studentin, mit der ich spreche, kann nur beschreiben, dass der Mann in den Vorlesungen, die sie besuchte, kein übergriffiges Verhalten gezeigt habe. Sie kommt zu dem Schluss, dass an den Erzählungen der mutmaßlich Betroffenen dennoch etwas dran sein müsse, sonst hätte die Universität nicht die Sprechstunden mit dem Dozenten eingeschränkt und ihn letztlich nicht entlassen: »Dem zunächst freigestellten Mitarbeiter sei nach intensiven internen Ermittlungen außerordentlich gekündigt worden. Gegen die Kündigung geht der Historiker nach Angaben der Universität mit einer Klage vor«, heißt es in *Zeit Campus* im

September 2023.[8] Anekdotische Evidenz wird uns fast immer täuschen. Weil uns etwas nicht passiert ist, kann trotzdem anderen etwas passiert sein. Die Studentin, mit der ich sprach, wusste, dass es umso wichtiger ist, in die Berichte von Betroffenen und deren unabhängige und gewissenhafte Untersuchung zu vertrauen.

Die Zweifel

Dass Opfer eine gesellschaftlich zugewiesene Rolle zu erfüllen haben, fällt immer dann auf, wenn sie von dieser Rolle oder Normierung abweichen. Opfer müssen leiden. Tun sie das nicht wahrnehmbar für Außenstehende, werden sie nicht als Opfer anerkannt. In Filmen und Büchern kommen fröhliche Opfer deshalb kaum vor, weil sie es nicht sein dürfen. Tauchen sie doch mal auf, dann als Abweichung der Norm, als welche, deren Opfersein nicht glaubwürdig ist. Aufgeschlossene und lebenslustige Opfer, die als Zeugen und Zeuginnen vor Gericht aussagen, werden sowohl von Richtern und Richterinnen, Zuschauenden und der Presse anders wahrgenommen, als wenn sie weinen, erstarren oder in sich zusammenfallen. Die Glaubwürdigkeit des Opfers steigt mit dem zur Schau getragenen Leid. Das hat Einfluss auf die Einschätzung der Schwere einer Tat und auf Urteile. Die Kollegin, die vom Chef sexuell belästigt wird, den Übergriff anzeigt und tags darauf gut gelaunt im Meeting sitzt, kann kein echtes Opfer sein. Wer fröhlich ist, leidet nicht, so die Annahme. Es kann so schlimm nicht gewesen sein, wenn jemand so kurz darauf wieder gute Laune hat.

Eine junge Polizistin geht im November 2021 mit einem Vorgesetzten in eine Bar, nachdem sie mit dem Kollegium bereits in einer Kneipe angestoßen hatte. Es gibt etwas zu feiern: Die Polizistin hat es ins Auswahlverfahren für den höheren Dienst geschafft. Der Abend in der Bar wird von einer Kamera aufgezeichnet. Die junge Polizistin zeigt den Polizeiinspekteur später wegen Nötigung an. Was auf der Kamera zu sehen ist, beschreibt die *taz* so: »Beide umarmen sich, bald kommt es zu Küssen. Die Frau in weißer Bluse und mit offenen Haaren ist offenbar angetrunken, aber nicht willenlos. Sie legt ihre Hand in seinen Nacken, legt den Kopf an die Schulter des Chefs, weicht seinen Annäherungen nicht aus. Ein heftiger Flirt, ein Paar, das dabei ist, sich zu finden, so scheint es.«[9] Die Polizistin sagt aus, der Polizeiinspekteur habe ihr an der Bar erzählt, dass er darauf stünde, Frauen beim Urinieren zuzusehen. Sie erklärt, sich geekelt zu haben. Sie wollte unbedingt verhindern, an diesem Abend auf Toilette zu müssen. Ihr Verhalten dem Mann gegenüber sei ab diesem Zeitpunkt als Beschwichtigung zu deuten, nicht als Einladung. *SWR aktuell* schreibt über das spätere Verfahren: »Richter Peterke betonte, man erkenne auf dem Video nicht, dass die Polizistin sich – wie von ihr behauptet – ekelte: ›Kein Ekel, gar kein Ekel, sondern das Gegenteil von Ekel.‹ Stattdessen habe sie den Inspekteur gestreichelt und den Kopf auf seine Schulter gelegt: ›Sie machte anhaltend mit‹, resümiert der Richter.«[10] Irgendwann später in der Kameraaufzeichnung sieht man die Polizistin und den Vorgesetzten die Bar kurz verlassen. Vor der Tür zeichnet keine Kamera mehr auf, was passiert. Der Polizeiinspekteur stellt sich hin und uriniert, sagt die Polizistin. Er habe dabei nach ihrer Hand gegriffen und sie auf seinen Penis gelegt. Er sagt, sie hätte das von sich aus getan.

Die Polizistin erzählt später ihrer Schwester und Kollegen von dem Vorfall. Ein Vertrauensbeamter erfährt davon. Vor Gericht sagt er aus: »Sie habe sich gesorgt, dass sie ›als Schlampe dastehe‹. Er habe ihr dann gesagt, wenn sie keine Anzeige erstatte, müsse er es tun. Denn [der Polizeiinspekteur] könnte eine Straftat begangen haben.«[11] Im Verlauf der Tage nach dem Vorfall ist die Polizistin gewillt, den Vorgesetzten zu konfrontieren. Es kommt zu einem Videocall zwischen den beiden, den die Polizistin heimlich und illegal aufzeichnet. Das Video wird deshalb unter Ausschluss der Öffentlichkeit bei Gericht vorgeführt: Darin soll der Polizeiinspekteur gesagt haben, die Polizistin hätte nur Vorteile, »wenn er eine Beziehung mit ihr einginge«, berichtet die *taz* und fragt: »Ist das schon Nötigung?«[12] Am 14. Juli 2023 wird der Polizeiinspekteur freigesprochen. Die Staatsanwaltschaft Stuttgart will den Freispruch anfechten.

Hier zeigt sich: Wenn Betroffene sich nicht so zeigen, wie wir es erwarten, verlieren sie ihren Status als Opfer. Immer wieder kommt es in Urteilen zu erstaunlichen Einschätzungen des Verhaltens von Betroffenen: Sie habe nicht sofort aufgehört, sondern mitgemacht. Es sah für Zeugen und Zeuginnen so aus, als hätte sie Spaß. Das bringt den Umkehrschluss mit sich, wer nicht glaubhaft ist, lügt. Betroffene von Machtmissbrauch, die Anzeige erstatten, sind in Deutschland Zeugen des eigenen Erlebens. Vor Gericht sind sie verpflichtet, wahrheitsgemäß auszusagen. Beschuldigte hingegen dürfen Schutzbehauptungen vorbringen und die Aussage verweigern. Sie machen sich dadurch keiner Falschaussage schuldig.

Ich beobachte diese Ungläubigkeit an mir selbst, als ich in einer Führungsposition in einem Unternehmen arbeite. Eine freie Kollegin schickt am Wochenende eine E-Mail, in der sie erzählt, dass ihr Ehemann Suizid begangen hat. Weiter schreibt sie, es sei ihr wichtig, engen Anschluss ans Unternehmen zu halten und wie geplant all ihre Projekte fortzuführen. Der Suizid liegt zu dem Zeitpunkt nur wenige Tage zurück. Ich fühle mich im ersten Moment unfähig, auf ihre Schilderung zu reagieren. Mir schießt direkt durch den Kopf, dass es doch sicher angemessener sei, Pause von der Arbeit zu nehmen, Zeit mit der Familie zu verbringen und sich therapeutisch begleiten zu lassen. Aber offenbar ist es gerade die Struktur der Arbeit, die Ablenkung durch den Alltag und die Normalität, die meiner Kollegin Halt geben. Und wer bin ich, darüber zu urteilen, was das Richtige für sie ist und wie sie als Betroffene zu sein hat? An meiner eigenen Reaktion erkenne ich, dass der Verantwortungsbereich von Opfern klar abgesteckt ist: Sie müssen die Tat durch Leid und Schmerz erkennen lassen, sie müssen für einen gewissen Zeitraum aus ihrem geregelten Alltag verschwinden, sie müssen unschuldig sein, still, passiv und unmündig. Sie müssen langfristig von der Tat beeindruckt sein und die Fürsorge ihrer direkten Umgebung und der Öffentlichkeit dankbar annehmen. Ganz sicher dürfen sie keine rationalen, aufgeschlossenen E-Mails schreiben.

Die Zweifel, die Betroffenen von der Gesellschaft entgegengebracht werden, bringen sich die Betroffenen oft auch selbst entgegen. Ein großer Teil der Missbrauchsvorfälle in der katholischen Kirche wurden erst Jahre bis Jahrzehnte später öffentlich gemacht. Die Beschuldigungen gegen den verstorbenen Regisseur Dieter Wedel wurden 2018 publik und reichten bis in die 1990er Jahre zurück. Der Profi-Wasserspringer Jan Hempel machte 2022 die an ihm vorgenommenen sexuellen Übergriffe durch seinen Trainer zwischen 1982 und 1996 öffentlich. Immer wieder liegen große Zeiträume zwischen Veröffentlichung und Tathergang. Unbetroffene haben dazu genau eine Frage: Warum erst jetzt? Wenn jemand so lange warten konnte, wenn es so lange kein Problem war, warum dann jetzt?

Die übliche Reaktion auf aversive Ereignisse ist Passivität. Betroffene suchen die Ursachen und die Verantwortung für die Tat bei sich selbst. Die Zweifel am eigenen Erleben dienen ebenfalls der Abgrenzung. So wie Unbetroffene sich von Betroffenen abgrenzen, um sich aufzuwerten, so versuchen auch Betroffene sich von ihrer eigenen Betroffenheit abzugrenzen. Verdrängung ist Selbstschutz. Die Selbsterzählungen von Betroffenen sind nicht weniger abwertend, sie folgen denselben gesellschaftlichen Mustern. Eine ehemalige Miteigentümerin einer kleinen Agentur erzählt mir von ihren Selbstzweifeln, nachdem sie von einem Ex-Kollegen eine übergriffige Sprachnachricht bekam. Ein freier Mitarbeiter, mit dem sie sporadisch Kontakt hatte, schrieb ihr eine redselige Nachricht, in der er sich nach ihrem Befinden erkundigte und humorvolle Fragen stellte. Darunter die Frage, mit was sie gerade über- oder unterfordert sei, zum Beispiel sexuell, so erinnert sie sich. Sie antwortete freundlich und ging auf die anzügliche Frage nicht extra ein. Bis hierhin war das für sie ein plumper Flirtversuch, der sie tatsächlich amüsierte. Etwas später antwortete der ehemalige Kollege mit einer Sprachnachricht. Er beginnt die Nachricht mit den Worten: »Weißt du, wie das ist, wenn man kurz vorm Abspritzen ist …?«

Danach folgen freundschaftliche Sätze und Grüße zum Abschied. Die ehemalige Agentureigentümerin beschreibt, wie sie die Nachricht abhört, während sie auf einem Spaziergang ist. Dass sie sich ekelte, als die Stimme des Mannes sich in ihr Ohr drängte und diese Worte sprach. Das war die erste Reaktion und das klare Signal für sie: Hier ist etwas Grenzüberschreitendes passiert: »Ich fühlte mich belästigt. Ich wollte das nicht hören.« Bereits im zweiten Schritt zweifelt sie an sich: »Hab ich ihm dazu Anlass gegeben? Hätte ich auf die Nachricht davor gar nicht eingehen sollen? War es wirklich so schlimm? Ich mochte ihn ja, die Flirtversuche fand ich eine Zeitlang eher schmeichelnd, habe mitgemacht. Ich bin doch selbst schuld daran.« Sie tat erst mal nichts. Nach einigen Stunden redete sie mit einer Freundin darüber, vergewisserte sich, ob ihre Gefühle nachvollziehbar sind. Dann sprach sie mit einem Freund. Beide sagten ihr, dass sie jedes Recht hat, sich belästigt zu fühlen, und beide stuften die Nachricht als klar grenzüberschreitend ein. Sie verfasst daraufhin eine Textnachricht an den Ex-Kollegen, sagt ihm, dass sie sich belästigt fühlt von seiner Nachricht. Dass sie es grenzüberschreitend findet und sich geekelt hat. Er reagiert beschwichtigend und entschuldigt sich. Sie erinnert sich an so etwas wie: »Da bin ich über die Pandemie wohl pervers geworden, es tut mir leid.« Daraufhin bittet sie um ein Gespräch, und sie verabreden sich einige Tage später zu einem Telefonat. In dem Gespräch erklärt sie ihm erneut, was das Problematische an seinem Verhalten für sie war. Er wiederholt, dass er das nicht wollte. Sie sprechen über grenzüberschreitendes Verhalten, Gleichberechtigung, Männlichkeit, Weiblichkeit und worin für sie die Unterschiede liegen. Er erklärt, dass er sich selbst als Feministen betrachtet und gerade auch durch sie immer wieder Denkanstöße bekommen habe. Das Telefonat verläuft so weit gut. Zum Ende des Gesprächs nennt der ehemalige Kollege ihr ein Buch, von dem er findet, dass darin die Unterschiede zwischen Mann und Frau gut erklärt würden: *Lob des Sexismus: Frauen verstehen, verführen und behalten.* Noch während des Telefonats gibt die Ex-Agenturchefin den Titel in der Suchmaschine ein und liest die Beschreibung des Buchs bei Amazon: »[Der Autor] Lodovico Satana erklärt in seinem zum Klassiker gewordenen Erstling, weshalb die Gleichstellung der Geschlechter an der Schlafzimmertür enden sollte.«[13] Ihr ehemaliger Kollege, wie sie Ende dreißig, hat ihr soeben ein Buch aus der Pick-up-Artists-Szene empfohlen und sich davor für Gleichberechtigung ausgesprochen. Sie macht ihn auf den Widerspruch aufmerksam. Sie liest ihm vor: »Die Gleichstellung der Geschlechter sollte an der Schlafzimmertür enden.« Er sagt, den Teil meine er nicht, er meine einen anderen Teil im Buch, der gut sei. Die ehemalige Chefin kann nur noch den Kopf schütteln. Das Gespräch beendet sie dennoch freundlich. Für sie ist nach der Buchempfehlung klar, das war kein Versehen. Wie er sich verhalten hat, spiegelt sein Verständnis von Männlichkeit wider. Obwohl sie Miteigentümerin der Agentur war, fühlt er sich ihr als Mann überlegen. Nicht weil sie formell unter ihm steht, sondern informell, gesellschaftlich, als Frau. Warum sie sich diesem Telefonat überhaupt ausgesetzt hat, wird sie von Freundinnen gefragt. Sie erzählt mir, weil sie sich ermächtigen wollte. Weil sie ihm die unangenehmen Gefühle, die sein Verhalten bei ihr ausgelöst haben, zurückgeben wollte. Ohne die Konfrontation hätte sie das Erlebnis bei sich behalten und sein Verhalten schlechter analysieren können. Nach dem Telefonat fühlt sie sich ihm überlegen, sagt sie, wenigstens intellektuell. Doch obwohl er weder per Textnachricht noch im Gespräch sagte, dass sie ihn zu diesen Äußerungen animiert habe, zweifelt sie bis heute an ihrem Anteil an der Geschichte. Auf die Idee, den Vorfall zu melden, kam sie schon – aber wem? Offiziell geschah der Vorfall privat, nicht mehr im Rahmen ihres ehemaligen Jobs. Der Mann war dort zwar zu dem Zeitpunkt noch freier Mitarbeiter, aber ist eine Organisation für freie Mitarbeiter zuständig, die in ihrer Freizeit ehemalige Vorgesetzte belästigen? Aus Betroffenenperspektive war sie in dem Moment überfordert, erzählte dem Geschäftsführer der Firma aber eine Woche nach dem Telefonat von dem Vorfall und bat ihn um Verschwiegenheit. Sie riet ihm lediglich dazu, nachzuforschen, ob auch andere Frauen sich belästigt fühlten. Eine

ehemalige Kollegin sprach sie selbst direkt an. Ob das Machtmissbrauch war, was sie erlebt hat, frage ich sie. Irgendwie ja,
sagt sie. Aber sie tue sich mit der Bezeichnung schwer. Es klingt
so heftig, sagt sie.

Die Opferwerdung

Bemerkenswert an dem Fall der ehemaligen Agenturchefin ist Folgendes: Formal ist sie dem Mann, der sie belästigt hat, übergeordnet. Sie hat einen höheren akademischen Abschluss als er, genießt mehr formale Macht, und ihre Position als Gesellschafterin und Eigentümerin des Unternehmens bringt ihr eine gewisse Autorität ein. Sie ist Ende dreißig, selbstbewusst, nicht konfliktscheu und eine angesehene Führungskraft. Dennoch gehört sie zu einer prädestinierten Opfergruppe: Sie ist eine Frau. Die *Landeskommission Berlin gegen Gewalt* bringt regelmäßig die Publikation *Berliner Forum Gewaltprävention* heraus. In Ausgabe 12 aus dem Jahr 2003 benennt der Kriminalbeamte und damalige Lehrbeauftragte für Kriminologie Wolfgang Lebe besonders disponierte Opfergruppen. Unter Opfern versteht die Viktomologie Verbrechensopfer. Opfersein wird hiernach dadurch bestimmt, »was strafbar ist«.[14] Als disponierte Opfergruppen gelten alte Menschen, Minderjährige, Frauen, Ausländer und Minderheiten. Kurz gesagt alle, die auch im Alltag struktureller Diskriminierung begegnen. Wer mit struktureller Diskriminierung aufwächst, wächst damit auf, als Abweichung des Ideals betrachtet zu werden. Das wiederum führt dazu, sich selbst als Abweichung zu sehen und sich damit auch zu identifizieren. Es bedeutet, sich selbst anzuzweifeln. Selbstzweifel gehören für viele Erlebende von Machtmissbrauch zur Basisausstattung ihres Lebens. In der genannten Publikation heißt es, die Viktomologie möchte als Teilwissenschaft der Kriminologie verstanden werden, in der

Opfergruppen keine Schuld zugeschrieben wird, sondern es um Gefahrenvermeidung geht: »Sämtlichen Opfertypologien liegt der Gedanke zugrunde, dass es Menschen gibt, die eher dazu disponiert sind, zum Opfer von Straftaten zu werden als andere Menschen.« Die Erkenntnisse gehen ursprünglich zurück auf das Typologisierungsmodell von Hans von Hentig, der es 1948 in den USA veröffentlichte und als einer der Begründer der Viktomologie gilt. 1959 erscheint sein queerfeindliches Buch *Die Kriminalität der lesbischen Frau*, das die *Bild*-Zeitung Jahre später für eine Anti-Lesben-Kampagne nutzt. 1968 bekommt von Hentig das Große Verdienstkreuz der Bundesrepublik Deutschland verliehen.

Aber sind es wirklich unsere Geschlechtsidentität, unsere Herkunft, Klasse, Religion, Weltanschauung, Behinderung oder unser Alter, die uns zu Opfern machen? Oder werden Frauen, junge, alte, queere und behinderte Menschen, Menschen mit internationaler Biographie vielmehr deshalb öfter Opfer, weil Täter und Täterinnen wissen, dass sie gesellschaftlich weniger wert und leichter zu unterwerfen sind?

Am 23. Februar 2024 berichtet *Tagesschau online* über den neuen Kentler-Bericht. Helmut Kentler galt seinerzeit als Experte für Sexualaufklärung und Reformpädagogik: »Anfang der 1970er-Jahre überzeugte er das Landesjugendamt West-Berlin von seiner Forschungsidee: Jungen vom Straßenstrich am Bahnhof Zoo sollten in die Obhut von Pflegevätern gegeben werden.«[15] Tatsächlich vermittelte er die Kinder an vorbestrafte Pädophile: »Seine Kernthese damals: Nur Pädophile könnten schwer erziehbare Kinder lieben.«[16] Der sexuelle Missbrauch wurde institutionell organisiert und über ein bundesweites Netzwerk von Jugendamtsmitarbeitenden, Reformpädadoginnen und Sozialarbeiterinnen gestützt.

78

Wann immer Berichte über organisierten sexuellen Kindes-missbrauch an die Öffentlichkeit kommen, bleibt die Resonanz erstaunlich verhalten – so auch hier. Ein Erklärungsversuch dazu ist, dass der großer Aufschrei ausbleibt, weil die Taten lange zurückliegen und die Opfer längst erwachsen oder tot sind. Ein Trugschluss! Kindesmissbrauch ist kein rückläufiges Delikt. Die Taten in den beiden Kirchen, in Sportvereinen, bei den Pfadfindern oder in Kinderheimen sind hochaktuell. Die betroffenen Jungen im Fall Kentler nehmen in dem Bericht Stellung und bestätigen eindrücklich, »dass die von wissen-schaftlichen, aber auch politischen Akteur*innen vorgenom-mene Trennung in ›damals‹ und ›heute‹ und damit die Ver-ortung sexualisierter Gewalterfahrungen in der Vergangenheit nicht tragfähig ist. Zum einen wirken sexualisierte Gewalter-fahrungen in der Gegenwart und in der Zukunft. Zum ande-ren erzeugen Einsichten von Aufarbeitungsprozessen nicht nur neues Leid, sondern mitunter auch neue Ängste dahingehend, wie mit diesen Einsichten gesamtgesellschaftlich umgegangen wird und inwiefern ggf. mit (mitunter massiven) Konsequen-zen zu rechnen ist.«[17]

Die Universität Hildesheim stellte außerdem fest, »dass das Netzwerk um Kentler bis in die 2000er-Jahre deutschlandweit sexualisierte Gewalt an Kindern und Jugendlichen ermög-lichte. Das Netzwerk duldete, unterstützte und legitimierte laut dem Bericht nicht nur pädophile Positionen und sexualisierte Gewalt an Kindern und Jugendlichen, sondern übte auch selbst Gewalt aus.«[18] Opfer ist man nicht, Opfer wird man. Nicht nur einmal, im Moment des Übergriffs, sondern auch durch das Melden der Tat und die Schilderungen der Vorfälle. Durch die Reaktionen und Bewertungen der Zuhörenden, Freunde, Fa-milie, Arbeitgeber, Anwältinnen und Anwälte, Polizei. Durch etwaige außergerichtliche oder gerichtliche Verfahren. Durch die eigene therapeutische Aufarbeitung oder die Aufarbeitung der Institutionen Jahre später. Durch den Umgang der Gesellschaft mit Machtmissbrauch und Gewalt: »Es liegt nicht an diesen Personen selbst, wie die Aufarbeitung zu einem Boomerang an Leid wird, sondern auch an uns allen, wie wir weiter aufarbeiten und heute über erfahrene Gewalt und Unrecht sprechen«,[19] schließen die Verfassenden den Kentler-Bericht. Noch 2008 würdigte der *taz*-Redakteur Jan Feddersen Kentler in einem Nachruf: »Eben 80 Jahre alt geworden, ist der verdienstvolle Streiter für eine erlaubende Sexualmoral am 9. Juli in Hannover gestorben.«[20] Die *taz* schreibt darunter: »Dieser Nachruf erschien, noch bevor die taz begann, ihre eigenen Verstrickungen mit dem politisch organisierten Pädosexuellenmilieu aufzuarbeiten. Inzwischen sind zahlreiche kritische Artikel zu Helmut Kentler und auch zur Rolle der taz als Mitverbreiterin pädosexuellenfreundlicher Positionen erschienen.«[21]

Die *Frankfurter Allgemeine Zeitung* berichtet im September 2022 über eine Einrichtung für Menschen mit Behinderung in Bad Oeynhausen: »Ein 58 Jahre alter Diakon soll in seiner Funktion als Leiter einer Abteilung der heilpädagogischen Einrichtung für 210 Fälle von Freiheitsentzug, darunter 18 schwere Fälle, verantwortlich sein. Nach Erkenntnissen der Ermittler ordnete der Diakon in zahllosen Fällen das Einsperren von Behinderten an, obwohl dafür jegliche rechtliche Grundlage gefehlt habe. Die Anklage wirft dem Diakon zudem gefährliche Körperverletzung in zehn Fällen vor, weil er laut der schriftlichen Pflegedokumentation des Wittekindshofs den Einsatz von Tränengas anordnete.«[22] Ich bin mir sicher, die meisten von Ihnen kennen den Fall. Nicht. In der Rezeption von Machtmissbrauchsfällen gibt es Präferenzen. Nicht nur die Art der Vorfälle betreffend, sondern auch hinsichtlich der Branchen, dem Ansehen der Betroffenen, der Täter und Täterinnen. Behinderte Menschen, alte Menschen, Menschen, die Sexarbeit ausüben, obdachlose Menschen, unbekannte und weniger gebildete Menschen, Menschen mit Zuwanderungsgeschichte und Kinder interessieren uns kaum. Und wenn sie zusätzlich noch in Armut leben, dann am allerwenigsten. Nichts steht weiter unten in unserem gesellschaftlichen Ansehen als armutsbetroffene Menschen, die wir fälschlich als *sozial schwach* bezeichnen und ihr Schicksal als selbstverschuldet abstempeln. Vergleicht man die mediale Aufmerksamkeit und Rezeption der Vorwürfe gegen den Rammstein-Sänger Till Lindemann mit der Veröffentlichung der vielen tausend erwiesenen Missbrauchsvorfälle an Kindern in der evangelischen Kirche 2024 – man möchte schreien. Keine der großen Polittalkshows – weder *Markus Lanz* noch *Maybritt Illner*, *Hart aber Fair* oder *Maischberger* – haben über die ForuM-Studie berichtet. Es gab auch keinen *Brennpunkt* im Anschluss an die *Tagesschau*. Stellen Sie sich vor, Sie haben wiederholt gewaltvolle, sexuelle Übergriffe erlebt – und niemanden interessiert's.

Ob ein Opfer als würdig angesehen wird, »durch die Gesellschaft unterstützt zu werden«, und Mitgefühl verdient, hängt von der »Zuordnung des Menschen in eine Opferhierarchie« ab, schreibt die Juristin Ulrica Hochstätter.[23] Der Soziologe Rainer Strobl unterteilt diese Hierarchie in vier Kategorien: 1) Das tatsächliche Opfer wird von sich selbst und der Gesellschaft als ein solches angenommen. 2) Das Nichtopfer wird weder von sich selbst noch von der Gesellschaft als Opfer angenommen. 3) Das designierte Opfer identifiziert sich selbst nicht als Opfer, wird aber von der Gesellschaft als solches betrachtet. 4) Das abgelehnte Opfer identifiziert sich selbst als Opfer, wird aber von der Gesellschaft nicht als solches anerkannt.[24] Die Gründe für die An- oder Aberkennung des Opferstatus durch die Gesellschaft kann sowohl mit Sympathien, Eigenschaften als auch mit den Umständen des Opferwerdens zusammenhängen.[25] So werden etwa sexuelle Übergriffe im Bereich der Sexarbeit – auch seitens der Justiz – häufig noch als Berufsrisiko bewertet, oder Kriminellen, die selbst Verletzungen erleiden, wird der Status als Opfer gesellschaftlich nicht zugestanden.[26]

Ulrica Hochstätter schreibt: »Der Wunsch eines *designated victim*, nicht als Opfer etikettiert zu werden und nicht die mit dem Opferstatus gesellschaftlich erwarteten Verhaltensweisen wie Passivität, Leiden und Schwäche zu zeigen, birgt jedoch die Gefahr, keine Hilfe in Anspruch zu nehmen, diese verspätet zu suchen, durch Institutionen und soziales Umfeld keine Unterstützung zu erhalten oder sogar ausgegrenzt zu werden.«[27] Widersetzen wir uns der uns zugewiesenen Rolle als Opfer und den sozialen Erwartungen, wird uns die gesellschaftliche Unterstützung entzogen. Betroffene von Diskriminierung kennen das. Weichen sie von ihrer erwarteten Rolle als Mensch mit Behinderung, mit Migrationsgeschichte oder als Frau ab, werden sie darauf hingewiesen. Ein behinderter Mann, der unerbetene Hilfe ablehnt und auf sein Recht auf Inklusion besteht: unangenehm. Eine Muslimin mit Hidschab, die Profiboxerin ist: eine Ausnahmeerscheinung. Ein Vergewaltigungsopfer, das feiern geht: Scheint ja nicht so schlimm gewesen zu sein.

Der norwegische Kriminologe Nils Christie nannte 1986 fünf Kategorien, die Opfer erfüllen müssten, um gesellschaftliche Anerkennung zu bekommen: 1. Das Opfer ist schwach. So wie z. B. kranke, alte oder sehr junge Personen. 2. Das Opfer übte während der Tat eine respektable Tätigkeit aus – wie zum Beispiel das Babysitten der eigenen Schwester. 3. Das Opfer war während der Tat an keinem zweifelhaften Ort – zum Beispiel tagsüber auf der Straße. 4. Der Täter oder die Täterin war mächtig und stark. 5. Der Täter oder die Täterin war unbekannt und stand in keiner Beziehung zum Opfer.[28] Erst durch die gesellschaftliche Legitimation als Opfer wird der Zugang zu Hilfe, Unterstützung und Wiedergutmachung wahrscheinlich. Sind einige dieser Kriterien nicht erfüllt, »wird der Opferstatus potenziell gesellschaftlich verweigert, während Anteile der Verantwortung eines Täters / einer Täterin an der Straftat partiell dem Opfer zugeschrieben werden«.[29] Die bereits erwähnte Täter-Opfer-Umkehr oder auch Victim-Blaming.

Wendet man die fünf Kategorien von Christie auf aktuelle Machtmissbrauchsvorfälle an, wird der gesellschaftliche Umgang – unser Umgang – mit Betroffenen schmerzlich offenbar: Die Polizistin aus der Bar, von der weiter oben die Rede war, befand sich an einem zweifelhaften Ort. Als Polizistin kann sie nicht ausreichend Schwäche vorweisen, obwohl sie eine Frau ist. Sie trank Alkohol, um ihre Beförderung zu feiern – keine eindeutig respektable Tätigkeit. Der Beschuldigte war zwar mächtiger als sie, aber stand in Beziehung zu ihr. Die Reaktion der Richter auf diesen Fall entsprach genau dem, was Nils Christie schon 1986 beschrieben hat.

Wir wissen aus den Kriminalstatistiken, dass Sexualstraftäterinnen und -täter meistens in Beziehung zu ihren Opfern stehen.[30] Frauen und Kindern, die von Partnern und Eltern Gewalt erleben, wird also bereits durch die Deliktart ein Teil der Anerkennung als Opfer entzogen. Machtmissbrauch, der in Sportvereinen, bei den Pfadfindern, in Hochschulen, Schulen, Kitas, Unternehmen, im Theater oder in der Kirche stattfindet, geht fast immer von Menschen aus, die mit den Betroffenen in

Beziehung stehen. Der Missbrauch autoritativer Macht basiert gerade darauf, dass Menschen miteinander in Beziehung stehen. Es ist daher vollkommen absurd, dass wir als Gesellschaft Opfern die Anerkennung verwehren, wenn es doch die Umstände, die Täter und Täterinnen sind, die genau aus diesen Gründen erst in die Lage kommen, ihre Macht zu missbrauchen.

Es fehlt außerdem eine sechste Kategorie unter den von Nils Christie aufgezählten. Ich beschreibe sie hier als Gegenteilkategorie 6: das unbeliebteste Opfer. Das Opfer ist armutsbetroffen, ungebildet, nicht weiß, nicht normschön, nicht heteronormativ – zum Beispiel eine dicke Sintiza.[31] Und schon schwindet das Mitgefühl. Man kann dabei zusehen. Die Würde des Menschen ist antastbar.

Die Lieblingsopfer

Dasselbe Phänomen zeigt sich auch andersherum. Prominente Schauspielerinnen und Schauspieler, Olympiasportler und -sportlerinnen, renommierte Wissenschaftlerinnen und Wissenschaftler, Spitzenpolitikerinnen und -politiker, Sterneköche und -köchinnen, berühmte Musiker und Musikerinnen oder verdiente Journalistinnen und Journalisten haben etwas gemeinsam: Sie sind von öffentlichem Interesse. Egal ob sie Täter und Täterinnen sind oder Betroffene. Von ihnen lesen wir lieber als von Arbeitslosen, die auf dem Amt wiederholt Rassismus erleben. Auch der Beginn der #MeToo-Bewegung zeigt eindrücklich, wie wir die Bevorzugung von Betroffenengruppen in unserer Rezeption ausdrücken. Am 15. Oktober 2017 reagierte die US-amerikanische Schauspielerin Alyssa Milano auf Twitter (heute X) auf die bekannt gewordenen Vorwürfe gegen den mittlerweile verurteilten Miramax-Gründer und Filmproduzenten Harvey Weinstein:

»If you've been sexually harassed or assaulted write ›me too‹ as a reply to this tweet.«[32]

Alyssa Milano trat damit eine Welle der Wortmeldungen los. International meldeten sich bis heute Millionen von Menschen, die sexuelle Belästigung erlebt haben. Bis heute ist der Begriff MeToo fester Bestandteil der Berichterstattung und Schlagwort für sexuellen Machtmissbrauch. Alyssa Milano ist selbst Betroffene. Sie ist eine weiße Frau mit italienischer Zuwanderungsgeschichte. Seit diesem Tweet gilt sie vielen als die Initiatorin der MeToo-Bewegung. Aber das ist sie nicht: 1997 saß die amerikanische Bürgerrechts- und Menschenrechtsaktivistin Tarana Burke einem 13-jährigen Mädchen gegenüber, das ihr von ihrem Erleben sexuellen Missbrauchs erzählte und sie sprachlos zurückließ. »I didn't have a response or a way to help her in that moment, and I couldn't even say me too«, zitiert die *New York Times* Tarana Burke.[33] Knappe zehn Jahre später gründete sie die Non-Profit-Organisation Just Be Inc., um Betroffenen von sexueller Gewalt zu helfen – und gab ihrer Bewegung den Namen »Me Too«. Der Unterschied zwischen Alyssa Milano und Tarana Burke: Die eine ist weiß und prominent, die andere ist Schwarz und nicht prominent.

Dasselbe Phänomen traf die Opfer sexueller Übergriffe durch den mittlerweile verurteilten Sänger R. Kelly. Lange Zeit hat sich die Öffentlichkeit nicht für sie interessiert. Der Musikjournalist Jim DeRogatis schrieb über den Fall ein Buch und wurde in der *Zeit* dazu interviewt: »Der größte Faktor dabei, dass so lange nichts gegen Kelly unternommen wurde, heißt race. Schwarze Mädchen werden einfach nicht als potenzielle Opfergruppe wahrgenommen in den USA. Ein Vergleich dazu: Harvey Weinstein verlor seine einst große Macht in Hollywood mit einem Schlag, nachdem die Enthüllungsgeschichten über ihn von Jodi Kantor und Megan Twohey in der New York Times und von Ronan Farrow im New Yorker erschienen waren. Wie rasch und total sein Sturz war, hängt auch damit zusammen, dass die Öffentlichkeit die meisten seiner Opfer kannte, es waren berühmte weiße Frauen, die wir in Filmen gesehen hatten und mögen: Mira Sorvino, Gwyneth Paltrow, Asia Argento. Die Opfer von Kelly hingegen kannte niemand. Und für das Schicksal von schwarzen Mädchen interessiert sich auch niemand.«[34] In Deutschland sieht es nicht anders aus. Der Afrozensus-Report von 2020 gibt an: »9 von 10 Afrozensus-Befragten (93,3 % von n = 4658) geben an, dass ihnen nicht geglaubt werde oder ihnen gesagt wird, dass sie zu empfindlich seien, wenn sie einen rassistischen Vorfall ansprechen.«[35]

Alyssa Milano nahm zwei Tage nach ihrem Tweet Kontakt mit Tarana Burke auf, nachdem andere Schwarze Frauen im Netz sie auf sie aufmerksam gemacht hatten. Sie dankte ihr, entschuldigte sich dafür, sie übergangen zu haben, und bat um Kollaboration. Kurz darauf benannte sie Tarana Burke in einem Interview bei *Good Morning America* als Initiatorin der MeToo-Bewegung. Der Vorfall zeigte erneut den Mangel an intersektionalem[36] Verständnis in Hinblick auf Gleichberechtigung, aber das Gespräch mit Alyssa Milano empfand Burke dennoch als aufrichtig. Sie sagt, es sei egoistisch, MeToo als etwas zu betrachten, das ihr gehöre. Es sei größer als sie und größer als Alyssa Milano. Keine von ihnen beiden sollte im Mittelpunkt dieser Bewegung stehen: »This is about survivors.«[37]

Unsere Lieblingsopfer sind also weiß, normschön, schwach, weiblich, heteronormativ, gehen einer nicht als zweifelhaft geltenden Arbeit oder Tätigkeit nach, bewegen sich nicht in zwielichtigen Gegenden und Situationen, sind sympathisch, nicht armutsbetroffen, nehmen keine Drogen, sind nicht obdachlos.[38] Und fügen sich in ihre Opferrolle. Das bedeutet auch, dass Männer als Opfer kaum in Frage kommen, umso mehr aber als Täter. Ulrica Hochstätter erklärt: »Eine tendenziell geschlechtsstereotype Wahrnehmung von Frauen als Opfer und Männern als Täter birgt das Risiko, dass Männer als Opfer und Frauen als Täterinnen potenziell nicht als solche gesehen werden.«[39] Laut Kriminalstatistik sind Männer in überwiegender Zahl die Täter. Die Zahlen beziehen sich immer auf das Hellfeld, also Taten, die eine Strafverfolgung nach sich zogen: »Im Jahr 2015 gab es in Deutschland 354 verurteilte Sexualstraftäterinnen, während auf Männerseite 6360 Täter verurteilt wurden.«[40] Die MiKADO-Studie weist 20 Prozent der Tatverdächtigen als Frauen aus: »1/5 der Täter waren Frauen« und »Bis zu 1/3 der Opfer berichtete von Täterinnen«, insbesondere wenn Jungen die Opfer sind.[41] Verurteilte Frauen treten deutlich häufiger als Mittäterinnen bei Sexualdelikten von Männern auf. Frauen als Täterinnen können also vernachlässigt werden – könnte die Schlussfolgerung sein. Und weil Frauen unter den genannten Umständen unsere Lieblingsopfer sind, geschieht auch etwas mit unserer sozialen Erwartung an Männer als Opfer und Täter.

Ich spreche mit dem Gründer eines erfolgreichen Start-ups und frage ihn, ob er schon übergriffiges Verhalten im Job erlebt hat. Er fragt zurück: »Ist es sexuelle Belästigung, wenn eine Mitarbeiterin mich auf der Dienstreise im Mietwagen fragt, ob sie mich oral befriedigen darf?« Ich denke kurz nach, besetze die geschilderte Situation in meinem Kopf mit umgekehrten Rollen: Wenn ein Mitarbeiter eine Gründerin auf einer Dienstreise im Mietwagen fragt, ob er sie oral befriedigen darf, ist das dann sexuelle Belästigung? »Ist es«, antworte ich ihm. Sein Erlebnis stellt die Erwartungen an Machtmissbrauch in vielerlei Hinsicht auf den Kopf: Ein heterosexueller Mann, Gründer, wird von seiner jüngeren Mitarbeiterin während einer Dienstfahrt im Auto gefragt, ob sie ihn oral befriedigen darf. Er lehnt ab, fühlt sich unwohl und will aus der Situation raus. Für diesen Fall trifft keines der bisherigen Erklärungsmuster zu. Der erfolgreiche Mann und Gründer steht seiner gesellschaftlichen Rolle und seiner organisationalen Position entsprechend deutlich über der jüngeren Angestellten. Sie ist in mehrerlei Hinsicht von ihm abhängig und müsste entsprechende Konsequenzen befürchten. Trotzdem kommt es zur sexuellen Belästigung durch sie. Die stereotypen Geschlechterrollen können manchmal auch schützen: Die Erwartung an den triebgesteuerten, immer bereiten Mann und die Rolle der devoten, sexuell dienenden Frau stabilisiert hier die Perspektive der mutmaßlichen Täterin. Einerseits zeigt sich: Frauen haben Lust, auch wenn das nicht ihrer Geschlechterrolle entspricht. Weil das den sozialen Erwartungen widerspricht, vermutet niemand, dass eine Frau einen Mann sexuell belästigt. Das stereotype Bild des Mannes, der immer will, kann wiederum dazu führen, dass die Beschuldigte die Zustimmung des Mannes zu ihrem Angebot voraussetzt.

Zur Erinnerung: Männern werden zu 60 Prozent von Kollegen und Kolleginnen sexuell belästigt, nicht von Vorgesetzten.[42] Der Satz: »Du willst es doch auch!«, den wir vor allem Männern gegenüber Frauen zuschreiben, trifft auf absurde Weise hier auch umgekehrt zu. Weil der Gründer als Betroffener von sexueller Belästigung durch eine Untergebene an Männlichkeit einbüßt, ist es sehr unwahrscheinlich, dass er die Tat in der Organisation öffentlich macht. Sich von Schwäche und dem Opferstatus zu distanzieren, gerade als Führungskraft, ist für Männer in ihrer stereotypen Rolle wichtiger als für Frauen. Der Gründer behält den Vorfall deshalb für sich. Er ist sich nicht einmal sicher, ob das, was ihm passiert ist, sexuelle Belästigung war. Die Täterin muss deshalb in diesem Fall nicht mit Konsequenzen rechnen.

Die Fragilität

Männer, die Opfer werden, verstoßen unfreiwillig gegen die gesellschaftlich konstruierten Rollen von Männlichkeit, denn Männer sind keine Opfer, Männer sind Täter. All das, was wir mit Opfern assoziieren, womit wir ihre gesellschaftliche Rolle beschreiben, ist nicht das, was wir als männlich bezeichnen: hilflos, empfangend, schwach, unmündig, still, passiv, unsichtbar, dankbar, emotional und offensichtlich leidend. Opfer sein ist weiblich. Diese Stereotype sind so verinnerlicht, dass sich in den Diskussionen um Geschlechtergerechtigkeit und -identität Bezeichnungen finden, die sie ungewollt sogar verstärken. Die Fremdbezeichnung *Fragile Masculinity* bezeichnet die allgemeine Sorge von Männern davor, ihrer Geschlechterrolle nicht zu entsprechen. Die *Harvard Business Review* schreibt dazu: »Studien haben insbesondere gezeigt, dass Männer, wenn sie das Gefühl haben, dass ihre Geschlechtsidentität in Frage gestellt oder bedroht wird, viel eher als Frauen darauf reagieren, indem sie diese Identität durch aggressive Gedanken und schädliche, toxische Verhaltensweisen bekräftigen.«[43]

In Sozialen Netzwerken wird dieses Verhalten mit den Hashtags #malefragility, #fragilemasculinity und #maletears gekennzeichnet. Das »Heul doch!«, das früher an Mädchen gerichtet war, trifft jetzt Männer. Es ist nicht an Männer oder Jungen gerichtet, die Opfer wurden, sondern an Männer allgemein, die auf Kritik an ihrer Geschlechterrolle empört reagieren. *Fragile Masculinity* ist der Backlash, also die Gegenreaktion auf die jahrhundertelange Abwertung von Weiblichkeit und deren

Gleichsetzung mit Fragilität, Verletzlichkeit und Schwäche. Wenn stereotype Geschlechterrollen allerdings aufgeweicht werden sollen, wenn es möglich sein soll, dass Männer fragil sind und trotzdem noch als Männer gelten, ist es kontraproduktiv, sie als fragil zu labeln, wenn sie sich verunsichert in ihrer Identität zeigen. Anstatt Fragilität, Hilflosigkeit und Verletzlichkeit als kontextabhängigen, temporären Zustand aller Geschlechter anzuerkennen, werden durch die Kennzeichnung #malefragility Männer beschämt, die sich fragil zeigen, weil sie ihre Fragilität auf die falsche Art zeigen: aggressiv, wütend, abwehrend. Das aber ist die emotionale Palette, auf der Jungs und Männer sich in dieser Gesellschaft auszudrücken lernen. Erwartet wird nun jedoch, dass sie ihre Fragilität einsichtig, still und demütig äußern – weiblich, könnte man auch sagen. Das ist ein Widerspruch. Jeder Ausbruch aus den gesellschaftlich geformten Rollen geht mit Scham einher. Aggressive, laute, wütende Frauen schämen sich genauso wie devote, ängstliche und stille Männer. Scham ist ein Indikator dafür, dass Normen verletzt werden. Wenn es unter Freundinnen akzeptiert ist, laut zu rülpsen und wütend zu sein, empfinden Frauen keine Scham. Wenn sie dasselbe im Büro tun, wo die gesellschaftlichen Normen Priorität haben, schämen sie sich. Wenn unter Freunden kultiviert ist, über Ängste zu sprechen und zu weinen, empfinden Männer keine Scham. Tun sie dasselbe im Job, schämen sie sich. Immer wenn wir Scham empfinden, spüren wir gesellschaftliche Normen. Männer und Frauen zeigen in der Öffentlichkeit deshalb gesellschaftlich akzeptiertes Verhalten.

Die Wissenschaftlerinnen und Wissenschaftler Maryam Kouchaki, Keith Leavitt, Luke Zhu und Anthony C. Klotz untersuchten, warum Männer eher als Frauen dazu tendieren, aggressiv auf das Infragestellen ihrer Geschlechtsidentität zu reagieren:

>>Anhand von Umfragen, täglichen Tagebucheinträgen und Laborexperimenten fanden wir heraus, dass Männer, die diese Erfahrungen als Bedrohung ihrer Männlichkeit wahrnahmen (was sie oft taten), eher zu einer Vielzahl schädlicher Verhaltensweisen am Arbeitsplatz neigten, einschließlich der Verweigerung von Hilfe, Misshandlung von Kolleg*innen, Diebstahl von Firmeneigentum und Lügen zum persönlichen Vorteil. Frauen, die ähnliche Bedrohungen ihrer Weiblichkeit erlebten, waren darüber zwar unglücklich, aber es erhöhte nicht die Wahrscheinlichkeit, dass sie sich schädlich verhielten.<<[44]

Die Forschenden fanden heraus, dass Männer sich eher in ihrer Autonomie eingeschränkt erleben, wenn sie sich in ihrer Männlichkeit angegriffen fühlen. Sie führen diesen Unterschied, übereinstimmend mit früheren Forschungsergebnissen, darauf zurück, dass Autonomie und Unabhängigkeit Attribute von Männlichkeit sind, wohingegen Weiblichkeit eher mit Gemeinschaftssinn und Familie assoziiert wird: >>Wenn Männer das Gefühl haben, dass ihre Männlichkeit (und damit ihre Autonomie) bedroht ist, zeigen unsere Untersuchungen, dass sie oft versuchen, ihr Autonomiegefühl durch schädliche Verhaltensweisen wie Lügen, Betrügen, Stehlen, Regelverstöße, Untergrabung von Kollegen und Vorenthalten von Hilfe wiederherzustellen. Da traditionelle weibliche Ideale dagegen nicht so sehr auf Autonomie ausgerichtet sind, wird die Infragestellung der Weiblichkeit einer Frau weniger als Bedrohung ihrer Autonomie empfunden – was dazu führt, dass Frauen weniger wahrscheinlich mit Verhaltensweisen reagieren, die ihre Autonomie wiederherstellen und letztlich Schaden verursachen.<<[45]

Menschen reagieren also nicht unterschiedlich, weil sie

Männer und Frauen sind, sondern weil sie männlich und weiblich sozialisiert werden. Mit dieser Sozialisierung gehen unterschiedlich akzeptierte Verhaltensweisen von Männern und Frauen einher. Männer haben deshalb mehr Schwierigkeiten, von der genormten, stereotypen Idee von Männlichkeit abzuweichen, weil es genau das ist, was wir als männlich definieren. Um die Normen von Geschlechterstereotypen zu verändern, ist zuallererst Sicherheit notwendig. Denn Reflexion kann nur in Abwesenheit von Angst einsetzen. Erst dann sind wir bereit, Wissen anzunehmen und unser Bewusstsein für unser eigenes Verhalten zu schärfen, um es letztendlich verändern zu können.

Männer mit #malefragility abzustempeln, hilft dabei nicht – auch wenn der Frust von Frauen gegenüber männlichem Verhalten allzu verständlich ist. Von erwachsenen Männern darf Verantwortungsübernahme erwartet und ein gewisses Maß an Selbstreflexion vorausgesetzt werden. Gleichzeitig sind Männer aus den eben genannten Gründen deutlich ungeübter darin, ihr Verhalten zu hinterfragen. Sie mussten ja nie. Das ist kein Aufruf, Männer mit Forderungen zu verschonen oder ihr Verhalten zu entschuldigen. Es ist ein Hinweise darauf, dass Beschämen und Gegenrede als Mittel für gewünschte Transformation nicht taugen. Auch nicht, wenn man noch so viele Gründe hat, verdammt wütend zu sein.

Und eben aus demselben Grund, aus dem heraus Männer stereotypes, aggressives Verhalten verteidigen und Schuld von sich weisen, sind sie auch als Opfer nicht akzeptiert. Männer dürfen maximal dann Opfer sein, wenn sie armutsbetroffen, schwach, schwul, nicht binär, psychisch krank, behindert oder minderjährig sind. Wenn wir außerdem der Logik folgen, dass Machtmissbrauch in Arbeit insbesondere dann stattfindet, wenn Menschen gesellschaftliches Ansehen genießen, durch das sie eher zu institutioneller Macht kommen, dann müsste eine fortschreitende Egalisierung von Geschlechtsidentitäten rein statistisch zu einer Zunahme von Machtmissbrauchsvorfällen führen, die von Frauen ausgehen. Das gilt vor allem dann, wenn wir binäre stereotype Geschlechterrollen zusehends auflösen.

Teil 3
DIE TÄTERINNEN UND TÄTER

Am 27. Oktober 2017 überschreibt die *Gala* einen Artikel über die Band Tokio Hotel mit den Worten: »Pfui! Schamlose Groupie-Beichte!«[1] In der Talkshow *Inas Nacht* sprachen die Zwillinge Bill und Tom Kaulitz am Abend zuvor über systematisch organisierten Sex mit Groupies. Ihr Manager soll die Fans ausgewählt, halb nackt auf das Hotelzimmer geschickt und ihnen vorher ihre Mobiltelefone und Kameras abgenommen haben. In der Talkshow bringen die Erzählungen einige Lacher. Die Moderatorin ist nicht auf der Suche nach einem Skandal, und es gibt auch keinen, denn kein Groupie warf Tokio Hotel im Nachgang übergriffiges Verhalten vor.

Am 5. Juni 2023 postet die YouTuberin Kayla Shyx ein Video auf ihrem Kanal mit dem Titel: »Was wirklich bei Rammstein Afterpartys passiert«.[2] Darin erzählt sie, wie sie und andere Mädchen von einer Rammstein-Mitarbeiterin auf einem Konzert angesprochen und als Teilnehmerinnen für die Afterparty ausgewählt wurden. Die Mädchen seien an der Afterparty vorbei durch einen Flur zu privaten Räumen geführt worden. Till Lindemann würde auch da sein, hieß es: »Die ganzen Mädchen werfen nacheinander da ihre Handys rauf. Die Securitys kontrollieren, dass jeder sein Handy rauswirft.«[3]

Die Schilderungen des systematischen Recruitings von jungen Fans, um Sex mit Bandmitgliedern zu haben, denen ihre Telefone abgenommen werden, um Beweismittel zu verhindern, ähneln sich stark. Der Unterschied: Die Berichte um Rammstein beginnen mit den Veröffentlichungen von betroffenen Frauen, die sich sexuell belästigt fühlen. Tokio Hotel erzählt auf Nachfrage einer Journalistin selbst von der Groupie-Rekrutierung durch ihren Manager. Weil aber keine Belästigungsvorwürfe vorhanden sind, gibt es vorerst auch kein Problem. Bei Till Lindemann kamen nach Bekanntwerden der ersten Beschuldigungen immer weitere hinzu.[4]

Was beide Darstellungen aber zeigen: Das Zuführen von Groupies durch Manager oder Tourmitglieder an männliche Bands ist kein Einzelphänomen, wird systematisch organisiert und geschieht oft auch in beiderseitigem Einverständnis. Aber eben nicht immer. Für das gesellschaftliche Bild von Tätern ist ein anderer Teil von Interesse: Till Lindemann entspricht in seiner gesamten Inszenierung zwar einer überzeichneten, aber dennoch akzeptierten und erwarteten Form von Männlichkeit. Erwartbarer und akzeptierter als die Männlichkeit von Bill Kaulitz. Männlich zu sein heißt traditionell zäh, stabil, hart, selbstbewusst, triebstark und risikoaffin zu sein. Umso mehr, wenn man ein Musiker der Szene *Neue Deutsche Härte* ist. Das spiegelt sich auch in den Texten von Rammstein. Till Lindemann inszeniert sich als der ideale Täter. Täter, die so sind wie Till Lindemann, mögen wir. Sie bestätigen alles, was wir als Gesellschaft, auch in den unterschiedlichen Lagern, von ihnen erwarten. Die Reaktionen der Öffentlichkeit sind deshalb ebenso erwartbar: Wer die Vorwürfe aus Betroffenenperspektive betrachtet, sieht in Lindemann einen stereotypen, aus der Zeit gefallenen Alpha-Mann. Er dient als Projektionsfläche für Misogynie und Gewalt gegen Frauen, die er mit seinen Texten und seiner Inszenierung hervorragend bedient. Jene, die Lindemann verehren, sehen in ihm denselben stereotypen Mann. Nur dass er aus ihren Augen dafür nicht Abscheu, sondern Respekt verdient. Gerade weil Lindemann so offen seine sexuellen Bedürfnisse darstellt, sei zu erwarten, was auf Afterpartys von Rammstein passiert. Lindemann hätte offen seine Vorliebe für BDSM angezeigt, erzählt mir eine queere Frau auf einem Event zur Gleichberechtigung. Junge Mädchen seien hochgradig naiv, wenn sie glaubten, auf so einer Party ginge es ums Tanzen. Und genau hier entsteht das Problem und die Akzeptanz von Machtmissbrauch: wenn wir als Gesellschaft grenzwertiges, übergriffiges Verhalten sehen und es dulden, goutieren und rechtfertigen, anstatt es zu kritisieren und zu verurteilen.

Die österreichische Moderatorin Raphaela Scharf zieht 2019 gegen ihren ehemaligen Vorgesetzten Wolfgang Fellner, Gründer der Zeitung *Österreich* und Chef des Senders *OE24 TV*, vor Gericht, um ihre Kündigung anzufechten. Diese wurde ausgesprochen, nachdem Scharf Vorwürfe wegen sexuellen Machtmissbrauchs durch Fellner öffentlich gemacht hatte.[5] Die Richterin fragt daraufhin Scharf, warum sie denn überhaupt bei Wolfgang Fellner moderieren wolle, es sei doch bekannt, wie es bei ihm im Unternehmen zugehe.[6] Weil wir als Gesellschaft keine Lust haben oder die nötige Energie nicht aufbringen, einem erfolgreichen Musiker oder Unternehmer Anerkennung und Respekt zu entziehen, machen wir Betroffene dafür verantwortlich, zu Schaden gekommen zu sein: Es war doch offensichtlich, was dachtest du dir? Zu sagen, dass Till Lindemanns Verhalten erwartbar ist, heißt auch, Übergriffe zu erwarten. Also schlichtweg zu wissen, dass es für junge Frauen in der Umgebung einer solchen Person gefährlich werden kann. Bemerkenswert ist daran, dass wir nicht die Person und die Organisation drum herum zur Verantwortung ziehen, sondern die *dummen, naiven* Frauen. Die Betroffenen.

Wir sorgen nicht im ersten Schritt für bessere Aufsicht, Kontrollen und Sanktionen. Statt das gesamte System zu ändern, was aufwendig ist, gehen wir den bequemeren Weg und sagen den Betroffenen, dass sie sich in diesen Umgebungen nicht aufhalten dürfen. Tun sie es doch, müssen sie mit Übergriffen rechnen. Auch der im Juni 2023 gemachte Vorschlag der Grünen, auf den Rammstein-Konzerten unter anderem Safe Spaces für Frauen einzurichten, verfehlt das Problem.[7] Frauen brauchen keine Zufluchtsräume, weil sie per se Opfer sind. Frauen brauchen Konzerte, auf denen sich alle Beteiligten ans Strafgesetzbuch halten.

Wenn Vorwürfe bekannt werden, müssen Fans sich entscheiden. Sich auf die Seite der mutmaßlich Betroffenen zu stellen würde gegebenenfalls heißen, dass ich nicht mehr Fan sein darf. Dass ich eine Person, die gesellschaftliches Ansehen genießt, weil sie Erfolg hat, weil sie reich ist, weil sie ein großes Talent ist, hinterfragen muss. Warum sollte ich eine Person, die mir guttut, durch deren Wirken ich Freude empfinde, nach der ich meine Freizeitgestaltung und oft auch einen Teil meiner Identität ausrichte, ablehnen, nur weil sie sich anderen gegenüber mutmaßlich schlecht verhalten hat? Und hat sie das? Oder tut sie nicht nur stringent das, was ich von ihr erwarte? Was sie in ihren Texten schreibt? Und es gibt noch einen perfideren Gedanken dazu: Die Duldung übergriffigen Verhaltens hat eine Rückkopplung auf unser eigenes Verhalten. Wenn ich wirklich kritisiere, dass Übergriffe geschehen, dann bedeutet das, dass auch ich selbst nicht mehr übergriffig sein darf. Vielleicht ist mir das, wenn ich ehrlich bin, gar nicht so recht. Vielleicht schränkt mich die Aufregung um Machtmissbrauch auch selbst ein.

Es ist mit Till Lindemann und seinen Fans nicht anders wie mit uns allen: Wenn wir damit konfrontiert sind, dass eine uns besonders wichtige Autoritätsperson eines Fehlverhaltens beschuldigt wird, reagieren wir mit Ablehnung – gegen die Beschuldigung. Im Fall von Till Lindemann nicht deshalb, weil wir ihm dieses Verhalten nicht zutrauen. Sondern weil die Kritik an ihm die Identifikation mit ihm empfindlich stört. Je weniger das vorgeworfene Fehlverhalten uns selbst betrifft, desto gleichgültiger ist es uns und desto eher sind wir bereit, den Vorwürfen zu glauben. Ein Individuum versucht stets, seine eigenen Lebensumstände so angenehm wie möglich zu gestalten. Die Dekonstruktion der Autoritätsperson würde bedeuten, sich von ihrer Anerkennung verabschieden zu müssen. Und auch von uns selbst. Weil wir die Werte, Meinungen und Perspektiven von Autoritätspersonen adaptieren, uns nach ihnen richten, müssten wir uns auch von einem Teil unseres Selbst verabschieden. Solidarität mit Betroffenen zu erwarten ist zwar nachvollziehbar. Aber die Solidarität mit Autoritätspersonen ist größer als die Solidarität mit Fremden. Denken wir an unsere eigenen Autoritätspersonen, an die Personen, die wir für ihren Intellekt, ihre Präsenz, ihre Talente und ihren Erfolg verehren, deren Urteil und deren Anerkennung uns besonders wichtig ist. Wir würden sie auch zuerst verteidigen. Fatal daran ist, dass diejenigen, zu denen wir in dieser Form aufschauen, denen wir entsprechendes Vertrauen entgegenbringen, das größte Potenzial haben, sich machtmissbräuchlichen Fehlverhaltens schuldig zu machen. Deshalb muss niemand, zu dem oder der wir aufsehen, unter Generalverdacht stehen. Es ist nur ein nüchterner Fakt: Unser Anerkennungsbedürfnis stützt das Verhalten von Tätern und Täterinnen.

Eine Band und ihre Tournee-Crew feiern eine Party in einem Nachtclub, die Stimmung ist ausgelassen. Die Crewmitglieder werden von der Band angefeuert, Dildos zu fangen, die von den Darstellerinnen auf der Bühne aus ihren Vaginas gezogen werden. Später werden sie lautstark dazu motiviert, Bananen zu essen, die aus den Vaginas der Darstellerinnen ragen. Eine Person aus dem Team wird dazu gedrängt, die Brust einer nackten Darstellerin zu berühren. Sie lehnt ab, aber das »Nein« wird nicht akzeptiert. Stattdessen beginnt ein anfeuernder Sprechgesang, dem sich immer mehr aus der Crew anschließen. Die aufgeforderte Person ist so beschämt, dass sie irgendwann nachgibt, damit das Gegröle endlich aufhört.[8] Wie nehmen wir diese Erzählung wahr, wenn sie Männern vorgeworfen wird? Wie, wenn sie Frauen vorgeworfen wird? Wie, wenn wir die Person, der diese Dinge vorgeworfen werden, für ihre Arbeit und alles, wofür sie steht, wertschätzen? Egal, ob etwas an den Vorwürfen dran ist oder nicht, wir müssen uns eingestehen, dass unsere Rezeption sich verändert, je nachdem wem die Vorwürfe gelten. Gelten sie Rammstein? Gelten sie Tokio Hotel? Gelten sie Feine Sahne Fischfilet? Gelten sie Samra? Setzen wir die Namen x-beliebiger Sängerinnnen ein: Gelten sie Helene Fischer? Nura? Lena Meyer-Landrut? Ist das vorstellbar?

In diesem Fall gelten die Vorwürfe Lizzo, der internationalen Popikone, die sich gegen Bodyshaming, für Female Empowerment und gegen jede Form von Diskriminierung engagiert. Lizzo weist alle Vorwürfe von sich und bezeichnet sie als Lügen. Der öffentliche Aufruhr um die Vorwürfe hält sich einigermaßen in Grenzen. Gerade von einer, die sich gegen sexuelle Belästigung einsetzt, erwarten wir, dass sie ihr Wort hält. Und Frauen trauen wir sexualisierten Machtmissbrauch weniger zu. Lizzos Anwalt Stefan Friedman wertete die Vorwürfe als Aufmerksamkeitshascherei: »In einer Stellungnahme zu Lizzos jüngster Verleihung des Humanitarian Award des Black Music Action Committee lobte Friedman ›die unglaubliche Wohltätigkeitsarbeit, die sie geleistet hat, um allen Menschen Gutes zu tun‹ und beschuldigte ›einen Anwalt‹ […], ›eine Person zu rekrutieren, um eine falsche, absurde Publicity-Klage einzureichen, die – festhalten – Lizzo nie wirklich getroffen oder auch nur mit ihr gesprochen hat. Wir werden dieser Sache so viel Aufmerksamkeit schenken, wie sie verdient‹, fügte er hinzu. ›Keine.‹«[9]

Womöglich stimmt das, und es sind alles Lügen. Nachgewiesen werden können derartige Vorwürfe nur schwer. Normalerweise ist die Argumentation, mit der mutmaßlich Betroffene von progressiven Kreisen verteidigt werden, zu Recht folgende: Die Veröffentlichungen von Vorwürfen bringen niemandem Prestige ein. Jemanden des Machtmissbrauchs zu beschuldigen, bringt keinen Karrieresprung mit sich, sagt die Rechtsanwältin Christina Klemm, die schon etliche Frauen als Opfer sexueller Gewalt vertreten hat.[10] Ganz im Gegenteil. Gilt das auch im Fall von Lizzo?

Nachdem die Berliner Staatsanwaltschaft 2023 Ermittlungen gegen Till Lindemann aufgenommen und wegen unzureichender Beweise wieder eingestellt hatte, postete der Sänger am 10. Januar 2024 folgende Zeilen in seiner Instagram-Story:[11]

»So viel Neid in hohlen Venen
Draußen jaulen die Hyänen
Doch mit Verlaub, ihr seid gescheitert
Es geht mir gut
Ja
Es geht weiter«.[12]

Er teilt dort auch einen Ausschnitt des neuen Musikvideos zu dem Song »Entre dos Tierras«. Darin ist zu sehen, wie Lindemann augenscheinlich seine Hose öffnet, sich auf eine auf dem Boden liegende Frau legt, sich auf ihr bewegt, während er ihr den Mund zuhält und sie würgt.[13] Eine Verhöhnung all jener, die Lindemann sexueller Übergriffe beschuldigen. Aber auch eine Stärkung seiner Männlichkeit: »Schaut mich an! Ich kann mir das erlauben«, scheint er zu sagen. Das Problem ist aber nicht Till Lindemann allein. Till Lindemann zeigt nur, was in unserer Gesellschaft als erfolgreicher Musiker machbar ist, und demonstriert, was wir zu dulden bereit sind. Seine Vorführung ist auch eine stille Abmachung mit uns: Es geht weiter.

Der Respekt

Manchmal klingen die Kommentare zu den Anschuldigungen gegen Till Lindemann wie Neid, mindestens aber wie Respekt: »Wie der sich auf der Bühne ausarbeitet, wie der mit 60 Jahren auf die Bühne rennt, dann soll der plötzlich da runter gehen und noch plötzlich jemanden ... beglücken. Also dann muss er ins Museum, weil das ist eine Kraft, die kannst Du eigentlich gar nicht aufbringen.«[14] So äußert sich der Musikmanager Thomas Stein in der Talkshow *Hart aber fair* über die Vorwürfe gegen Rammstein. Autor und Journalist Tobias Haberl sitzt neben ihm: »Die Wirklichkeit ist so, dass sich auch viele Frauen von Startum, von Stars angezogen fühlen und auch freiwillig Sex mit Stars haben und hatten. Umso perfider wäre es, wenn man den Umweg über Betäubungsmittel verwendet.«[15] Ihre Spekulationen über die Potenz und Anziehungskraft von Till Lindemann fallen ausführlicher aus als ihre Statements zu den Vorwürfen der Betroffenen. Statt von mutmaßlichen Übergriffen spricht Thomas Stein von Glück.

Der mehrfach ausgezeichnete österreichische Schauspieler und Regisseur Paulus Manker feiert sein eigenes Fehlverhalten, während er 2018 in der Talkshow *Willkommen Österreich* mit den Moderatoren Christoph Grissemann und Dirk Stermann über sich plaudert:

Manker: »MeToo ist an mir spurlos vorüber gegangen.«
Christoph Grissemann: »Ja, das hat mich auch gewundert, dass dein Name nie auftaucht.«

Manker: »Nicht der Funke eines Verdachts ist auf mich gefallen.«

Dirk Stermann: »Warst du enttäuscht?«

Manker: »Bisserl schon. I hab mir scho was erhofft … dass ma …« [*Gelächter aus dem Publikum*] »Aber ich hab sehr viel Geld und hab das natürlich so erledigt.«[16]

Anschuldigungen als Anerkennung des eigenen Erfolgs zu werten, gelingt dann, wenn man sich unbesiegbar fühlt. Gegen Paulus Manker gibt es genügend Vorwürfe. In derselben Talkshow sagt Manker auf die Schilderung des Moderators Christoph Grissemann, dass Schauspielende davon sprechen, blaue Flecken zu bekommen, wenn sie mit ihm arbeiten: »Nur auf der Seele, nur auf der Seele.« »Ist das weniger schlimm?«, hört man den Moderator noch im Hintergrund fragen. Aber die Frage verliert sich im Off.

Im März 2024 veröffentlicht der NDR eine Dokumentation zu Machtmissbrauch im Bereich Theater und Film: *Gegen das Schweigen*. Darin erzählt der österreichische Schauspieler Werner Wultsch: »In unserer Branche gibt's schon sehr viele Gerüchte, die … manche haben Hand und Fuß, manche sind, wie Gerüchte halt so sind, eine große Seifenblase. Über den Herrn Manker gibt's da halt, glaube ich, Enzyklopädien.«[17] In der Dokumentation berichten Schauspielende über ihre Erfahrungen. Manker soll jede Regieanweisung herausbrüllen und die Anwesenden pausenlos beschimpfen und beleidigen. Es seien aber nicht die Ausraster und schlimmen Vorfälle, von denen man in der Branche so hört, sondern das Grundrauschen, wenn man mit Manker arbeitet: Von »Beweg dich, du Fotze« über »Stell dich da hin, du Arschloch«, »Du bist ein Mannsweib, das keiner ficken will« bis »Du bist wieder zu dumm, das zu verstehen«. Bei den Proben zum Stück *Alma* habe Paulus Manker 2006 dem Schauspieler Nikolaus Firmkranz, als dieser etwas zu spät kam, mit der Faust hart ins Gesicht und auf sein Ohr geschlagen, erzählt der. Während der Vorstellung von *Alma* im Jahr 2008 tritt Manker der Schauspielerin Ada Labahn vor den Augen des Publikums in den Bauch. Der Vorfall wird damals laut NDR-Dokumentation angezeigt, Manker am Ende des Prozesses aber freigesprochen.

Der Kabarettist Max Giermann steht auf der Bühne und parodiert Klaus Kinski anlässlich der Verleihung der Goldenen Kamera 2016. Etwa sechs Minuten lang mimt er den Schauspieler, der für seine Impulsivität und Wutausbrüche bekannt war.[18] Als Enfant terrible, als schreckliches Kind, wurde Kinski und wird auch Paulus Manker gern bezeichnet. Eine fatale Verniedlichung, weil sie den Bezeichneten eine Art Schuldunfähigkeit zuschreibt, insbesondere im Fall von Kinski. Dieser spricht in seiner 1975 erschienenen Autobiographie *Ich bin so wild nach deinem Erdbeermund* von inzestuösen Erlebnissen mit seiner Mutter und seiner Schwester und schildert außerdem seinen sexuellen Missbrauch an seiner Tochter Nastassja. Regisseur Werner Herzog schreibt in seinem 2009 erschienenen Buch *Die Eroberung des Nutzlosen*, Kinski habe 1981 während Dreharbeiten damit geprahlt, dass er in den USA »zwanzig Jahre« für das bekommen würde, was er »mit seinen beiden Töchtern Pola und Nastassja gemacht habe«.[19] 38 Jahre später beschreibt Pola Kinski den jahrelangen sexuellen Missbrauch durch ihren Vater in ihrem Buch *Kindermund*.[20]

Auf der Bühne der Goldenen Kamera schaukelt sich Max Giermann in seiner Rolle als Klaus Kinski von Minute zu Minute weiter hoch. Speichel fliegt, die Augen weit aufgerissen läuft der unechte Kinski über die Bühne. Am Ende prügelt er mit einem Stapel Papier auf eine imaginäre Frau auf dem Boden ein, nennt sie Schlampe und dumme Sau. Das Publikum biegt sich vor Lachen. Auch ich lache. Dabei führt die Parodie von Max Giermann nicht Kinski, sondern uns öffentlich vor. Sie zeigt, dass ein weiterer gesellschaftlicher Umgang mit Machtmissbrauch Belustigung und Faszination ist. Klaus Kinski bekommt auch über 20 Jahre nach seinem Tod, nachdem er seine Töchter vierzehn Jahre lang missbraucht hat, eine Bühne, damit wir uns an seinem übergriffigen Verhalten erfreuen können. Was für ein Typ, denken wir. Was für eine Ausnahmeerscheinung.

Die Erklärungen

»Polizei jagt Triebtäter vom Feldweg«[21], schreibt die *Bild* im März 2024. Schlagzeilen zu Triebtäterinnen gibt es nicht. Nur aus dem Kontext gerissen werden Frauen von der AfD als *politische Triebtäterinnen* bezeichnet, oder humorvoll in Artikeln, wenn sie als Moderatorinnen von Erotiksendungen arbeiten. Unser Sprachgebrauch zeigt an, welche gesellschaftlichen Zuschreibungen und Erklärungsmodelle es für sexuelle Gewalt von Männern gibt. Aus dieser Logik lässt sich auch gut die lang verbreitete Annahme erklären, dass katholische Priester aufgrund des Zölibats sexuellen Missbrauch an Kindern begehen. Die Unterdrückung ihres Sexualtriebes sei das Problem. Wir wissen, dass das nicht stimmt. Die Missbrauchsfälle in der evangelischen Kirche, in Sportvereinen und in Pflegeeinrichtungen zeigen das. Der Ansatz, sexuellen Missbrauch mit schwer zu kontrollierenden Trieben zu entschuldigen, ist damit vom Tisch. Aber vielleicht gibt es doch biologische Gründe, die Männer eher zu Tätern machen. Männer haben einen höheren Testosteronspiegel als Frauen. Dem Hormon Testosteron wird in einigen Studien eine Begünstigung von aggressivem Verhalten nachgewiesen. Eine Studie aus dem Jahr 2012 widerspricht: »Die Hypothese, wonach Testosteron bei Menschen aggressives Verhalten hervorruft, stützt sich nur auf indirekte Beweise. Bei den sogenannten qualitativen Studien messen Sie den Testosteronspiegel von Individuen und versuchen den in Beziehung zu setzen zu dem Verhalten, das Sie beobachten. Es gab da zum Beispiel eine Studie an inhaftierten Gewalttätern – aber der Nachweis, dass der Einfluss von Testosteron auch wirklich kausal ist, der fehlt bislang«,[22] erklärt Jean-Claude Dreher vom Institut für Kognitionswissenschaft in Bron. Das bestätigt der Mediziner Dr. Christian Leiber vom Universitätsklinikum Freiburg in einer Übersichtsarbeit: »Bei Sexualstraftätern konnte trotz zahlreicher Untersuchungen keine klare Relation zum Testosteronspiegel gefunden werden.«[23] Es gibt aber einen Zusammenhang von Testosteron, Macht und Sex. Der Testosteronspiegel steigt, je mehr Macht und auch je mehr Sex jemand hat: »Das liegt daran, dass sowohl Macht als auch Sex einen Anstieg des Hormons Testosteron bedingen, das wiederum das Belohnungsnetzwerk des Gehirns aktiviert – und das will daraufhin immer mehr vom Dopamin, das bei Glücksgefühlen ausgeschüttet wird.«[24] Es heißt nicht, dass Menschen mit besonders hohem Testosteronspiegel besonders nach Macht oder Sex streben. Ebenso ist der beschriebene Effekt nicht auf Männer beschränkt, sondern tritt auch bei Frauen auf.

In Jean-Claude Drehers Studie wurde hingegen die prosoziale Wirkung von Testosteron untersucht: »Die Männer mit der Extra-Dosis Testosteron gaben ihren Partnern häufiger und deutlich üppigere Belohnungen, wenn sich diese ihrerseits als großzügige Spielpartner gezeigt hatten. Die Ergebnisse bestätigen somit die Hypothese, dass das Hormon sowohl aggressive als auch prosoziale Verhaltensweisen verstärken kann. Das Ergebnis widerspricht somit dem landläufigen Klischee der Wirkung von Testosteron, betonen die Forscher. Es zeigt, dass die Wirkung offenbar vom sozialen Kontext abhängig ist und letztlich in jedem Fall einem wichtigen Ziel zu dienen scheint: Die Stellung im menschlichen Sozialgefüge zu stärken.«[25] Woran Männer sich orientieren, hängt also nicht von ihrer Biologie ab. Sondern von der Art von Männlichkeit, die wir gesellschaftlich präferieren und anerkennen. In ihrem Verhalten spiegelt sich wider, wo wir gesellschaftlich stehen. Die Erklärungsversuche von Übergriffigkeiten durch Männer sind trotzdem zahlreich. Auch Frauen werden immer noch häufig als Begründung herangezogen: Sie hätten Übergriffe durch ihre Kleidung oder ihr Verhalten provoziert. In der Schweiz hatte eine Richterin das Strafmaß für einen Vergewaltiger gemindert mit der Begründung: »Die Tat habe nur elf Minuten gedauert und das Opfer habe falsche Signale ausgesendet.«[26] Nicht die Tat ist das Problem, sondern die vermeintliche Provokation der Vergewaltigten. Das Urteil wurde angefochten. Das Schweizer Bundesgericht korrigierte, dass das Verhalten der Betroffenen für den Übergriff irrelevant sei. Immerhin.

Aber dann ist es vielleicht der Stress. Weil Männer mehr arbeiten, könnte man meinen, sie hätten mehr Stress. Weil sie, wie wir wissen, weniger kostenlose Sorgearbeit übernehmen, ist diese Annahme zwar überholt, hält sich aber hartnäckig. So auch bei einer Richterin aus Schleswig-Holstein. Ein ehemaliger Staatsanwalt hatte 2019 nachweislich seinen achtjährigen Sohn sexuell misshandelt. Der Vater wurde im Februar 2024 zu einer Bewährungsstrafe verurteilt. Die Richterin begründete das Urteil: »›Wir gehen davon aus, dass die Tat als dysfunktionale Bewältigungsstrategie zu verstehen ist.‹ [...] Der Mann habe beruflich unter Druck gestanden und die Ehe sei am Ende gewesen. ›Der gewaltsame Missbrauch des Sohnes gab ihm für einen Moment das Machtgefühl zurück.‹ Es habe sich um eine spontane Tat in einer Situation besonderer Belastung gehandelt.«[27] Das Urteil ist noch nicht rechtskräftig. Der Beschuldigte kann also Revision einlegen. Stress ist tatsächlich ein Faktor, der Machtmissbrauch begünstigen kann. In Bezug auf Branchen, in denen ausgeprägter Personalmangel herrscht, kommen wir später noch darauf zurück. Aber dass ein Vater, weil er vom Job gestresst ist, nachts sein eigenes Kind missbraucht, ist doch in der Argumentation abenteuerlich kreativ. Ob die Richterin für eine rumänische Schichtarbeiterin aus der Fleischindustrie dasselbe Argument bemüht hätte?

Eine weitere, beliebte Erklärung für machtmissbräuchliches Verhalten sind Persönlichkeitsmerkmale: In angesehenen Führungspositionen würden häufiger Narzisstinnen und Psychopathen sitzen. Tatsächlich haben nur etwa 0,4 Prozent der Weltbevölkerung eine narzisstische Persönlichkeitsstörung, heißt es noch im Dezember 2022 bei *Geo-Online*.[28] Allerdings strich zum 1. Januar 2022 das ICD-11, das International Statistical Classification of Diseases and Related Health Problems, »die bisherigen spezifischen Persönlichkeitsstörungen aus dem Katalog. Kein Narzissmus mehr, keine paranoide oder dissoziale Persönlichkeitsstörung. Es gibt nur noch die allgemeine Diagnose ›Persönlichkeitsstörung‹.«[29] Der Professor für psychologische Diagnostik Mitja Back erklärt, dass in Deutschland etwa 16 Prozent der Menschen einen überdurchschnittlichen Narzissmus-Score haben. Das heißt nicht, dass sie automatisch eine Persönlichkeitsstörung aufweisen. Die Psychologin Emily Grijalva führte eine Metaanalyse zur Unterscheidung von Narzissmus bei Männern und Frauen durch. Der mittlere Wert bei Frauen liegt mit 36 nur unwesentlich hinter dem von Männern mit 38.[30] Der Score geht von 0 bis 100. Als überdurchschnittlich gelten Werte ab 58.[31] Männer haben also nur geringfügig häufiger narzisstische Persönlichkeiten. Der Narzissmus von Frauen drückt sich entsprechend ihrer Sozialisierung allerdings häufig anders aus: weniger offen, extrovertiert und augenscheinlich aggressiv, dafür verdeckter.[32] Macht lässt den Testosteronspiegel bei Frauen und Männern ansteigen. Aber er lässt Menschen nicht narzisstischer werden. Es ist andersherum: Menschen mit überdurchschnittlichem Narzissmus-Score streben eher Jobs an, in denen sie zu Macht kommen. Wo viel Bewunderung und Geld zu erwarten ist, finden sich vermehrt Narzisstinnen und Narzissten. Sie sind häufig CEOs, Unternehmerinnen, Anwälte, Medienschaffende, Künstlerinnen, Chefärzte, Professorinnen, Verkäufer, Kirchenvertreterinnen und Wohltäter.[33] Im Grunde genommen finden sie sich überall dort, wo sie mit Bewunderung und Macht rechnen können. Deswegen gibt es unter vermeintlich altruistischen Menschen, die sich durch Selbstlosigkeit auszeichnen, gar nicht selten narzisstische Persönlichkeiten. Insbesondere, wenn sie für ihre Großzügigkeit viel Beifall erhalten, hüllen sich Reiche gern in einen altruistischen Mantel.[34] Millionäre und Millionärinnen, so fand eine Studie heraus, »waren extrovertierter, leistungsorientierter und strebten stärker nach narzisstischer Bewunderung. Darüber hinaus waren sie weniger stressanfällig und waren stärker als die Normalbevölkerung der Überzeugung, die Kontrolle über das eigene Leben zu haben.«[35] Es ist nicht schwer zu glauben, dass Geld ein sorgenfreieres Leben ermöglicht. Viel interessanter an der Studie ist aber, dass Reiche »deutlich rivalisierender und weniger prosozial eingeschätzt [wurden] als die Allgemeinbevölkerung, auch wenn diese Unterschiede tatsächlich gering waren«.[36] Millionäre sind vermutlich überdurchschnittlich oft unangenehme Angeber. Ein stärkerer Hang zur Ausbeutung ist bei ihnen geringfügig ausgeprägt. Eine interdisziplinäre Studie von 2020 untersuchte zudem den Zusammenhang von narzisstischer Persönlichkeit und Rechtspopulismus: »Die Studie zeigt, dass Wähler, die ein hohes Maß an narzisstischer Rivalität als Persönlichkeitsmerkmal aufweisen, also andere abwerten, um sich selbst aufzuwerten, dazu neigen, rechtsradikale populistische Parteien zu wählen.«[37] Zwei Jahre zuvor hatte die Befragung *Die Parteien und das Wählerherz 2018* ergeben: »Narzissmus ist unter den Wählern der AfD laut einer Studie stärker verbreitet als in der Anhängerschaft anderer Parteien.«[38] Das klingt wie eine wohltuende Bestätigung dessen, was viele lange geahnt haben. Was in der Studie aber auch herauskam: »Relativ hohe Narzissmus-Werte haben wir auch bei den Wählern der Linken gefunden. Allerdings waren diese dort – anders als bei den AfD-Wählern – nicht verknüpft mit einem Hang zum Autoritären«[39], sagte Elmar Brähler von der Universität Leipzig. Wählende von FDP und SPD hatten laut der Studie am wenigsten narzisstische Persönlichkeiten. Mitja Backs Befragung zum Zusammenhang von Wahlverhalten und narzisstischer Persönlichkeit ergab wiederum, dass Wählende der FDP narzisstischer sind als andere.[40] Übereinstimmend ergab auch seine Studie einen Zusammenhang von AfD-Wählenden und einem höheren Narzissmus-Score. Die Unterschiede in den Befragungen können am Zeitraum, der Gruppe der Befragten, der Befragungsmethode und der zugrunde liegenden Narzissmus-Definition liegen.

Die Ergebnisse sind deshalb interessant, weil sie zeigen, dass überdurchschnittlich ausgeprägte narzisstische Persönlichkeiten, die nach Macht und Anerkennung streben und auf dem Weg dorthin häufiger manipulativ und ausbeuterisch vorgehen, nicht nur einem politischen Lager und auch nicht nur einem Geschlecht zuzuschreiben sind. Narzisstinnen und Narzissten verhalten sich auch nicht zwangsläufig machtmissbräuchlich. Sie leben ihren Narzissmus ebenso als Altruisten, inszenierte Opfer, Expertinnen oder Strategen aus.[41] Das passt auch zu der Tatsache, dass sich in sozialen Berufen, im Handwerk, der Kosmetik, dem Kulturbetrieb, der Buchhaltung und unter den meisten Ärztinnen und Ärzten am wenigsten narzisstische Persönlichkeiten finden sollen.[42] Wären Narzisstinnen und Narzissten das Problem, dürfte es in diesen Branchen nicht zu Machtmissbrauch kommen. Aber in allen Bereichen, ob nun mit den angeblich wenigsten oder den meisten Narzisstinnen und Narzissten, gibt es Fälle massiven Machtmissbrauchs.

Bei der *NDR Talkshow* wird im April 2024 mal wieder über Klaus Kinski gesprochen. 1985 war der Schauspieler selbst zu Gast und wurde von Alida Gundlach interviewt. Doch die kommt nicht weit. Nach ihrer ersten Frage sagt Kinski, er habe sie nicht verstanden, er habe nur darauf geachtet, ob ihre Stimme sexy ist, wie bei den Ansagen auf dem Flugplatz. Minutenlang weigert er sich, ihre Frage zu verstehen, und sagt ihr, er sei nur hier, weil er sie von hinten gesehen habe, und ob sie sich nicht über ihren Popo unterhalten wollten.[43] 39 Jahre später wird die Schauspielerin Diana Körner nach ihren Erfahrungen mit dem Schauspieler gefragt. Einmal habe er sich in ihre Garderobe begeben, sich mit ihr dort eingeschlossen und den Schlüssel aus dem Fenster geworfen. Am Set habe er ihr über das Gesicht geleckt und sie habe sich halb kaputtgelacht. Sie erzählt davon wie von einer aufregenden Zeit in ihrem Leben. Es sei ja schon schön, dass so was heute nicht mehr möglich ist, kommentiert die Moderatorin Bettina Tietjen. Körner wiegelt ab: »Ja, ja, nu, hat mir ja auch nicht geschadet.«[44] Man lacht und schmunzelt. Aber nicht alle. Die Schauspielkollegin Gisa Flake reagiert am Ende von Körners Erzählungen und sagt, es treibe ihr den Blutdruck hoch, dabei zuzuhören. Körner entschuldigt Kinski daraufhin damit, dass er halt »wuschi, wuschi« gewesen sei. Flake lässt das nicht stehen: »Bei diesem Geniekult, da bin ich immer ein bisschen … Der hat sich falsch verhalten. Punkt.«

Im April 2021 werden Vorwürfe gegen die Intendantin des Maxim Gorki Theaters Shermin Langhoff bekannt, die sich selbst stets gegen Diskriminierung und für Gleichberechtigung eingesetzt hatte. Einen Monat zuvor hatte Interimsintendant Klaus Dörr die Volksbühne wegen Machtmissbrauchsvorwürfen verlassen. 2023 wurde Til Schweiger beschuldigt, Mitarbeitende am Set verbal und physisch gewaltvoll behandelt zu haben. Musik, Film, Theater: alles kreative Branchen, in denen vermutlich besonders häufig Genie und Wahnsinn zusammenfallen. Das wäre zumindest ein schönes Erklärungsmodell für Machtmissbrauch: Alle ballaballa. Aber die »oft geäußerte Vermutung, dass es einen Zusammenhang zwischen Genie und Wahnsinn gebe und Psychosen mit erhöhter Kreativität einhergingen, lasse sich zumindest statistisch nicht belegen«, erklärt Professor Nils Brose, der Direktor des Max-Planck-Instituts für experimentelle Medizin anlässlich eines Vortrags über den mutmaßlichen Wahn des Komponisten Robert Schumann.[45] Die Erzählung von Persönlichkeitsstörungen, Genie und Wahnsinn macht vor allem eines: Sie stigmatisiert Menschen, die wirklich psychische Erkrankungen haben. Die Schlussfolgerung von Genie auf Wahnsinn würde außerdem daran scheitern, den Machtmissbrauch von nicht kreativen Menschen zu erklären.

Wenn es nur die manischen, egozentrischen, narzisstischen Individuen sind, dann werfen wir die doch einfach raus. Wenn es nur die Partys, die lockeren Umgangsformen und Drogen sind, dann schaffen wir die einfach ab. Aber wann immer wir nur eine Branche oder ein Phänomen betrachten, um die Muster von Machtmissbrauch zu erkennen, scheitern wir, ihn in seiner Gesamtheit zu verstehen. Beobachten lässt sich zweifelsfrei, dass wir in einer Gesellschaft der Singularitäten leben, in der wir alle angehalten sind, etwas Besonderes zu sein. Das macht tendenziell einsam und deshalb anfälliger für die unreflektierte Zuwendung zu Menschen und Gruppen, die unsere Verlorenheit in der Welt für ihre Zwecke nutzen.[46] Solange wir keine Alternativen haben und unsere Anerkennung und das Gefühl von Zugehörigkeit von einzelnen Personen, Gruppen und Organisationen abhängig sind, bleiben wir dort, auch wenn sie uns schaden. Wir verschieben unsere persönlichen Grenzen oder geben sie ganz auf, aus Angst vor Beziehungsverlust. Eine offene Tür für übergriffiges Verhalten und den Missbrauch von Macht. Das Fazit daraus ist eben nicht: selbst schuld. Das Fazit ist: Wir brauchen eine Gesellschaft der Zugehörigkeit.

Die Wiederholungen

Die deutsche Regisseurin Maria Schrader bringt 2022 den US-amerikanischen Film *She said* in die Kinos, der auf dem Buch *She Said – Breaking the Sexual Harassment Story That Helped Ignite a Movement* von den Journalistinnen Jodi Kantor und Megan Twohey basiert. Buch und Film thematisieren den Machtmissbrauchsskandal um Harvey Weinstein, dem über hundert Frauen sexuelle Belästigung, Nötigung oder Vergewaltigung vorwerfen. Weinstein wurde zu 23 Jahren Freiheitsstrafe verurteilt. Im April 2024 hebt das höchste Gericht in New York das als Meilenstein geltende Urteil überraschend auf – wegen Verfahrensfehlern. »Die Entscheidung fiel mit vier zu drei Richterstimmen knapp aus. Richterin Madeline Singas kritisierte sie scharf. ›Die Entscheidung der Mehrheit hält überholte Vorstellungen von sexueller Gewalt aufrecht und ermöglicht es Tätern, sich der Verantwortung zu entziehen.‹«[47] Weinstein bleibt dennoch in Haft, weil er 2022 in Los Angeles wegen Vergewaltigung zu 16 Jahren verurteilt wurde.[48] Und Weinstein ist kein Einzelfall, wie wir wissen. Nicht nur, dass es viele Täterinnen und Täter gibt, die in der Deckung ihrer Organisationen ihre Macht missbrauchen. Zudem hat ein Täter oder eine Täterin häufig mehrere Opfer. Ein Einzelfall ist es, wenn Sie einmal als Kind einen Kaugummi gestohlen haben und danach nie wieder. Wenn Sie das einzige Kind sind, das jemals einen Kaugummi geklaut hat. Sollten Sie aber zusätzlich in anderen Läden Kaugummis geklaut haben, ist es bereits kein Einzelfall mehr. Bringt jemand drei Menschen um, spricht man von einer Serie. Wenn jemand drei Menschen sexuell belästigt, mobbt oder diskriminiert, von einem Einzelfall?

Die Verantwortung für das eigene Verhalten liegt zwar bei der übergriffigen Person. Aber die Verantwortung dafür, dass das übergriffige Verhalten nicht aufgefallen, nicht kontrolliert, nicht gemeldet und nicht verhindert wurde, liegt auch bei der Organisation, in der es zu dem Verhalten kommt. Und wie sich noch zeigen wird, sorgen Organisationen oft erst dafür, dass ein bestimmtes Verhalten auftreten kann und auftritt. Dass niemand innerhalb einer Organisation oder durch die Organisation zu Schaden kommt, ist auch ihre Verantwortung. Das kann extreme Ausmaße annehmen, wie der Fall Weinstein und sein Unternehmen Miramax zeigen. Klagen werden deshalb nicht nur strafrechtlich gegen Täterinnen und Täter geführt, sondern auch zivilrechtlich gegen Organisationen: »Im Oktober 2023 reichte die britische Schauspielerin Julia Ormond eine Klage in New York ein. Sie behauptet, Weinstein habe sie 1995 belästigt und zum Oralsex gezwungen. Die Klage Ormonds richtet sich auch gegen die Walt Disney Company, Miramax und die Talentagentur Creative Artists Agency. Sie alle hätten von Weinsteins Übergriffen auf Frauen gewusst, die Frauen aber nicht geschützt, so Ormond.«[49]

In Deutschland wurde im März 2024 ein Urteil gesprochen, dem eher wenig Aufmerksamkeit in der breiten Öffentlichkeit zuteilwurde, obwohl es hundertfachen sexuellen Missbrauch an Kindern und Jugendlichen betrifft. Ein Trainer und sportlicher Leiter eines Fußballvereins im Landkreis München hat gestanden, in Hunderten Fällen Jugendliche und Kinder während angeblicher physiotherapeutischer Behandlungen sexuell missbraucht zu haben. Über sechs Jahre. Die *Süddeutsche Zeitung* schreibt im Januar 2024: »Mehr als 800 Missbrauchsfälle wirft die Staatsanwaltschaft ihm vor, 30 Opfer soll es geben. In mehr als 200 Fällen ist er auch wegen Vergewaltigung angeklagt, in vier Fällen wegen Kindesmissbrauchs, weil das Opfer jünger als 14 Jahre war. Dazu kommen Vorwürfe sexueller Übergriffe und vorsätzlicher Körperverletzung.«[50] Der Mann folgte immer demselben Muster und nahm »auf einer Massageliege in der Kabine des Fußballvereins, beim Trainingslager oder auch in seinem Haus sexuelle Handlungen an den jungen Fußballern vor und gab an, dies diene der Durchblutung der Muskulatur. Der Angeklagte habe angegeben, ausgebildeter Physiotherapeut zu sein und den jungen Fußballern vorgegaukelt, solche Behandlungen seien im Profisport üblich.«[51] Im März spricht das Gericht ein Urteil. Der Angeklagte muss wegen 153 Vergewaltigungen und 488 sexuellen Übergriffen, also wegen 641 Fällen, für sieben Jahre und sechs Monate in den Strafvollzug.[52] Letztlich konnten 25 Geschädigte festgestellt werden, die das Gericht aber nur als »die Spitze des Eisbergs« bezeichnet. Trotzdem war die »Jugendstrafkammer […] nicht der Meinung, dass der Trainer ein System aufgebaut hatte, um Missbrauch zu betreiben. Aber er habe genau gewusst, welche Position er im Verein darstellte, das habe er ausgenutzt, um die Taten zu begehen.«[53]

Was ist ein System? Die simpelsten Erläuterungen reichen von einem ordnenden Prinzip über die Form staatlicher, wirtschaftlicher und gesellschaftlicher Organisationen, die Gesamtheit von Objekten, die in Wechselbeziehung zueinander stehen und von ihrer Umgebung abgrenzbar sind, bis hin zu technischen Einheiten mit gemeinsamer Funktion.[54] Für Niklas Luhmann ist jeder Mensch ein psychisches System, die Gesellschaft und auch Organisationen soziale Systeme. Das Rechtssystem beschreibt er als ein soziales Subsystem der Gesellschaft.[55] Systeme sind voneinander abgrenzbar, aber referieren aufeinander. Wir agieren ständig in Systemen. Was bei Gericht zur Debatte stand, war die Frage, ob der Täter ein Subsystem des Missbrauchs geschaffen hat, in das er andere Personen einbezogen hat. Vor der Urteilsverkündung werden sich Richter und Richterinnen vermutlich nicht eingehend mit der Definition von Systemen beschäftigt haben. Der Begriff wird eher umgangssprachlich verwendet. Schauen wir aber genau hin, könnte sehr wohl argumentiert werden, dass der Täter ein Subsystem erschuf. Er agierte sowohl im sozialen System der Gesellschaft, das ihm eine bevorzugte Stellung als Mann beschert, als auch im sozialen System der Vereinsorganisation. Dieses System ermöglichte ihm überhaupt erst den Zugriff auf die vielen Jugendlichen. Seine formale Position als Cheftrainer brachte ihm entsprechende Befugnisse ein. Sein Trainingsplan, der der Organisation und den jungen Fußballern bekannt war, enthielt mutmaßlich auch die physiotherapeutischen Behandlungen. Andere Mitglieder der Organisation haben also (ggf. unwissentlich) daran mitgewirkt, dem Trainer Jugendliche zur Behandlung zuzuführen. Der Trainer brauchte nicht viel System aufbauen. Es war schon da. Dennoch kann sein Vorgehen als systematisch beschrieben werden. Auch der Physiotherapeut von USA Gymnastics brauchte kein großes eigenes System zu errichten, um systematisch über Jahre hinweg Turnerinnen sexuell zu missbrauchen. Sein Job war das System. Das Vertrauen der Organisation war das System. Die fehlenden Kontrollen, trotz Meldungen, waren das System. Die Ignoranz war das System. Der fehlende Respekt vor den Turnerinnen war das System.

Zurück zum Fall des Fußballtrainers und selbsternannten Physiotherapeuten aus der Münchener Umgebung: Es ist nicht kritikwürdig, dass ein Trainer seinem Job als Trainer nachgeht. Aber warum lässt ein Vereinsvorstand Physiotherapie durch einen Trainer durchführen, der kein Physiotherapeut ist? Dahinter *muss* sich kein widriges Verhalten verbergen. Aber wäre es nicht Teil der Sorgfaltspflicht eines Vereins, mindestens die physiotherapeutischen Fähigkeiten des Trainers im Vorfeld und dann regelmäßig durch die Spieler zu evaluieren? Wäre es nicht notwendig, die Evaluation so zu formulieren, dass unangemessene Berührungen definiert werden und dadurch benannt werden können? Wenn Täter und Täterinnen Missbrauchsroutinen entwickeln, fallen diese Routinen in der Organisation auf. Die Frage ist, wem sie auffallen oder ob überhaupt jemand da ist, der bereit ist, das wahrzunehmen: »Der Vorstand des TSV Neuried bekundet seinen ›Respekt‹ gegenüber den Opfern des verurteilten Fußballtrainers, äußert sich aber nicht zu einer etwaigen Mitverantwortung des Vereins«, schreibt die *Süddeutsche Zeitung* im März 2024.[56] Auf seiner Website schreibt der Verein: »Der TSV Neuried e. V. hat 2021 Strafanzeige gegen einen ehemaligen Trainer erstattet und von Beginn an bis heute vertrauensvoll und eng mit den ermittelnden Behörden zusammengearbeitet.«[57] Es klingt also so, als sei der Verein selbst gegen den Trainer vorgegangen. Der Verein weist auf seiner Website auch ein Schutz- und Notfallkonzept bei sexueller Gewalt aus und nennt zwei Personen: einen Mann und eine Frau. Beide sind unter derselben E-Mail-Adresse zu erreichen. Damit ist klar, dass per E-Mail gemeldete Fälle auch von beiden Personen abgerufen werden können. Das ist zum einen problematisch, weil statt einer gleich zwei Personen sensible Informationen erhalten. Zum anderen haben Betroffene keine Möglichkeit auszuwählen, ob sie sich einem Mann oder einer Frau anvertrauen möchten. Wird eine Jugendliche von einem Mann im Verein belästigt, ist es wahrscheinlich, dass sie erst mal nicht möchte, dass andere Männer im Verein davon erfahren. Auch über einen Briefkasten können Informationen an den Verein gemeldet werden, heißt es. Wer leert den aus? Ist er leicht zu knacken? Seit wann gibt es das Notfallkonzept? Wie sind die Vorfälle gemeldet worden? Wann wurde reagiert? Warum sechs Jahre lang nicht? Ich bitte den Verein über die genannte E-Mail-Adresse der Vertrauenspersonen, mir diese Fragen zu beantworten, bekomme aber keine Antwort.

Abseits von diesem konkreten Fall sind Breitensportvereine und Sportverbände oft kleinteilig, hemdsärmelig und mit vielerlei unklaren Zuständigkeiten organisiert. Das erzählt mir Maximilian Klein, Direktor für Sportpolitik und Strategie beim Verein Athleten Deutschland. Nicht selten sind Mitglieder miteinander befreundet oder auch verwandt, sagt er: »Ausgeprägte familiäre Näheverhältnisse im Sport können ein Risikofaktor für einen effektiven und betroffenenzentrierten Umgang mit Meldungen bedeuten, insbesondere, da handelnde Personen möglicherweise befangen sind und Interessenkonflikte haben. Abgesehen davon fehlen oft geordnete und abgesicherte Verfahrensweisen innerhalb von Sportorganisationen und zwischen ihnen, die einem wirksamen Umgang mit Fällen mit klaren Verantwortlichkeiten und insbesondere geregelten Befugnissen entgegenstehen. Wegen dieser sportimmanenten Risikofaktoren benötigt es aus unserer Sicht unabhängige Mechanismen, die ›in letzter Instanz‹ einen wirksamen Umgang mit Fällen von der Meldung über die Untersuchung bis zur möglichen Sanktion ermöglichen.« Der Verein Athleten Deutschland ist seit 2017 die erste direkte und unabhängige Interessenvertretung von Kaderathletinnen und -athleten: Er »setzt sich für grundlegende Veränderungen im deutschen und internationalen Sportsystem ein« und tritt ein »für fairen und sauberen Sport, frei von Missbrauch und Gewalt, Manipulation und Misswirtschaft«.[58] Die deutschen Breiten- und Spitzensportvereine, bei denen in den letzten Jahren viele Hunderte Fälle von oft sexuell gewaltvollem Machtmissbrauch aufgedeckt wurden, haben eine einzige Aufgabe: ihre Organisationen so aufzustellen, dass niemand viele Jahre über 600 Mal Minderjährige missbrauchen kann – Kinder, die zum Sport gehen, die von ihren Eltern dort vertrauensvoll abgegeben werden.

Die Sportjournalistin Andrea Schültke, die sich auf Missbrauch im Sport spezialisiert hat, erzählt mir im Gespräch, sie vermute, im Sport gebe es mehr Fälle als in der katholischen Kirche. Insbesondere der Profisport sei ein geschlossenes System. Oft sind Internat, Schule, Freizeit und Wochengestaltung allein durch den Verein geprägt. Je jünger die Kinder sind, die in diesem System sozialisiert werden, desto schwieriger ist es für sie, sich bei Vorfällen gegen den Verein zu stellen. Denn der umfasst oftmals alle Bereiche des Lebens. Ihn zu beschuldigen bedeutet, ein neues Leben aufbauen zu müssen. Diese Entscheidung zu treffen, ist unvorstellbar mutig. Und dann rufst du an, und niemand hebt ab.

Die Stellungnahmen

Der verurteilte ehemalige Fußballtrainer aus dem Landkreis München hatte alle Taten im Vorfeld gestanden und den Opfern damit ihre Zeugenaussagen vor Gericht erspart: »Er wolle sich bei den ehemaligen Spielern entschuldigen, sagt er [emotional], die Geschehnisse aufarbeiten.«[59] Der Täter ist zweifacher Familienvater und »hätte gerne eine Perspektive für [seine] Familie«.[60] Wir müssen aufpassen, nicht zynisch zu prusten, wenn wir das lesen. Darf er das? Hat jemand, der derartige Taten begeht, nicht die Hoffnung auf ein gutes Leben verwirkt? Selbst schuld? Angesichts der Schwere der Taten kommt einem ein »Ja« leicht über die Lippen. Liest man Kommentare zu Tätern und Täterinnen von Kindesmissbrauch im Netz, lautet die Antwort auf jeden Fall »Ja«. Täter und Täterinnen von sexuellem Missbrauch und Vergewaltigungen werden nur selten verurteilt. Der Kriminologe Christian Pfeiffer hat das untersucht und sagt: »Von Hundert Frauen, die vergewaltigt werden, erlebt nur etwa eine einzige eine Verurteilung. […] Das liegt daran, dass 85 Prozent der Frauen keine Anzeige machen, und dann gibt es folglich auch keine Verurteilungen. Und von den 15 Prozent die übrig bleiben, werden letztendlich nur 7,5 Prozent der Täter verurteilt. Das ist indiskutabel.«[61] Das Problem sind nicht zu geringe Strafen, sondern dass es nicht zu Anzeigen kommt. Eine Tatsache, die gesamtgesellschaftlich und institutionell gelöst werden muss. Zeigt eine Frau ihren Vergewaltiger an, läuft das häufig so ab: »Das Verfahren wird schließlich eingestellt – Aussage gegen Aussage. ›Mir wurde damals nicht abgeraten, eine Anzeige zu stellen, ich wurde nur schon darauf hingewiesen, dass es nach einer Anzeige auch anders ausgehen kann, als dass ich mir das vorstelle: dass der Täter eben nicht ins Gefängnis kommt‹.«[62] Sollten dann die wenigen, die verurteilt werden, wenigstens härter bestraft werden?

Carceral Feminism, zu Deutsch Strafrechtsfeminismus, kämpft dafür, dass Sexualstraftaten immer härter bestraft, neue Gesetze geschaffen und zum Beispiel Pornographie und Sexarbeit verboten werden. Aber härtere Strafen, das wissen wir aus jahrzehntelanger Forschung, halten Täterinnen und Täter nicht ab. Menschen, die in den Strafvollzug kommen, werden überwiegend nach ihrer Entlassung wieder straffällig. Der Anwalt Thomas Galli leitete unter anderem die JVA Zeithain in Sachsen und schreibt dazu: »Jeder Dritte erhält erneut eine Freiheitsstrafe ohne Bewährung. Weil es zudem ein hohes Dunkelfeld von nicht aufgedeckten Straftaten gibt, darf man annehmen, dass die Gefängnisstrafe kontraproduktiv wirkt: Sie führt zu vermehrter Straffälligkeit der Inhaftierten.«[63] Die Autorin Rehzi Malzahn schreibt: »Die Trennung in die ›bösen‹ Täter*innen und den ›guten‹ Rest ist Unsinn, sie hilft uns nur dabei, zu verdrängen, dass wir in Machtverhältnisse verstrickt sind, da das gesellschaftliche Gewebe uns alle hervorbringt und wir daran permanent mitweben. An jeder ›Tat‹ hat die Gesellschaft mitgewirkt. Schon von Liszt wusste: Eine gute Sozialpolitik ist die beste Kriminalpolitik. Gesellschaftliche Veränderungen sind aber nicht mehr nötig, wenn davon ausgegangen wird, dass Individuen durch ihren ›freien Willen‹ ›selbst schuld‹ sind, die entsprechenden Handlungen ›gewählt‹ zu haben.«[64] Auch Machtmissbrauchstäterinnen und -tätern weniger schwerwiegender Taten wird in der Öffentlichkeit schnell der Ausschluss aus der Gesellschaft gewünscht. Das ist zwar oft irgendwie verständlich, nur gesellschaftlich führt es nicht zum erhofften Ergebnis. Betroffene stellen selbst oft fest, dass ihnen die Verantwortungsübernahme und ein Schuldeingeständnis von Täterinnen und Tätern wichtig sind. Eine besonders harte Strafe bringt ihnen in der Regel keine Genugtuung.

Das Eingeständnis von Schuld könnte ein spezifisch deutsches Thema sein. Kollektiv gesprochen ist es das auch. Individuell sind die Reaktionen von Beschuldigten, Täterinnen und Tätern international betrachtet von verblüffender Ähnlichkeit. Bei den ersten Vorwürfen reagieren sie in der Regel mit der Abwehr von Schuld. Eingeständnisse kommen oft erst, wenn Vorfälle eindeutig nachgewiesen werden können, oder mindestens erheblich Zeit zum Nachdenken verstrichen ist. Auch die Kombination von Abwehrverhalten und Teileingeständnissen ist häufig zu beobachten. Die wenigsten stellen sich direkt nach einem Vorwurf hin und sagen: Ja, ich war es! Wir kennen vermutlich alle eine Situation, in der wir einen Menschen verletzt haben und uns, darauf angesprochen, in Ausreden, *Nicht so gemeint*-Erklärungen und Relativierungen verirrt haben. Schuld löst Scham aus, auch wenn man tatsächlich schuld ist. Es ist zwar unbequem, das zu denken, aber auch die Art, wie wir Taten ächten, sorgt wiederum dafür, dass Täterinnen und Täter alles abwehren. Manchmal absurd lange. So hat das Bundeskanzleramt Österreich im Juni 2023 eine Entscheidung des Obersten Gerichtshofs (OGH) veröffentlicht und weist darin die Revision einer ehemaligen Professorin zurück.[65] Der Wissenschaftlerin wurde von mehreren Mitarbeitenden und Studierenden Machtmissbrauch in Form von Beleidigungen und Mobbing vorgeworfen. Die Universität entließ die Professorin daraufhin fristlos. Sie ging gegen die Kündigung vor und verlor – letztlich auch ihre Revision. In der Begründung zur

Abweisung dieser Revision schreibt der OGH: »Die Beklagte [Universität] erreichten zahlreiche Beschwerden, wonach die Klägerin [Professorin] als Institutsvorstand die Arbeitsleistungen ihrer Kollegen auf unsachliche Weise kritisiere. So hatte die Klägerin einem Mitarbeiter wegen seiner mangelnden Leistungen einen Krankenhausaufenthalt vorgeschlagen und die angeblich schlechten Leistungen einer Mitarbeiterin auf eine ›pränatale Störung‹ zurückgeführt. Auch Studierende beschwerten sich darüber, dass die Klägerin sie als ›Analphabeten‹, ›dumm‹, ›faul‹ und ›niveaulos‹ bezeichnet habe. Die Klägerin selbst berichtete davon, dass sie während einer Prüfung eine Studentin gefragt hat, ob sie ›Drogen genommen‹ habe, weil sie sich ›blöd‹ angestellt habe.«[66] Der OGH befand, dass Behauptungen, Mitarbeitende seien psychisch krank, eine Beleidigung darstellen und erhebliche Ehrverletzungen von der Professorin ausgegangen seien. In ihrer leitenden Position unterstehe sie strengeren Anforderungen. Die fristlose Kündigung sei rechtens: »Soweit sich die Klägerin auf die Freiheit der Wissenschaft, Forschung und Lehre beruft, kann sie daraus kein Recht ableiten, Studierende oder Mitarbeiter des Instituts in ihrer Ehre zu verletzen, sodass auch insofern keine erhebliche Rechtsfrage aufgeworfen wird.«[67] Die Wissenschaftlerin hatte sich bereits zwei Jahre nach ihrer Entlassung an die Öffentlichkeit gewandt, vor der Revision. *Das Manager Magazin* schrieb vor der Zurückweisung der Revision dazu: »Mission Rufmord – Mobbing gegen Führungskräfte« und stellte fest, dass dieses Vorgehen zur »populären Karrieremethode entwickelt« worden wäre.[68] Außerdem startete die ehemalige Professorin nach der Zurückweisung der Revision im Juni 2023 eine GoFundMe-Kampagne, um Geld für die Prozesskosten zu sammeln. Darin wirft sie folgende Fragen auf: »Darf eine Universitätsprofessorin oder ein Universitätsprofessor aufgrund von anonym vorgetragenen Vorwürfen entlassen werden? Darf eine Universitätsprofessorin oder ein Universitätsprofessor aufgrund von ihr oder ihm durchgeführten negativen Leistungsbewertungen entlassen werden?«[69] In der Begründung des OGH wurde jedoch eindeutig festgehalten, dass die Anschuldigungen keineswegs nur anonym hervorgebracht wurden und dass das Verhalten der Professorin keine konstruktive Kritik, sondern beleidigend war. 80 000 Euro ist das Spendenziel der Wissenschaftlerin. 17 037 Euro sind gespendet worden. In weiteren Veröffentlichungen schreibt sie gegen »Machtmissbrauch« gegenüber Professoren und Professorinnen an und verteidigt ihr Vorgehen auch noch sechs Jahre nach den Vorwürfen und zwei verlorenen Rechtsstreitigkeiten.

Anders verhielt sich Til Schweiger. Dem Regisseur und Schauspieler wurde in einem Artikel im *Spiegel* 2023 Machtmissbrauch bei Dreharbeiten zu *Manta Manta – Zwoter Teil* vorgeworfen. Schweiger schwieg bis zum April 2024. Dann äußerte er sich in mehreren Interviews.[70] Die Produktionsfirma Constantin Film hatte in der Zwischenzeit schon große Fehler bei der Produktion eingeräumt. Eine unabhängige Anwaltskanzlei hat bei ihrer Untersuchung aber »kein ›generelles Klima der Angst‹ bei den Beteiligten am Set von *Manta Manta Zwo* feststellen [können]«.[71] Im Interview mit der *Zeit* wird Schweiger auf die Vorwürfe von Gewalt angesprochen: »Unwidersprochen bleibt jedoch, dass Sie betrunken am Set einen Kollegen ins Gesicht geschlagen haben.« Darauf antwortet Schweiger wie auch schon wenige Tage vorher im Podcast-Interview mit Matze Hielscher: »Es war noch nicht mal eine Schelle, es war ein Klaps.«[72] Die *Zeit* fragt nach, wer der Mann war, den Til Schweiger geohrfeigt hat. Der Mann sei Line Producer bei Constantin Film: »Er war mir am Set übergeordnet, er war weisungsbefugt. Bei vorherigen Produktionen war es andersherum. Aber ich Idiot habe das nicht gecheckt und bin ausgerastet. Das tut mir sehr leid. Er wollte mich in dem Moment vor mir selbst schützen, ich sollte nicht betrunken zu meinen Kollegen sprechen. Außerdem habe ich nicht am Set gesoffen, wie es so oft hieß, ich hatte noch Standgas von der vorherigen Nacht, als ich ans Set kam. Das ist ein Unterschied.«[73]

Der Vorfall mit dem »Klaps« ereignete sich nicht am Set, sondern im Hotel, spezifizierte Schweiger im Interview mit Matze Hielscher ein paar Wochen zuvor. Dort sagte er auch noch, er würde mit dem Trinken nicht aufhören, aber er wird sich mäßigen. Im Interview mit der *Zeit* sagt er jetzt: »Deshalb will ich nun erst mal gar keinen Alkohol mehr trinken.«[74] Am Ende dieses Interviews spricht er auch über Jan Böhmermann, den er nicht leiden kann: »Sind Sie sich mal begegnet?«, fragt die *Zeit*. Schweiger antwortet: »Wenn ich den treffe, das hatte ich mir mal geschworen, kriegt der eine fette Schelle.«[75] Egal wie der Regisseur es beschreibt, das Zuschlagen mit der Hand ist Gewaltanwendung. Auch wenn der Line Producer ihm, wie Schweiger sagt, schnell verziehen hatte.[76] Seine Ohrfeige selbst nicht Gewalt nennen zu wollen, ist ein übrig gebliebener Teil von Relativierung und Schuldabwehr. Ich hab zwar zugeschlagen, aber nicht so doll. Es war nicht so gemeint. Ich war eben wütend.

Die Abwehr kommt auch daher, dass niemand so jemand sein will: Einer, der sich rücksichtslos verhält und andere verletzt, weil er seine Impulse nicht kontrollieren kann. Zu Taten zu stehen, wirft je nach Publikum auf unangenehme Weise die Frage nach der eigenen Identität auf. Man mag im engeren

Bekanntenkreis darüber nachdenken dürfen, wen man alles schon einmal ohrfeigen wollte – hypothetisch. Ein Jahr nach Aufkommen von Vorwürfen in einem Leitmedium eine Ohrfeige zu relativieren und am Ende einem anderen eine anzudrohen, lässt zumindest nicht vermuten, dass der Reflexionsprozess bereits abgeschlossen ist.

Aber was Schweiger beschreibt, ist noch auf einer anderen Ebene bemerkenswert: Sein Machtmissbrauch verlief in diesem einen Fall von unten nach oben. Denn, wie Schweiger sagte, war der Mann, der die Ohrfeige kassierte, ihm übergeordnet und ihm gegenüber weisungsbefugt. Formell stand Schweiger hierarchisch unter dem Line Producer und ohrfeigte somit seinen Vorgesetzten. Doch Schweigers Prominenz und gesellschaftliches Ansehen, seine autoritative Macht überwog die des Vorgesetzten. Der nutzte seine hierarchische Position zwar, um den Regisseur in seine Schranken zu weisen. Schweiger wollte sich das aber offenkundig nicht gefallen lassen, er fühlte sich nicht als Untergebener, wusste um sein Ansehen und reagierte wie bereits ausgeführt. Erst danach erinnerte er sich, wo er hierarchisch stand. Das Beispiel zeigt, hierarchische Positionen gehen mit Befugnissen, aber nicht zwangsläufig mit der Verleihung autoritativer Macht einher. Sie sind so gesehen neutrale Verantwortungsbereiche mit Rechten und Pflichten, die theoretisch jede und jeder ausfüllen kann. Das wird später noch wichtig sein. Ob jemand in einer hierarchischen Rolle ernst genommen wird, hat vor allem damit zu tun, welchen Status diese Person in der Gesellschaft genießt, wer ihr Gegenüber ist und ob das Gegenüber die Person als Autorität anerkennt.

Im Podcast-Interview bei Matze Hielscher fragte Til Schweiger noch, warum die Leute, die sich nicht wohl gefühlt hätten, nicht einfach direkt mit ihm geredet hätten. Dafür wäre er immer offen gewesen.[77] Aber mal ehrlich, wie einfach ist es, einen Star wegen Fehlverhaltens zu ermahnen?

Der Theaterregisseur und Schauspieler Volker Metzler wird von einer Mitarbeiterin ermahnt. In der Spielzeit 2017/2018 war er als Schauspieldirektor und stellvertretender Intendant am Theater an der Parkaue in Berlin beschäftigt. Dort inszenierte er das Stück *Die Reise um die Erde in 80 Tagen*. Während der Proben wurde Metzler von der Schwarzen Schauspielerin Maya Alban-Zapata Rassismus vorgeworfen. Das Stück selbst thematisiert den Kolonialismus. Konfrontiert mit den Vorwürfen äußerte sich »Volker Metzler [...] – als private Person – schriftlich gegenüber der taz und verneinte, Alban-Zapata direkt mit dem N-Wort bezeichnet zu haben. ›Zur Verwendung des N-Wortes kam es ausschließlich im Kontext mit der inhaltlichen Auseinandersetzung des Stückes.‹ Er habe aber übersehen, dass Alban-Zapata Schwierigkeiten mit seinem offenen Probenprozess gehabt habe. Sie habe ›ihre Not als Schauspielerin‹ auf die künstlerische Arbeit im Allgemeinen und auf ihn im Besonderen projiziert und damit begonnen, ›alle schauspielerischen Aufgaben, alle ihre Kostüme, Szenen als rassistischen Angriff und persönlichen Affront gegen ihre Person zu empfinden.‹ Auch habe es die Aussage der Schauspielerin ›nach einem kategorischen Imperativ bezüglich der Verwendung des N-Wortes ganz klar nicht gegeben‹.«[78] Die Schauspielerin hatte öffentlich gemacht, dass Metzler sie unter anderem »im weiteren Verlauf der Proben [...] direkt mit diskriminierenden Sprüchen wie ›Singen und Tanzen das könnt ihr doch, ihr N****‹« angesprochen habe«.[79] Mehrfach versuchte Alban-Zapata nach eigener Aussage, die Konflikte direkt und intern zu klären. Ohne Erfolg. Sie verließ die Produktion. Im Juli 2018 wurde Volker Metzler vom Theater ermahnt. Im April 2019, kurz nach der Veröffentlichung der Vorwürfe, wurde die Inszenierung abgesetzt und Metzler freigestellt. Das Anstellungsverhältnis endete mit der Spielzeit 2018/2019.[80]

Die US-amerikanische Wissenschaftlerin Guinevere Kauffmann durfte Direktorin des Max-Planck-Instituts für Astrophysik in Garching bleiben. Mitte 2018 wurde öffentlich, dass Studierende und Mitarbeitende der international bekannten Wissenschaftlerin Mobbing und Rassismus vorwerfen. *Buzzfeed* zitierte E-Mails von Kauffmann, die Betroffene vorgelegt hatten: »Betreff: Inder. ›… ständig unehrlich. Machen mich verrückt!‹ [und] ›… das sind schlechte chinesische Angewohnheiten‹«.[81] »Ein anderes Mal schreibt sie an eine Studentin: ›Wir alle wissen, dass junge Frauen Älteren nicht zuhören.‹ Oder: ›Schwule Männer haben auch so ihre Probleme.‹«[82] Kauffmann ist selbst Kind von Eltern deutsch-jüdischer und chinesischer Herkunft, schreibt sie auf der Instituts-Website. Selbst mehrfach marginalisiert zu sein – als Frau, als nicht weiße Frau und als Tochter deutsch-jüdischer Eltern – schützt nicht davor, selbst andere zu diskriminieren. Das Institut ließ Kauffmann ein Training und Coaching absolvieren, behielt sie aber im Amt. Im Wissenschaftsjournal *Nature* nahm Kauffmann später Stellung: Sie stamme aus einer akademischen Generation, die immer hohem Druck ausgesetzt gewesen sei: »Ich habe gemerkt, dass dies heutzutage nicht mehr akzeptabel ist.«[83] Eine ehemalige direkte Mitarbeiterin von Guinevere Kauffmann, die selbst Vorwürfe erhoben hatte, sagt dazu: »Das Coaching habe gar nichts verändert […] Was sich geändert hat, ist, dass sie an den meisten Meetings nicht mehr teilnimmt. Ihr Verhalten ist deshalb weniger sichtbar, aber sie ist immer noch problematisch.«[84] Bleibt abzuwarten, ob sich Beschwerden wieder häufen werden oder nicht.

In der Dokumentation *Gegen das Schweigen – Machtmissbrauch bei Theater und Film* von Kira Gantner und Zita Zengerling wird der Schauspieler und Regisseur Kida Khodr Ramadan von mehreren ehemaligen Mitarbeitenden des Machtmissbrauchs beschuldigt. Ausraster und Beleidigungen seien am Set der ARD-Serie *Asbest* normal gewesen. Im Juni 2023 schreibt Ramadan auf seinem Instagramprofil: »Ich bin überarbeitet und habe erkannt, dass ich nicht mehr der Mensch bin, der ich sein möchte. Deshalb nehme ich mir eine Auszeit, um zur Ruhe zu kommen und ehrlich zu reflektieren.« Er habe vergessen »nach links und rechts zu schauen und habe Menschen, Situationen und Gefühle nicht mehr richtig wahrgenommen«.[85] Er schreibt, dass er sich in diesem Prozess professionell unterstützen lässt. Auch er sitzt im Dezember 2023 im Podcast-Interview bei *Hotel Matze*. Das Gespräch ist anders als das mit Til Schweiger. Ramadan redet sich nicht raus. »Ich bin nie handgreiflich geworden am Set. Ich hab mal einen Stuhl weggekickt, oder ich hab mal gegen eine Scheibe geboxt. Aber ich hab Menschen nie angefasst. Aber manchmal ist ein Satz schlimmer als eine Schelle. Und das hab ich voll vergessen, wenn ich dann meine Anfälle hatte am Set.«[86] Davor erzählte er, dass er immer der Beste sein wollte, schon als kleines Kind, nie erniedrigt werden wollte, und fragt sich dann selbst: »Ist das narzisstisch? Keine Ahnung, Bruder.«[87] Was passiert, wenn er ausrastet am Set, wird Kida Ramadan gefragt: »Es ist ja in dem Moment egal, ob Kida recht hat oder Kida Schuld hat. Man muss sich im Zaum halten. Absolut. Und ich habe mich sehr oft nicht im Zaum gehalten.« Die Auslöser seien Lappalien gewesen, sagt Ramadan. Eine Uhr, die die falsche Zeit für eine Anschlussszene zeigt. Diskussionen mit dem Kameramann, weil der seine Anweisungen nicht ausführt. Eine Coke Zero, die eine Stunde zu spät kam. Irgendwann rastete er aus und schrie die Leute an: »Macht diese scheiß Uhr richtig, Alter, was ist denn los mit euch? Warum dauert das so lange? Was soll der Scheiß?« Er sei ein sehr maskuliner Mann, bei dem das dann noch mal anders rüberkomme, fügt er an. »Ich bin dann so unter Feuer und so im Wahn, ich vergesse mich komplett, weil ich mich auf eine Sache konzentriere. Film machen ist Emotion. Das soll alles keine Ausrede sein. Ich habe mich scheiße benommen. Egal ob ich im Recht war oder nicht im Recht war, das fucking Problem war, dass ich nicht gecheckt habe, dass ich dem Gegenüber Angst mache.« Man habe ihn als bedrohlich empfunden. Selbst wenn er sich Stunden später manchmal entschuldigt habe, sagt er: »Du kannst dich zehnmal entschuldigen. Irgendwann ist deine Entschuldigung für'n Arsch.« In den vergangenen Monaten habe er mit einem Therapeuten gearbeitet und bei seinem letzten Dreh für die ARD die Situationen, die ihn wütend gemacht haben, mit ihm besprochen: »Jetzt mit der Therapie weiß ich, wie ich reagieren muss.« Er ergänzt: »Wenn es nach mir ginge, dann würde ich in Deutschland einführen, dass man schon in der Schule mit Kindern Therapie macht.«[88] – Angesichts der Tatsache, dass ein erheblicher Teil der Erwachsenen in Deutschland Körperstrafen gegen Kinder befürwortet und »davon auszugehen [ist], dass etwa ein bis zwei Schüler:innen in jeder Schulklasse von sexueller Gewalt« betroffen waren bzw. sind, keine schlechte Idee.[89] Aber dazu später mehr.

Am 31. August 2022 veröffentlicht die *Zeit* einen mittlerweile umstrittenen und gekürzten Artikel über den Galeristen Johann König. Der deutsche Galerist gehört zu den erfolgreichsten der Welt.[90] In Berlin-Kreuzberg hat er in der St.-Agnes-Kirche eine Galerie untergebracht. Seit 2002 stellte er unter anderem dort Werke von Künstlern und Künstlerinnen wie Isa Genzken, Katharina Grosse, Erwin Wurm, Norbert Bisky, Monica Bonvicini und Henning Bohl aus. Im Artikel der *Zeit* wird Johann König von mehreren Frauen auch außerhalb Deutschlands übergriffiges Verhalten und sexuelle Belästigung vorgeworfen. Die *Zeit* hat laut eigenen Aussagen vor Veröffentlichung des Artikels bereits drei Jahre lang recherchiert. Zehn Frauen haben nun ihre Geschichte erzählt, die meisten wollen anonym bleiben. Eine, die nicht aus der Kunstszene kommt, beschreibt einen ungewollten Kuss am Abend einer Party und die Frage Königs, ob er für Sex mit ihr mitkommen könne. Sie lehnt ab. Zu dem Zeitpunkt wusste sie nicht, wen sie vor sich hat. Drei andere Frauen erzählen von Partys in Paris anlässlich der FIAC-Woche 2017. Unter ihnen Mitarbeiterinnen einer Pariser Galerie und die Direktorin einer New Yorker Galerie. Sie erzählen, selbst von König belästigt worden zu sein und/oder gesehen zu haben, wie König andere Frauen körperlich bedrängte. Die Französin Alexandra Goullier, heute Kuratorin in Paris, beschreibt, wie der Galerist auf einer Party im selben Zeitraum versucht habe, eine Frau gegen ihren Willen auf die Toilette zu zerren: »Ich habe ihn dann angeschrien und beschimpft, damit er weggeht«, sagt Goullier. Neben ihr habe eine weitere Frau die Szene bemerkt und versucht zu helfen. »Schließlich sei es der Helferin gelungen, die Frau von König wegzuziehen. Insgesamt fünf Personen bezeugen, eine solche Szene beobachtet zu haben. König bestreitet den Vorfall.«[91] Wieder eine andere

Frau erzählt, König habe auf einer weiteren Party anlässlich der französischen Kunstmesse sein Geschlecht beim Tanzen von hinten an sie gedrückt. Die *Zeit* konfrontiert Johann König vor Erscheinen des Artikels mit den Vorwürfen. Der lädt daraufhin in seine Galerie zu einem Gespräch, das 90 Minuten dauert. Sein Anwalt teilt laut *Zeit* wenige Stunden nach diesem Termin mit, dass weder direkt noch indirekt aus dem Gespräch zitiert werden dürfe.

Zeit online veröffentlicht am 31. August den Text. König bezieht zwei Tage später dazu öffentlich Stellung. In der *Berliner Zeitung* schreibt er am 2. September, dass die Berichterstattung der *Zeit* falsch und irreführend sei. Das Gespräch mit den Autorinnen im Vorfeld wäre von deren Seite abgebrochen worden. Er schreibt auch: »Rückblickend kann ich mir aber vorstellen, dass meine ausschweifende und impulsive Art zu feiern, zu tanzen und zu sprechen, die Kombination aus Party oder Nachtclubatmosphäre, überfüllten Räumen, Alkohol, Dunkelheit, meinem schlechten Sehen (seit einem Unfall in meiner Kindheit ist mein rechtes Auge blind, und sehe ich nur 20–30 % auf dem linken Auge), dazu geführt haben kann, dass sich Frauen oder auch Männer von mir bedrängt gefühlt oder ich sogar als übergriffig empfunden wurde. Dies kann ich nicht im Konkreten rekonstruieren, aber es scheint mir möglich. Was ich jedoch sicher weiß, ist, dass ich in diesen Momenten niemals absichtsvoll handelte, niemals jemanden gegen seinen Willen geküsst, niemals eine Zurückweisung nicht respektiert, ein Nein nicht akzeptiert habe. Diese Grenze habe ich zu keiner Zeit überschritten.«[92] Johann König geht außerdem rechtlich gegen die Verdachtsberichterstattung der *Zeit* vor. Er erwirkt mehrere einstweilige Verfügungen gegen die Wochenzeitung vor dem Hanseatischen Oberlandesgericht. Deshalb steht heute unter dem Artikel: »Aufgrund gerichtlicher Verfahren haben wir an der ursprünglichen Version dieses Artikels Änderungen vorgenommen.«

Am 4. November 2022 schreibt die *Frankfurter Allgemeine Zeitung*: »Die ZEIT wiederum gibt auf Anfrage kund, das Landgericht habe einen Beschluss gefasst, der die Berichterstattung ›in entscheidenden Teilen für zulässig hält‹. Einzelne Passagen des angegriffenen Textes habe man angepasst oder entfernt. Der Artikel sei mit den entsprechenden Veränderungen weiterhin online.« Am 24. November 2022 berichtet die *Süddeutsche Zeitung*: »Die Berliner Galerie Johann König verliert immer mehr Künstler – und noch mehr Künstlerinnen. Nachdem die Beziehungen zwischen der Galerie und einer ihrer bekanntesten Künstlerinnen, Monica Bonvicini, beendet wurden, erscheinen nun auch Katharina Grosse und Elmgreen & Dragset nicht mehr auf der Website der Galerie. Das berichtet *The Art Newspaper*. Zuvor hatten bereits Helen Marten, Amalia Pica und Trey Abdella die Galerie verlassen.«[93]

Die Künstlerinnen und Künstler sagen nichts darüber, ob ihr Schritt mit den Vorwürfen gegenüber Johann König zu tun hat. Wie eigeninitiativ die Entscheidung getroffen wurde, lässt sich daher nicht beurteilen. Laut Berichterstattung der *Welt* vom 5. Dezember 2022 sei die Künstlerin Monica Bonvicini aber von dem anonymen feministischen Kollektiv »Soup du Jour« in einem offenen Brief in den Sozialen Netzwerken unter Druck gesetzt worden. Darin wurde gefordert, dass die sich selbst als feministisch bezeichnende Bonvicini Solidarität mit den Betroffenen zeigen und sich von der Galerie König trennen soll.[94] Im Artikel der *Welt* heißt es zu den Aufforderungen von »Soup du Jour«: »Dermaßen in Mithaftung genommen zu werden, kann man als autoritär bezeichnen. Es droht das digitale Tribunal. Nicht alle Künstler können solchem Machtmissbrauch standhalten.« Die *Welt* beschuldigt also die Mitglieder des feministischen Kollektivs des Machtmissbrauchs gegenüber denjenigen Künstlerinnen und Künstlern, die nach wie vor von Johann Königs Galerie vertreten werden. Aber wie viel Macht hat ein anonymes Kunstkollektiv, die es missbrauchen kann? Die »Soup du Jour«-Facebook-Seite hat 1469 Follower. Der auf dieser Seite veröffentlichte Brief an Monica Bonvicini hat 17 Likes und wurde zwei Mal geteilt.[95] Das entsprechende Profil auf Twitter (@SdJcollective) hat 137 Follower. Wer sich mit Social-Media-Reichweite nicht auskennt: Das ist sehr wenig.

Königs Anwalt Simon Bergmann schreibt in einer Pressemitteilung vom 20. Dezember 2022: »Mit Beschluss vom 15. 12. 2022 (Az. 7 W 101 / 22) hat das Hanseatische Oberlandesgericht eine weitere einstweilige Verfügung zulasten der ZEIT erlassen. Der ZEIT wurde im Kern verboten, in Bezug auf Johann König den Verdacht zu erwecken, er habe eine beruflich mit ihm verbundene Geschäftspartnerin mit anzüglichen Bemerkungen belästigt. Nach dieser Entscheidung sind der ZEIT nunmehr insgesamt sieben Passagen aus dem Artikel vom 01. 09. 2022 gerichtlich untersagt worden.«[96] Weiter unten heißt es in der Pressemitteilung des Anwalts, dass eine der Autorinnen des Artikels nicht mit der erforderlichen Objektivität berichtet habe, da sie einerseits mit einem konkurrierenden Berliner Galeristen verheiratet ist und andererseits parallel zur Recherche für den Artikel an einem Drehbuch für eine Serie arbeitete, in dem sie mutmaßlich die Geschichte von Johann Königs Machtmissbrauch erzählen wollte. Ein halbes Jahr später berichtet die *Berliner Zeitung* zum Verdachtsfall König am 16. Juni 2023, dass die Hamburger Staatsanwaltschaft gegen drei Frauen ermittle: »[...] wegen des Verdachts, dass sie eine falsche eidesstattliche Versicherung abgegeben haben. Die Frauen hatten sich in der Wochenzeitung Die Zeit anonym geäußert, mussten jedoch im Verlauf der presserechtlichen Verfahren ihre Namen preisgeben. Ihre eidesstattlichen Versicherungen widersprechen einander.«[97] Aus Gesprächen mit Menschen aus der Kunstszene, Künstlern, Künstlerinnen und Mitarbeitenden von Galerien erfahre ich, die Gerüchte von Verdachtsfällen über Johann König gebe es schon lange. Nicht nur die, von denen in der *Zeit* berichtet wurde. Das schreibt mir auch ein befreundeter Künstler bereits im September 2022, kurz nachdem der *Zeit*-Artikel erschienen ist. Ich wurde damals aufmerksam, weil unbekannte Künstlerinnen einen Grabkranz mit Johann Königs Namen vor seiner Galerie in Berlin abgelegt hatten. Als wollten sie die Figur und Marke Johann König zu Grabe tragen. Manche finden die Aktion perfide. Aus künstlerischer Perspektive ist sie legitim, sagen die Künstlerinnen und Künstler, mit denen ich darüber spreche. Johann König hat sich selbst zur Kunstfigur hochstilisiert. Diese Figur darf die Kunst für tot erklären.

Ich frage bei der Antidiskriminierungsstelle des Bundes nach, ob es Daten darüber gibt, dass blinde Menschen häufiger des Machtmissbrauchs beschuldigt werden als nicht blinde. Gibt es nicht.

Was mit Tätern und Täterinnen passiert, sollte in erster Linie in Abstimmung mit Betroffenen und durch die Einschätzung unabhängiger Stellen geschehen. Abhängig von der Schwere der Tat werden sich die einzuleitenden Sanktionen und Maßnahmen unterscheiden. Manchmal ist das der Entzug der Mitgliedschaft einer Organisation, manchmal eine Abmahnung, Degradierung, eine Schulung, Versetzung oder ein begleitetes

Gespräch mit den Betroffenen, wenn sie das wünschen. Wenn eine Belegschaft eines Unternehmens, Mitglieder eines Vereins oder einer Gemeinde den Rücktritt der Organisationsspitze fordern, bedeutet das aber mitnichten, dass sich dadurch die strukturellen Probleme der Organisation lösen. Die bleiben erhalten, wenn sonst nichts passiert, und werden beim nächsten Machtmissbrauch wieder versagen. Dennoch zeigen Rücktrittsforderungen an, wenn sie systematisch abgefragt werden, inwieweit der Organisationsspitze das Vertrauen und die Anerkennung durch die Mitglieder entzogen wird. Zeigen die Ergebnisse, dass eine Führungsperson keinen Rückhalt mehr hat, ist es nicht sinnvoll, auf dem eigenen Posten zu bestehen und damit der Organisation zu schaden. Rücktritte und Entlassungen allein lösen aber kein Systemproblem. Tatsächlich trägt es eher wenig »zur Problemlösung bei, wenn die Welt derart übersichtlich in Täter und Opfer sortiert wird. Die binäre Codierung kennt keine Feinheiten: Opfer sind gut, Täter sind böse. Von der Kritik an einzelnen Handlungen, die man korrigieren und ändern könnte, wird in diesem Raster umstandslos auf die Person geschlossen.«[98] Das ist auch für Organisationen auf den ersten Blick einfacher und macht sich gut in der Presse: Wer das vermeintliche Personalproblem durch Entlassung löst, dem wird im öffentlichen Diskurs wieder versöhnlich begegnet.

Der Theaterwissenschaftler Peter Laudenbach sagt, Theater verbindet vor allem eines: »Dass es Freiräume für respektlose Umgangsformen gab. Compliance-Regeln und Mechanismen der Machtkontrolle haben nicht gegriffen oder sind erst gar nicht vorhanden.«[99] Das bedeutet, die Umstände in den Organisationen lassen den Machtmissbrauch wissentlich zu.

Die Integration

Ich sitze mittags bei einem Kaffee in einem Sternerestaurant und bin mit dem Eigentümer verabredet. Im Hintergrund bereiten seine Kolleginnen und Kollegen das Essen für den Abend vor: »Ich war selbst oft ein Arschloch früher«, erzählt er mir. Er habe geschrien und Leute zur Schnecke gemacht. Das war seine Art, mit dem Stress im Restaurant umzugehen. Seinerzeit war er angestellter Chefsommelier in einem Sternelokal. Dann hat er sein eigenes aufgemacht und sagt von sich, er mache es seitdem anders. Dass das glaubhaft wirkt, hat mehrere Gründe: Als ich die Gespräche anfrage, schickt er meine Anfrage an die gesamte Belegschaft weiter. Eine Mitarbeiterin möchte mit mir sprechen. Unser Gespräch dauert über eineinhalb Stunden und beinhaltet auch kritische Punkte. Der andere Grund ist soziale Kontrolle. Zumindest wenn Gäste da sind, kann hier in der Küche kein rauer Ton herrschen, denn die Küche ist offen, die Gäste bekämen alles mit. Der dritte Grund: Ich dürfte theoretisch sogar veröffentlichen, um welches Restaurant und welche Personen es sich handelt. Der Eigentümer erzählt mir, dass er selbst kaum bemerkt hat, dass er sich oft danebenbenommen hat. Erstens hat er es so beigebracht bekommen, zweitens hat ihn niemand in seine Schranken gewiesen. Nur privat passierte das durch seine Partnerin. Die riet ihm irgendwann zu einer Therapie – mit Erfolg. Die Aggressivität gegenüber Kolleginnen und Kollegen entsteht durch die Überforderung durch die Vielzahl der Arbeiten, die in der Spitzengastronomie gleichzeitig auf höchstem Niveau und unter dem Erwartungsdruck der Gäste mit einem Lächeln im Gesicht erledigt werden müssen: »Die Täter und Täterinnen merken gar nicht, dass sie ständig Grenzen und Leute verletzen, da bin ich mir sicher.« Ich frage zurück: »Aber das Strafgesetzbuch kennen die schon, oder?« Das täten sie zwar bestimmt, aber innerhalb des Restaurants spielt das keine Rolle: »Es entsteht eine eigene Parallelwelt, in der du alles machen kannst, bis dir jemand Paroli bietet.« Ich möchte von ihm wissen, wie er selbst dafür sorgt, dass niemand anderes im Team machtmissbräuchliches Verhalten zeigt: »Wir sprechen darüber, lassen uns von einer Coachin begleiten, machen Workshops zu Diskriminierungsthemen. Natürlich ist die einzige Schwarze Person in unserem Restaurant als Spüler bei uns eingestiegen. Rassismus, Sexismus, das sind alles große Themen in Restaurants.« Mittlerweile macht der ehemalige Spüler eine Ausbildung im Betrieb und arbeitet in der Küche. Der Eigentümer macht das alles nicht aus Altruismus: Ihm laufen sonst die Mitarbeitenden davon. Aus diesem Grund hat er auch vor ein paar Jahren schon Schichten verkürzt und auf eine Viertagewoche umgestellt. Ob es Machtmissbrauch in seinem Restaurant gab oder gibt, frage ich noch mal nach. Dann erzählt er von einem Koch, der unglaublich begabt sei. Ein Talent, das er definitiv halten will. Genau der benehme sich aber öfter grenzwertig, insbesondere gegenüber Frauen. Vor allem denen gegenüber, die als Aushilfen arbeiten. Er hat ihm ein Coaching bezahlt und mehrere Verwarnungen erteilt. Der Eigentümer sagt: »Ich hoffe, dass er sich bessert. So einen suchst du lange.« Als ich eine Woche später mit der Restaurantleiterin spreche, erzählt sie mir, dass sie findet, der Kollege habe schon viel zu viele Chancen bekommen: »Irgendwann ist Schluss. Da kann jemand noch so talentiert sein und wirtschaftlich wichtig. Die Arbeitsausfälle und Mitarbeiterwechsel, die wir seinetwegen hatten, kosten uns mehr, als er einbringt.«

Wie viele Chancen haben Täterinnen und Täter verdient? Der Eigentümer sagt, Menschen, die sich wie Arschlöcher benehmen, geht es oft selbst nicht gut. Das ist keine Entschuldigung, aber er erinnert sich, wie es ihm damals ging. Wie es mit dem Koch weitergehen soll, ist zum Zeitpunkt unseres Gesprächs noch nicht klar, seine Restaurantleiterin und er sind dazu in engem Austausch. Wenn er selbst noch mal seine Macht missbrauchen würde, wer könnte ihm Einhalt gebieten, frage ich den Eigentümer am Ende unseres Gesprächs. Es gälten dieselben Berichtswege, sagt er. »Aber am Ende entscheidest du, als Eigentümer, niemand kann dich zwingen. Du bezahlst das Coaching. Du kannst die, die sich beschweren, entlassen, oder sehe ich das falsch?«, hake ich nach. »Nein, das ist so«, sagt er: »Ich muss es wollen.«

Wenn wir uns schlicht darauf verlassen müssen, dass Menschen sich angemessen verhalten, ist es nicht unwahrscheinlich, dass sie es auch mal nicht tun. Gleichzeitig ist minuziöse Kontrolle unmöglich. In unserer Gesellschaft funktioniert das genauso: Ein erheblicher Teil der Vermeidung von Machtmissbrauch ist Hoffnung. Untermauert von Gesetzen und Strafen. Kein Rechtssystem ist darauf ausgelegt, alle zu bestrafen, die zu Täterinnen und Tätern werden. So viele Strafvollzugsanstalten gibt es auch gar nicht. Dass Menschen Täter und Täterinnen werden und ungestraft davonkommen, ist einkalkuliert. Das bedeutet, wir als Gesellschaftssystem spielen eine entscheidende Rolle dabei, unerwünschtes Verhalten kollektiv zu bearbeiten. Der Ansatz *Restorative Justice* setzte dagegen auf »Wiedergutmachung statt Strafe, Dialog statt Ausschluss, gleichberechtigte Partizipation aller Beteiligten, Unterstützung statt Isolation (auf beiden Seiten), Autonomie und Eigenmacht statt Vertrauen auf den Staat«. Bürgerinnen und Bürger können hierbei Konflikte, die »ihnen durch den Staat enteignet« wurden, »wieder zurückholen und weitestgehend selbst lösen«.[100]

Nils Christie, der die fünf Kategorien *idealer Opfer* beschrieb, machte sich für diesen Ansatz in seinem Text »Conflicts as property« stark. Betroffene sollen mitsprechen und mitbestimmen können, anstatt an den Rand gedrängt zu werden wie aktuell. Statt still sollen sie laut sein dürfen. Dasselbe sollte für jedes Organisationssystem gelten. Betroffene müssen nicht aus dem Weg, sondern je nach ihrem Bedürfnis in den Mittelpunkt der Aufarbeitung. Sanktionen dürfen so ausfallen, dass Täter und Täterinnen für immer aus der Organisation ausgeschlossen werden, aber es sollte das letzte Mittel sein. Ihnen muss auch innerhalb von Organisationen ein faires Verfahren zustehen. Um angemessen aussagen zu können, müssen sie wissen, was ihnen vorgeworfen wird. Auch im Gesellschaftssystem muss es einen Weg der Integration, Besserung und des Verzeihens geben. Betroffene von Machtmissbrauch schildern oft, dass nicht besonders harte Strafen ihnen helfen würden, ihre Erlebnisse zu verarbeiten, sondern die Anerkennung der Taten, Entschädigung, ein aufrichtiges Schuldeingeständnis der Täterinnen und Täter und der beteiligten Organisationen. Sie wollen vor allem eines: Anerkennung und weiterleben.

Täterinnen und Täter sind nicht spezielle Charaktere. Sie stammen nicht aus typischen Berufsgruppen, sozialen Milieus, sie kommen nicht aus bestimmten Kulturkreisen, haben keinen bestimmten Glauben und nicht die eine bestimmte Persönlichkeit. Täterinnen und Täter werden in Situationen und Verhältnissen zu Täterinnen und Tätern, die wir gesellschaftlich definieren. In Bezug auf sexuellen Missbrauch schreibt die Unabhängige Beauftragte für Fragen des sexuellen Kindesmissbrauchs: »Aus vielfältigen Studien und Betroffenenberichten ergibt sich, dass es kein klassisches Täterprofil und keine einheitliche Täterpersönlichkeit gibt. Gemeinsam ist den Tätern und den Täterinnen der Wunsch, Macht auszuüben und durch die Tat das Gefühl von Überlegenheit zu erleben.«[101]

Teil 4
DIE INSTITUTIONEN

Im September 2019 erscheint ein Artikel in der *New York Times*. Sechs Männer werden darin porträtiert, die in der US-Armee sexuell missbraucht wurden: »Frauen sind im Militär wesentlich häufiger von sexuellen Übergriffen betroffen – etwa siebenmal so häufig wie Männer. Allerdings gibt es in den Streitkräften so viel mehr Männer als Frauen, dass sich die Gesamtzahl der männlichen und weiblichen Opfer in den letzten Jahren laut Pentagon-Statistiken in etwa die Waage hält – etwa 10 000 pro Jahr. Und bevor Frauen vollständig in die Streitkräfte integriert wurden, waren die meisten Opfer Männer.«[1] Unklar ist, ob dieses Verhältnis wirklich den Tatsachen entspricht, denn nur »einer von fünf betroffenen Männern meldete Übergriffe – bei den Frauen seien es dagegen 38 Prozent«.[2]

Das US-Militär dachte über Jahrzehnte, sexueller Missbrauch sei ein Frauenproblem, und suchte deshalb nicht nach männlichen Opfern. Letztere passen nicht zur Geschlechterrolle des harten Mannes. Man will und darf sie nicht sehen: »Erst im Jahr 2006, nachdem das Büro [zur Prävention und Reaktion auf sexuelle Übergriffe im Verteidigungsministerium] mit der Befragung von Militärangehörigen begonnen hatte, erfuhr das Militär, dass mindestens genauso viele Männer wie Frauen angegriffen wurden.«[3] Regelmäßig führen unsere stereotypen Rollenzuweisungen und Abwertungen dazu, dass Fragen gar nicht erst gestellt und Daten nicht erhoben werden. Weil es keine Daten gibt, gibt es kein Problem, ist das fatale Fazit. Laut US-Verteidigungsministerium gingen mehr »als die Hälfte der Übergriffe [...] von Männern aus. In 13 Prozent der Fälle handelte es sich um Männer und Frauen als Täter. 30 Prozent der betroffenen Männer gaben an, die Täter seien weiblich gewesen. Bei den weiblichen Opfern waren vor allem Männer die Täter.«[4]

Am 10. Mai 2024 kritisiert die Wehrbeauftragte Eva Högl (SPD) den Mangel an Frauen in der Bundeswehr. Die CDU hatte wenige Tage zuvor auf ihrem Bundesparteitag für die Wiedereinführung der Wehrpflicht gestimmt. Eine MDR-Umfrage hatte rund einen Monat zuvor dazu ein Stimmungsbild bei Zuschauern und Zuschauerinnen abgefragt. Das Ergebnis: 61 Prozent sind für die Wiedereinführung der Wehrpflicht.[5] Die Initiative für die Abstimmung auf dem Bundesparteitag kam von der Jungen Union, der Jugendorganisation der CDU und CSU. Die MDR-Umfrage ergab zwar, dass die Mehrheit für die Wehrpflicht ist, aber dass in der Gruppe der unter 30-Jährigen, also unter den von der Entscheidung direkt Betroffenen, 68 Prozent dagegen sind. Insgesamt 50 Prozent finden, die Wehrpflicht sollte auch für Frauen gelten. Bis 2001 galt sie nur für Männer. Eine Zwanzig-Prozent-Quote für Frauen ist für die Bundeswehr gesetzlich vorgeschrieben. Zurzeit sind aber nur 13 Prozent erfüllt: »Rechnet man die Sanität raus, liegt [sie] unter 10 Prozent. Die Bundeswehr verfehlt damit ihre selbst gesteckten Ziele, und das seit Jahren«, kritisiert Högl.[6] Sie moniert außerdem sexuelle Übergriffe auf Soldatinnen und einen Mangel an Infrastruktur: Es fehlen Toiletten und Duschen. Immerhin bewerben sich dennoch 17 Prozent Frauen. Ein leichter Anstieg, wie eine Sprecherin des Verteidigungsministeriums sagte, in dem selbst nur etwa zwei Prozent der Führungspositionen mit Frauen besetzt seien.[7] Mit einer Reaktivierung der Wehrpflicht wäre die Bundeswehr zumindest ihr Rekrutierungsproblem los.[8] Die Öffnung in Richtung Frauen, aber auch für queere Personen und Menschen mit internationaler Biographie geschah nicht nur aufgrund eines gesellschaftlichen Wandels, sondern auch aufgrund der demographischen Entwicklung und des damit verbundenen Personalmangels.[9] Historisch betrachtet hängen »Militär und männlich geprägter Nationalstaat« eng miteinander zusammen.[10] Die vollen Bürgerrechte bekam nur, wer waffenfähig war, und nur wer die vollen Bürgerrechte bekam, war wehrpflichtig: »Als politische Volksgenossen erkennt der Waffentragende nur den Waffentüchtigen an. Alle anderen, Nichtwaffengeübte und Nichtwaffentüchtige, gelten als Weiber [...]. Freiheit ist innerhalb dieser Waffenvergemeinschaftungen identisch mit Waffenberechtigung.«[11] Um zum Beispiel Menschen mit internationaler Biographie für die Armee zu begeistern, gibt die USA »Migrant*innen die Möglichkeit, durch den Militärdienst die Staatsbürgerschaft zu erhalten«.[12] Damit könnte das Militär als eine »Institution der Integration« interpretiert werden, die den sozialen Aufstieg allerdings mit einem Risiko für Leib und Leben verknüpft. Armeen streben also traditionell Homogenität an, sie stehen aber »zunehmend unter Druck [...] diverser zu werden«.[13]

In der Bundeswehr gebe es weniger Diskriminierung als in anderen Organisationen, sagt 2023 ein Kommandant des Spezialpionierregiments 164 in dem investigativen SWR-Format *Vollbild*.[14] In seiner Kaserne in Husum sei *alles möglich*. Von sich auf andere zu schließen, ist verlockend und oft falsch. Dem SWR wird für seine Recherche eine noch nicht vollständig veröffentlichte Studie zugespielt. Darin zeigt sich, dass besonders Frauen und Menschen mit Behinderung in der Bundeswehr von Diskriminierung betroffen sind: »21,1 Prozent der in der Bundeswehr beschäftigten befragten Frauen gaben danach an, innerhalb der vergangenen zwei Jahre mindestens einmal aufgrund ihres Geschlechts diskriminiert worden zu sein. Die Angabe ist laut Studie fast dreimal so hoch wie das Diskriminierungsrisiko von Frauen im bundesweiten Arbeitskontext, das die Studie mit 7,3 Prozent angibt. Die Vergleichswerte in der Studie basieren auf Erhebungen der Antidiskriminierungsstelle des Bundes.«[15] Die hatte 2015 eine Umfrage zu Diskriminierungserfahrungen in Deutschland durchgeführt und festgestellt, dass 48,9 Prozent aller Diskriminierungen im Arbeitskontext stattfinden.[16] – Nun ja, Arbeit ist ja auch das halbe Leben.

24 Prozent der behinderten Menschen in der Bundeswehr geben an, »in den vergangenen zwei Jahren diskriminiert worden zu sein. Der Wert ist mehr als doppelt so hoch wie der bundesdurchschnittliche Vergleichswert, der laut Studie bei 11,9 Prozent liegt.«[17] Das schadet natürlich dem Ansehen der Bundeswehr und ist mutmaßlich ein Grund, warum die Veröffentlichung der Studie nach Fertigstellung 2020 nicht sofort erfolgte. Sie wurde als »VS – nur für den Dienstgebrauch« eingeordnet. Die FDP stellte daraufhin im selben Jahr eine Kleine Anfrage an den Bundestag: »Wann, und inwiefern plant die Bundeswehr, die Ergebnisse der Vielfaltsstudie *Bunt in der Bundeswehr? Ein Barometer zur Vielfalt* zu veröffentlichen und zugänglich zu machen (bitte begründen und erläutern)?«[18] Darauf antwortet das Bundesverteidigungsministerium: »Der

finale Forschungsbericht liegt vor. Die Ergebnisse werden derzeit intern ausgewertet. Im Anschluss ist die Freigabe des Forschungsberichtes in 2020 geplant.«[19] Tatsächlich kommt es nicht dazu. Im Mai 2021 stellt die Plattform *Frag den Staat* bei der Bundeswehr eine erneute Anfrage. Die wird zuerst abgelehnt. Auf wiederholte Anfrage wird die Studie im April 2023 der Plattform zur Verfügung gestellt, wo sie heute öffentlich einsehbar ist.[20]

Im Oktober 2016 wandte sich ein weiblicher Leutnant an den damaligen Wehrbeauftragten Hans-Peter Bartels (SPD) und die damalige Verteidigungsministerin Ursula von der Leyen (CDU). Die Bundeswehr ist dem Verteidigungsministerium (BMVg) unterstellt. Es bildet die höchste militärische Kommandobehörde für die Streitkräfte und ist die oberste Dienstbehörde für die Bundeswehrverwaltung. Das Staatsmilitär ist somit durchaus eine politische Organisation: Das Parlament kontrolliert die Streitkräfte, und ein Beirat berät den Verteidigungsminister oder die -ministerin. Die Leutnantin »beschrieb, dass sie bei der Ausbildung der Kampfsanitäter in Pfullendorf unfassbare Szenen erlebt habe: So hätten sich Rekruten bei der Ausbildung vor den Kameraden nackt ausziehen müssen. Die Ausbilder filmten dabei mit. Ebenso berichtete sie, dass die Ausbilder medizinisch völlig unsinnige und offenbar sexuell motivierte Übungen wie das Einführen von Tamponade in den After mit männlichen und weiblichen Rekruten durchexerziert hätten. Auch dies sei fotografiert worden. Nach SPIEGEL-Informationen sollen sich beide Vorwürfe bei den bisherigen Recherchen bestätigt haben.«[21] Bereits 2015 soll es erste Hinweise auf Mobbing gegen Frauen in der Ausbildung bei der Kaserne Pfullendorf gegeben haben.[22] Auch seien unter den Mannschaftssoldaten Rituale der Demütigung durchgeführt worden. Das BMVg versetzt daraufhin den Kommandeur der Kaserne und nennt »gravierende Defizite in der Führung« als Begründung.[23] Der *Spiegel* schreibt darüber im Januar 2017. Im Juni 2017 wird der versetzte Kommandeur von der *Bild* interviewt. Er habe von seiner Versetzung aus der Presse erfahren und fühlt sich ungerecht behandelt. Die zuständige Staatsanwaltschaft ermittle nur noch »in der Frage der demütigenden Aufnahmerituale«, die anderen Vorwürfe seien nicht belegbar.[24] »Nicht belegbar« heißt nicht, dass es kein machtmissbräuchliches Verhalten gab, sondern lediglich, dass dieses nicht ausreichend bewiesen werden kann.

Im Februar 2017, vier Monate vor dem *Bild*-Interview mit dem Kommandeur, erschien ein weiterer Artikel im *Spiegel*. Die Leutnantin sei »in einer Art Einstellungstest durch die Ausbilder gezwungen worden, an einer Pole-Stange in einem Aufenthaltsraum vorzutanzen«.[25] Die Stange sei fest installiert im Aufenthaltsraum der Kaserne. Das Trinken von hartem Alkohol sei üblich. Die Leutnantin schildert weiter, dass die Ausbilder die jungen Auszubildenden zwangen, »sich im Hörsaal nackt auszuziehen. Sie tasteten bei den Frauen die nackten Brüste und den Genitalbereich ohne Handschuhe ab. Anschließend, so die Ermittlungspapiere, gab es eine ›Geruchsprobe‹ vor versammelter Mannschaft. Offenbar um sich vor Strafen abzusichern, ließen sich die Ausbilder von den Schülern eine Einverständniserklärung unterschreiben. Von allen Praktiken machten sie auch Fotos, angeblich zu Ausbildungszwecken.«[26] Der Kommandeur sagt später im *Bild*-Interview: »Es gab Vorfälle, das ist unbestritten. Aber als mir mein Lehrgruppenkommandeur diese im Juli 2016 meldete, veranlasste ich sofort Untersuchungen. Es liefen Vernehmungen. Ich meldete die Vorgänge auf dem Dienstwege und an meinen Vorgesetzten.

Nach dem Motto: ›Melden macht frei.‹ Im nächsten Schritt wurde der Wehrdisziplinaranwalt eingeschaltet, eine Art Militärstaatsanwalt, um die rechtliche Situation zu bewerten und um mögliche Disziplinarverfahren einzuleiten.«[27] Während die internen Ermittlungen liefen, meldete die Leutnantin im Oktober 2016 die Vorfälle dem Ministerium. Der Kommandeur sagt dazu: »Dann schickte das BMVg im Dezember einen Sonderermittler. Er war voreingenommen. Ich hatte das Gefühl, man traut uns nicht und bei uns würde alles schlecht gemacht.«[28] Der *Spiegel* schreibt wiederum, der Sonderermittler habe noch Ende des Jahres 2016 »bei einem angekündigten Termin in dem [Aufenthaltsraum mit der Poledance-Stange] ein ganzes Regal mit offenen Schnapsflaschen« gefunden.[29] Auf die Frage, ob der Kommandeur sich Vorwürfe mache, antwortet der im *Bild*-Interview: »Solche Vorfälle werden sich nie zu 100 Prozent vermeiden lassen. Es passiert immer mal wieder etwas. Mit der Bundeswehr-Reform wurden aber gewisse Kontrollmechanismen ausgesetzt. Beispielsweise können wir die Soldaten nicht mehr nach dem Dienst kontrollieren. Ich kann als Quasi-Regimentskommandeur auch nicht nachts auf dem Gang mit dem Stethoskop die Stuben abhören. Sobald wir davon erfahren haben, sind wir der Sache nachgegangen.«[30] 2010 und 2011 wurde die *Neuausrichtung der Bundeswehr*, die umfassendste Reform seit Bestehen, umgesetzt. Sie betraf fast alle Bereiche der Bundeswehr, unter anderem wurden Standorte stillgelegt, Personal abgebaut und die Wehrpflicht ausgesetzt.[31] Ineffizienzen in Organisationen sind vor allem deshalb problematisch, weil sie viel Geld kosten. Neustrukturierungen einzuführen, ist zwar sinnvoll, braucht aber Zeit. Gleichzeitig massiv Personal einzusparen, kann kontraproduktiv sein, weil noch unklar ist, an welchen Stellen es durch die Veränderungen zu neuen Problemen kommt. Besser wäre es, in kleinen Schritten vorzugehen.

In den Jahren nach der Bundeswehrreform steigen die Meldungen sexueller Belästigungen an. Das kann eine Folge der Veränderungen sein, muss aber nicht. Ebenso möglich ist, dass die Veröffentlichungen durch die Leutnantin aus Pfullendorf andere Personen ermutigt haben, Meldung zu machen. Außerdem kommen seit 2001 mit »der Öffnung aller Bereiche der Bundeswehr für Frauen« immer mehr von ihnen dazu. 2001 dienten »rund 6700 Frauen in der Bundeswehr«.[32] Sie entsprachen damit einem Anteil von 1,89 Prozent.[33] Mittlerweile »leisten über 24 000 Soldatinnen ihren Dienst in der Truppe«.[34] Ihr Anteil macht 2023 13,43 Prozent aus.[35]

Mehr Vielfalt führt erst mal immer zu mehr Diskriminierungen. Jede Branche und jede Organisation mit besonders homogener Belegschaft kann fest mit einem Anstieg an machtmissbräuchlichem Verhalten rechnen, wenn heterogenes Personal hinzukommt. Erst wenn die Vielfalt in der Organisation und Branche sich etabliert und über Jahre gefestigt hat, kann sich der Effekt umkehren. 2017 sind in der Bundeswehr »234 Fälle sexueller Belästigung bis hin zur Vergewaltigung gemeldet worden. Das sei ein Anstieg um mehr als 80 Prozent im Vergleich zum Vorjahr [...]. Darunter seien auch 14 Vergewaltigungen oder Vergewaltigungsversuche gewesen, fast dreimal so viele wie 2016. Damals seien es fünf entsprechende Fälle gewesen. Im Jahr 2016 habe es insgesamt 128 Erstmeldungen von Sexualstraftaten gegeben.«[36]

In Husum glaubt der Kommandant des Spezialpionierregiments 164: In der Bundeswehr gibt es weniger Diskriminierung als in anderen Organisationen. Es wäre schön. Was die Bundeswehr von anderen Organisationen tatsächlich unterscheidet: Sie ist eine *totale Institution*.[37] Das heißt, für einen Großteil ihrer Mitglieder bedeutet die Mitgliedschaft, dass Wohnen, Arbeiten und damit Leben innerhalb der Organisation stattfindet und organisationell geregelt ist. Für welche Organisationen das noch zutrifft und ob das besonders gut vor Machtmissbrauch schützen oder Machtmissbrauch eher begünstigen kann, wird später noch einmal aufgegriffen.

Die Organisationen

Vereinfacht gesagt werden Organisationen dann gebildet, wenn Menschen wiederholt einen Zweck verfolgen, den sie alleine nicht erreichen können. Dafür übernehmen die Mitglieder in der Organisation arbeitsteilig unterschiedliche Aufgaben, die in ihrer Gesamtheit zur Erfüllung des Zwecks beitragen. Niklas Luhmann betrachtet Organisationen als Kommunikationssysteme, an denen Menschen insofern teilnehmen, als sie am Netzwerk der organisationalen Kommunikation teilnehmen.[38] Seiner Betrachtung nach bestehen Organisationen aus Hierarchien und Regeln, Entscheidungsprogrammen und Mitgliedern. Organisationen sind zwar menschengemacht; sie werden gegründet, und die ersten Regeln und Zwecke werden von den Gründerinnen und Gründern festgelegt. Aber Organisationen entwickeln über die Zeit eine »selbstorganisierende Dynamik und ein hochkomplexes Eigenleben, die mit den offiziellen Zielen – systemtheoretisch gesprochen – nur eine lose Kopplung aufweisen«.[39] Max Weber beschrieb Organisationen und ihre Bürokratie hingegen als Maschinen, in denen »jeder Arbeiter zu einem Rädchen in dieser Maschine [wird] und innerlich zunehmend darauf abgestimmt, sich als ein solches zu fühlen und sich nur zu fragen, ob er nicht von diesem kleinen Rädchen zu einem größeren werden kann«.[40] Die Erzählung der Organisation als Maschine hält sich hartnäckig und wird aus betriebswirtschaftlicher Perspektive gestützt. Maschinen sind berechenbare, stabile Objekte mit Hebeln und Knöpfen, die von Menschen bedient werden. Menschen aber sind keine Maschinenteile, an denen Hebel umgelegt oder Knöpfe gedrückt werden können. Sie sind nach Luhmann komplexe psychische Systeme, die auf das Verhalten und die Veränderungen in ihrer Umgebung reagieren. Wenn an einer Stelle in der Organisation etwas verändert wird, können zwar Annahmen darüber getroffen werden, wie der Rest der Organisation mit der Veränderung umgehen wird, aber die Konsequenzen sind letztlich nicht vorhersehbar. Das Gegenteil einer Maschine also. Organisationen sind deshalb auf gewisse Weise immer unberechenbar. Das ist für viele Menschen, die versuchen, in Organisationen etwas zu verändern, unbefriedigend und eine Erklärung dafür, warum einfache, Sinn und Erfolg versprechende Ansätze in der Managementliteratur so beliebt sind. Sie beruhigen.

Die Organisation selbst ist zwar nicht rational berechenbar, aber weitestgehend opportunistisch. Sie benötigt Mitglieder, um wiederholt ihren Zweck zu erreichen, nicht Menschen in all ihren Facetten. Zwar wird auf der Schauseite der Organisation viel dafür getan, potenziellen Bewerbern und Bewerberinnen zu versprechen, dass sie hier als *ganze Menschen* willkommen sind. Was damit genau gemeint ist, können Organisationen aber oft nicht beantworten. Oder sagen vage etwas wie: »Bei uns achten wir auf mentale Gesundheit und heißen Emotionen willkommen.« Dass Organisationen die Gesundheit ihrer Mitarbeitenden nicht gefährden dürfen und dass Letztere sich krankmelden müssen, wenn sie arbeitsunfähig sind, gehört jedoch zu jedem soliden Arbeitsvertrag und ist Teil von Arbeitnehmerrechten. Wütende Mitarbeitende mag die Organisation meist eher nicht, aber wenn mal einer heult, beschämt man denjenigen heute weniger dafür als früher. Ungefähr das ist darunter zu verstehen, wenn es heißt, Emotionen seien willkommen. Die Organisation braucht also nicht ganze Menschen, sie braucht eine bestimmte

Kompetenz von Menschen, die in der Stellenbeschreibung und dem Vertrag festgehalten wird, auch wenn sich Verantwortungsbereiche über die Jahre weiterentwickeln. Mitarbeitende haben das Recht, dass die Organisation eben nicht auf sie als ganze Menschen Zugriff hat, sondern nur auf die vereinbarte Leistung. Wer als Mitarbeitender für eine Organisation Produkte verkauft, tut das im Namen der Organisation, nicht als Privatperson. So wie Mitarbeitende also ihre Eigenständigkeit wahren, tut das auch die Organisation. »Sie bestehen aus Zielen, die nicht die Ziele der Mitarbeitenden sein müssen, aus Entscheidungen, die natürlich von Menschen getroffen werden, sich dann aber verselbstständigen, aus Entscheidungsprogrammen, die nicht nur in Verwaltungen und Großkonzernen ein Abstraktionsniveau erreichen, das selbst für viele Mitarbeiter nicht mehr nachvollziehbar ist, und aus kulturellen Regeln, die zwar im gemeinsamen Handeln der Menschen entstanden sind, dann aber eigenständige Geltung entwickeln, die das Verhalten der Beteiligten ohne deren bewusstes Zutun prägen und die sich kaum intentional verändern lassen.«[41]

So bilden sich in Teams und Abteilungen von Organisationen »lokale Rationalitäten« aus, die im Widerspruch zueinander stehen können.[42] In einem Verlag möchte zum Beispiel ein Ressort mehr Platz für seine Texte in einer Zeitung haben. Die Chefredakteurin gibt ihm freie Hand, die Frage selbst mit dem Vertrieb zu klären. Der Vertrieb des Verlags benötigt den Platz aber, um Anzeigen zu verkaufen, die die Zeitung maßgeblich querfinanzieren. Der Beauftragte für Nachhaltigkeit mischt sich ein und plädiert allgemein für immer weniger Seiten. Er fordert eine rein digitale Zeitung. Es beginnt eine Diskussion darüber, dass es die Texte sind, die die Zeitung überhaupt ausmachen, wie die Redaktion des Ressorts argumentiert. Die

Leserinnen und Leser seien aber nicht bereit, einen deutlich höheren Kaufpreis zu bezahlen, hält der Vertrieb dagegen und erinnert die Redaktion daran, dass es demokratischer Anspruch sein muss, die Zeitung für alle erschwinglich zu halten. Einnahmequellen über Anzeigen seien daher existenziell, eine Seite mit mehr Text nicht. Der Nachhaltigkeitsbeauftragte findet mit seiner Digitalisierungsstrategie kaum noch Gehör. An den Schnittstellen der Bereiche bilden sich »Unsicherheitszonen«.[43] Ihre jeweils eigenen Wahrnehmungen führen auch bei viel Verständnis für die Gegenseite häufig zu Konflikten und zur Abgrenzung. »Wir« und »ihr« sind etabliert. Vertrieb und Marketing haben das Gefühl, die ganze Zeit dafür zu schuften, damit ein paar Autorinnen und Autoren bei einem Cappuccino mit Hafermilch über ihre Texte sinnieren können. Im Redaktionsteam herrscht entsprechend überwiegend gute Stimmung, weil man sich relevant, klug und weltbewegend fühlt. Man sagt es zwar nicht laut, aber im Grunde hält man die Vertrieblerinnen und Vertriebler für weniger intellektuell als sich selbst. In Vertrieb und Marketing zählt man derweil mit klopfendem Herzen die Aboabschlüsse und rechnet aus, dass es wieder knapp wird. Beide Bereiche weisen die Redaktion darauf hin, welche Texte die meisten Abos verkaufen. Von denen brauchen sie mehr. Ausgerechnet diese sind aber am weitesten entfernt vom ursprünglichen Themenschwerpunkt der Zeitung. Zwar hat die Organisation einen übergeordneten Zweck, aber der muss immer wieder erinnert werden und verhindert dennoch nicht, dass sich innerhalb der Organisation Subsysteme bilden, die eigene Interessen verfolgen und ihre eigenen Problemwahrnehmungen haben. Hierarchien können durch Einflussnahme und Macht an diesen Stellen entlasten und Entscheidungen herbeiführen. Oft werden Vorgesetzte direkt angesprochen und um Klärung gebeten. Hätte die Chefredakteurin direkt zu Beginn festgelegt, dass es keine weiteren Seiten gibt, wäre die Diskussion darum ausgeblieben. Die Bereiche könnten ihre Unzufriedenheit dann auf die Hierarchie übertragen, aber untereinander ihren Konflikt vorerst beilegen. Führungskräfte dienen dann als Eskalatationspuffer.

Setzen Führungskräfte engmaschige Kontrolle, Drohungen und Sanktionen ein, können sie Mitarbeitende aber auch demotivieren. Mitarbeitende, die innerhalb eines solchen Kontrollsystems agieren, kooperieren vor allem dann, wenn sie sich einen eigenen Vorteil versprechen.[44] Wer Mitarbeitende also zu Mehrarbeit bringen will, muss auf ein auf Sanktionsmacht beruhendes System der Leistungskontrolle verzichten.[45] Organisationen wissen zwar, dass sie keinen legalen Zugriff auf nicht vereinbarte Leistungen von Mitgliedern haben, aber sie versuchen es trotzdem. Belohnen sie mit Vertrauen und Anerkennung, können sie eher mit Kooperation rechnen, zum Beispiel in Form unbezahlter Überstunden, von denen in Deutschland 2023 rund 775 Millionen geleistet wurden.[46] Aber auch in Form besonderen Engagements, der Übernahme zusätzlicher Aufgaben, Motivation, Initiative und Loyalität. Diese Einflussnahme ist ein Beispiel organisationeller Macht, die ohne Androhung von Sanktionen auskommt, sondern mit Belohnung arbeitet.[47] Autoritative Macht, die aufgrund des Habitus einer Person und ihrer gesellschaftlichen Stellung verliehen wird, wirkt in Organisationen zusammen mit organisationeller Macht, die durch formelle Hierarchien vorgegeben und durch informelle Kommunikationswege stabilisiert wird: »Organisationen haben per se eine gewisse Macht über ihre Mitarbeitenden und das Image der Organisation hängt in starkem Maße davon ab, wie sie diese Macht einsetzen.«[48]

Im Sommer 2023 werden Vorwürfe wegen Machtmissbrauchs beim Schweizer Onlinemagazin *Republik* bekannt. Sechs Frauen werfen einem preisgekrönten Journalisten des Verlags sexuelle Belästigung vor. Der Mann ist kein Chefredakteur oder in anderer leitender Position. Sein Erfolg und Ruf allein sorgen ausreichend dafür, dass ihm autoritative Macht verliehen wird. Die Machtdynamik innerhalb der Organisation zeigt sich eher subtil. Ein angesehener, erfolgreicher Reporter muss nicht aussprechen, dass es Vorteile bringt, ihm zu folgen und mit ihm zusammenzuarbeiten. Unserer sozialen Erwartung zufolge führt sein Name in unserem Portfolio dazu, dass auch wir mehr Ansehen bekommen: »Er hat mir gesagt, ich sei sexy und talentiert. Er wolle mal eine Recherche mit mir machen. Ich war geehrt. Ich meine, er will eine Recherche mit mir machen. Wow. Ich war niemand.«[49]

Wir gehen freiwillig, aber oft unbewusst eine Autoritätsbeziehung ein, in der wir der Zustimmung und Anerkennung der Autoritätsperson bedürfen. Macht basiert auf Freiwilligkeit, das unterscheidet sie von Zwang und Gewalt. In Organisationen ordnen wir uns beim Eintritt ihren Regeln unter. Wir tauschen Lohn und Sicherheit gegen Regelbefolgung und Arbeitsleistung.[50] Weil Macht zerfällt, wenn Zwang angewendet wird, müssen Machthabende stets darauf achten, ob die ihnen Untergeordneten noch freiwillig folgen. Ihre Gefolgschaft legitimiert die Macht des oder der Machthabenden, wie Falko von Ameln und Peter Heintel ausführen: »Das Amt allein ist [...] noch keine Garantie dafür, dass das Handeln des Amtsinhabers auch als legitim wahrgenommen wird. [...] Auch das Bemühen des Amtsinhabers, sein Handeln als Mittel zur Erreichung eines höheren Zwecks zu begründen, muss noch nicht bedeuten, dass diese als legitim erlebt wird.«[51] Häufig wird genau das von Machtuntergebenen als Kaschierung von Eigeninteressen der Machthabenden gedeutet. Ob wir den Einsatz von Macht als legitim erleben, »hängt von der Wahrnehmung der Machtuntergebenen«, also von uns ab. Diese Wahrnehmung »ist wiederum durch die bisherigen Erfahrungen zum Umgang mit Macht in der eigenen Organisation, von der Organisationskultur«, unserer Position in der Gesellschaft und unseren sozialen Erwartungen beeinflusst.[52] Nutzt der bejubelte Journalist der *Republik* diese Anerkennung und damit seine Macht aus, um Kolleginnen sexuell zu belästigen, fällt ein Teil seiner Macht zwar in sich zusammen und wird zu Zwang. Aber vorher testet er, inwieweit er die Grenze des gerade noch Machbaren ausdehnen kann, ohne die Gefolgschaft zu verlieren: »Ehemalige Mitarbeiterinnen berichten von expliziten Nachrichten, die sie ungewollt erhalten hätten. Die Chatprotokolle, die SRF vorliegen, zeigen solche Nachrichten. Der Journalist soll geschrieben haben: ›Und ich stelle mir vor, wie wir uns küssen, ich deine Brüste. Und du dich dann hinkniest und bläst, mit deinen crazy Lippen.‹«[53] Einige Frauen reagieren – laut Chatverläufen, die dem SRF vorliegen – eindeutig ablehnend. Sie entziehen damit dem Journalisten einen ersten Teil ihrer Unterordnung. Er verliert ihnen gegenüber Macht. Aber eben nur ihnen gegenüber. An dieser Stelle zeigt sich eindrücklich, wie wichtig die Vereinzelung der Betroffenen für Täter ist, weil sie so vorläufig ihre Macht erhalten können. »Andere Betroffene ignorieren die Nachrichten, lenken ab. Oder sie antworten ausweichend.«[54] Sie entziehen dem Reporter keine Macht. Ihre Neutralität verschiebt in seinen Augen die Grenze des Machbaren: um sexuelle Chatnachrichten. Deshalb »folgen im Protokoll weitere explizite Nachrichten des Journalisten«.[55] Laut der Schilderungen ist es zwar unstrittig, dass das Verhalten des Mannes unabhängig von den Reaktionen der Frauen illegitim war, aber aus machtdynamischer Sicht machen die Reaktionen einen Unterschied. Da die Frauen zum Zeitpunkt der Chatnachrichten mutmaßlich nicht voneinander wussten, also voneinander isoliert waren und vor allem das soziale System der restlichen Organisation unwissend war, fällt die Macht des Reporters nicht von heute auf morgen in sich zusammen. Alle, die ihm weiterhin Anerkennung schenken und ihm folgen, verleihen ihm auch weiterhin Macht. Weil er ihnen nicht schadet, ist ihre Autoritätsbeziehung nicht beeinträchtigt. Weil sie nicht von den Vorfällen wissen, haben sie keine Zweifel an seiner Autorität. Der SRF konfrontiert die *Republik* mit den Vorwürfen: »Der Vorwurf eines massiven sexuellen Übergriffs sei der Redaktionsleitung nicht bekannt gewesen. Aber die *Republik* sei vor zwei Monaten von einer kantonalen Fachstelle über anonyme Beschuldigungen informiert worden. Aus verschiedenen arbeitsrechtlichen Gründen habe man den Journalisten nicht mit den Vorwürfen konfrontieren können.«[56]

Erst wenn dem Beschuldigten von der Mehrheit Anerkennung und Gefolgschaft entzogen werden, verliert er an Macht. Weil die Organisation Gründe nennt, die eine Konfrontation nicht möglich gemacht haben, büßt der Journalist vorerst kaum Macht ein. Auf watson.ch wird die Leiterin der Fachstelle für Gleichstellung von Frau und Mann des Kantons Zürich zu dem Fall zitiert: »Machtmissbrauch entsteht häufig aus starken Hierarchien heraus.« Die Autorin des Artikels zeigt sich verwundert: »Stark hierarchisch organisiert? Die Republik? Das können sich wohl viele nicht vorstellen. Schliesslich hatte es sich das Onlinemagazin bei seiner Gründung 2017 zum Ziel gemacht, alles anders zu machen als die herkömmlichen Verlage. Unabhängig. Ohne jegliche Werbung. Dafür ausschliesslich finanziert durch die Leserinnen und Leser. Als Genossenschaft organisiert.«[57] Die Leiterin der Fachstelle für Gleichstellung antwortet darauf, dass es »auch in einem solchen Unternehmen [...] toxische Hierarchien geben« kann und es »reicht, wenn implizit eine Hierarchie vorherrscht. Wenn ein Mitarbeiter etwa einen Sonderstatus gegenüber anderen Mitarbeitenden auf derselben Stufe geniesst.«[58]

Bei der *Republik* wollte man auf Fälle von Machtmissbrauch vorbereitet sein und kommunizierte den Mitarbeitenden, »dass sie sich bei Übergriffen am Arbeitsplatz an die Fachstelle für Gleichstellung der Stadt Zürich wenden sollten«.[59] Genauso geschah es. Warum der Beschuldigte dennoch wochenlang unbehelligt blieb, erklärte die *Republik* in einem Newsletter: »Eine *See only*-Klausel verbot und verbietet den zuständigen Stellen in der Republik, mit jemand anderem intern oder extern über die Vorwürfe zu reden.«[60] Der Geschäftsführung der Zeitung wurden durch eine Anwältin Protokolle der anonymen Betroffenen vorgelegt. Auf den Dokumenten standen die Worte *See only*. Sie bedeuten, so interpretierte die *Republik*, dass die Geschäftsführung mit niemandem – und eben auch nicht mit dem Beschuldigten – über die Vorwürfe sprechen darf, um die Anonymität der Betroffenen zu wahren. Nach Schweizer Recht sind Arbeitgeber verpflichtet zu handeln, wenn derartige Vorwürfe erhoben werden. Als Arbeitgeber hat die *Republik* eine Fürsorgepflicht gegenüber ihren Mitarbeitenden, einschließlich des Beschuldigten: »Nach den Grundsätzen eines fairen Verfahrens hat eine beschuldigte Person das Recht zu wissen, wer ihr was vorwirft, sonst kann sie sich nicht konkret dazu äussern und entlastende Tatsachen nicht richtig vorbringen«, schreibt der Verlag.[61] Die Veröffentlichung der Vorwürfe durch den SRF löste dieses Dilemma dann auf, und die Bearbeitung ging voran. Der Beschuldigte erfuhr aus dem SRF-Artikel von den Vorwürfen. Er wurde mit sofortiger Wirkung und mit seinem Einverständnis von der *Republik* freigestellt. Im Nachgang der Vorwürfe stellt die *Republik* eigenes Fehlverhalten fest: »Die [Geschäftsführung] hat sich bei ihren Entscheidungen von einer falschen Einschätzung der Sach- und Rechtslage leiten lassen. Gestützt auf das Gleichstellungsgesetz, das Obligationenrecht sowie das Arbeitsgesetz hätte sie schneller handeln können bzw. müssen.«[62]

In ihrer Aufarbeitung unterscheidet sich die *Republik* von anderen Beispielen. Statt mit Geheimhaltung reagiert sie mit Transparenz und stellt mehrere Dokumente der Fallabwicklung online zur Verfügung. Schadet das ihrem Ansehen, oder führt es eher zu einem schnelleren Wiederaufbau von Vertrauen? Darauf kommen wir später noch einmal zurück.

Wenn über Machtmissbrauch in Organisationen gesprochen wird, geschieht das in der Berichterstattung gern in Bezug auf die jeweilige Branche: In der Kreativbranche gibt es eben viele eigensinnige Stars. In der Wissenschaft sind es die Genies. Im Spitzensport, der auf Disziplin ausgelegt ist, arbeitet man nun mal am Körper. Im Journalismus sind es die Boulevardmedien, die so sind wie das, was sie schreiben: populistisch und konservativ. In der Politik geht es eh um Macht. Kirche, Polizei und Bundeswehr sind noch immer Männerdomänen. Nicht alles daran ist falsch. Branchen sind eine Möglichkeit, um Organisationen voneinander zu unterscheiden. Aber ihre Zuordnung ist oft willkürlich und grob. Zur Kreativbranche gehören zum Beispiel Theater, Filmindustrie, Galerien, Markenagenturen, Architekturbüros, Musikwirtschaft, Games und Software, Verlage, Pressemarkt und Rundfunk.[63] Ihre jeweiligen Leistungen,

Märkte, Personal und Spezifika der Organisationen innerhalb dieser Branche sind so divers, dass sie für eine Begründung von Machtmissbrauch kaum taugen. Vielmehr noch führen die freien Assoziationen mit Branchen zu falschen Rückschlüssen, wenn sie Machtmissbrauch als Phänomen beschreiben wollen. Am Beispiel der *Republik* zeigt sich das eindrücklich: Ein eher linkes, progressives Medium, das sich genossenschaftlich, also tendenziell demokratisch organisiert, um unabhängig von Werbeeinnahmen zu sein. Der Beschuldigte, ein Reporter ohne formelle, hierarchisch höhergestellte Position, der Preise dafür gewonnen hat, kritisch über Machtverhältnisse zu berichten. Entgegen unseren Erwartungen kann selbstverständlich auch in einem solchen Umfeld Machtmissbrauch entstehen. Machtmissbrauch kann in jedem Arbeitsumfeld entstehen.

Von links wird gern gerufen: Kapitalismus und Patriarchat sind schuld! Von rechts: Wokeismus ist schuld! Beide Antworten sind viel zu einfach, um richtig sein zu können. Machtmissbrauch gab es bereits in vorkapitalistischen Zeiten, gibt es auch in sozialistischen Staaten oder auf Tauschhandel basierenden Gesellschaften. Unterordnungsverhältnisse und daraus entstehende Abhängigkeiten gibt es auch in matriarchalen Gesellschaften.[64] Keine Gesellschaft, sei sie auch noch so egalitär, kommt ohne Organisationen aus, in denen Hierarchien für eine Reduktion von Komplexität sorgen. Eine gewisse Ungleichheit bleibt immer. Die Frage ist, wie sie umverteilt wird und von wem. Eine Frage von Werten und Kultur also. Aber allein in den bisher aufgeführten Beispielen zeigt sich, Werte können nur schwammige Orientierung bieten, weil sie unterschiedlich interpretiert und in Taten umgesetzt werden. Sie sind kein Hindernis für Machtmissbrauch. Kultur, die sich dadurch auszeichnet, dass sie im Miteinander von Menschen entsteht, ist beeinflussbar, aber nicht planbar.

Es ist vor allem die Beobachtung der dynamischen Zusammenhänge von Machtverhältnissen über die Grenzen von Branchen, gesellschaftlicher Ordnung, Werten, Kulturen und politischen Lagern hinweg, die freilegen kann, was Machtmissbrauch begünstigt und wie er zustande kommt. Dafür muss der Fokus weiter gestellt werden: nicht auf Branchen, Männer oder Chefinnen und Chefs, sondern auf Organisationen. Sie sind die Gemeinsamkeit, die alle Fälle verbindet. Zugleich gilt es, den Fokus deutlich enger zu stellen, um die Details zu erkennen. Organisationen sind der mächtigste soziale Mechanismus unserer modernen Gesellschaft.[65] Sie verursachen jede Menge Probleme, aber sie sind auch die größte Chance zur Problemlösung, die wir haben. Wie funktionieren sie also?

Die Formalstruktur

Organisationen haben eine formale Seite. Diese enthält ein Regelwerk, welches als Bedingung für die Organisationsmitgliedschaft gilt. Wer sich weitgehend an die formalen Regeln hält, darf Mitglied der Organisation sein und bleiben. Die Regeln sind quasi von der Organisation getroffene Entscheidungen, zum Beispiel, dass alle Mitarbeitende um neun Uhr ihre Arbeit beginnen sollen oder dass Urlaubsanträge in einem bestimmten Softwaretool eingetragen werden müssen. Ab und an kommen neue Regeln hinzu oder lösen alte Regeln ab. Die Formalstruktur schränkt folglich die Autonomie des oder der Einzelnen ein, entlastet sie oder ihn aber gleichzeitig und vereinfacht die Abläufe in Organisationen, weil diese nicht mehr jedes Mal Sachverhalte neu prüfen müssen. Trotzdem bleiben auch bei formalen Strukturen und genauen Handlungsanweisungen Verhaltensspielräume für Mitarbeitende: Wenn die Formalstruktur vorgibt, dass ein Laden um 20 Uhr schließt, ein Kunde aber um 19:59 Uhr abgehetzt den Laden betritt und darum bittet, noch schnell ein Päckchen Butter kaufen zu dürfen, kann der Kassierer den Kunden entweder wegschicken, um die formalen Regeln zu befolgen (damit aber vermutlich den Kunden verärgern). Oder er kann den Kunden freundlich bitten, sich zu beeilen und den Laden um 20:05 Uhr schließen. »Selbst stark standardisierte Arbeitsprozesse beispielsweise am Fließband, im Call-Center oder in Marschformationen können die einzelnen Entscheidungen nicht determinieren«, und die dort Arbeitenden »weichen, das haben arbeitssoziologische und arbeitswissenschaftliche Studien nachgewiesen, häufig von den strikt programmierten Tätigkeiten ab«, erläutert Organisationssoziologe Stefan Kühl.[66] »Organisationsstrukturen können also keine endgültige Gewissheit über Entscheidungen von Organisationsmitgliedern geben.«[67] Allerdings ändert sich die Verantwortungs- und Schuldfrage, je nachdem ob Mitarbeitende der Formalstruktur dezidiert folgen oder eben nicht: »Wenn man sich in Übereinstimmung mit der Formalstruktur verhält, dann kann man dies unauffällig, geräuschlos und ohne Rechtfertigungszwänge tun.«[68] Wer von dieser Struktur minimal abweicht, muss sich im Konfliktfall dafür rechtfertigen und kann nur hoffen, dass die eigene Entscheidung für sinnvoll erachtet wird. Weil Organisationen nicht über alle Eventualitäten des Organisationsalltags entscheiden wollen und können, bleiben Vorgehensweisen und Verhalten nicht definiert und damit informal. Diese ungetroffenen Entscheidungen formen sich in regelmäßigen informellen, kurzen Dienstwegen, Ritualen und Verhaltensmustern zur Organisationskultur. Darauf kommen wir gleich zu sprechen.

Die formale Struktur lässt sich in drei grundlegend unterschiedliche Typen unterscheiden: In Entscheidungsprogramme, die festlegen, welches Verhalten und Handeln in der Organisation falsch und richtig ist. Strategische Ziele, Software zur Verwaltung von Krankheits- oder Urlaubstagen und Policies für den Umgang mit Konflikten sind Beispiele dafür. Zwei Arten von Programmen gibt es hier zu unterscheiden: Sogenannte Konditionalprogramme regeln, dass, was nicht ausdrücklich erlaubt ist, verboten ist: »Wenn beispielsweise die Sozialarbeiterin entsprechend den vorgegebenen Konditionalprogrammen ihre ›Fälle‹ bearbeitet, ist nicht sie schuld, wenn am Ende der Obdachlose auf den Straßen Wiens stirbt, sondern diejenigen in der Verwaltung, die die Konditionalprogramme so aufgestellt haben, dass der Tod des Obdachlosen nicht verhindert werden konnte.«[69] Ein kleiner Spielraum entsteht aber auch bei Konditionalprogrammen für den einzelnen Mitarbeiter. So gibt es zwar eine klare Dienstanweisung für Polizisten und Polizistinnen im Umgang mit ihrer Waffe. Dennoch bleibt ein Ermessensspielraum, wann ihr Gebrauch notwendig ist.

Im Unterschied dazu gibt es in Organisationen auch Zweckprogramme. Sie legen nicht die Konditionen fest und regeln den Ablauf, sondern Ziel oder Zweck. Die Wahl der Mittel ist bei der Erreichung des Ziels frei. Organisationen mit wenig Formalstruktur neigen dazu, überwiegend mit Zweckprogrammen zu arbeiten. Sie legen beispielsweise fest, dass der Vertrieb mit einem bestimmten Produkt am Ende des Quartals 500 000 Euro Umsatz gemacht haben soll. Wie das erreicht werden soll, wird nicht vorgegeben. »Jedes Mittel, das nicht durch die Organisation (oder gar durch Gesetze) verboten ist, ist zur Erreichung eines Ziels erlaubt.«[70] Wenn Organisationen sich überwiegend mit Zweckprogrammen steuern, kann die Organisation die Verantwortung für Machtmissbrauch leichter den einzelnen Mitarbeitenden zuschieben. Bei »Zweckprogrammen [trägt] die Person, die das Programm ausführt, die Schuld, wenn der Zweck oder das Ziel nicht erreicht wird oder wenn die eingesetzten Mittel für die Organisation problematische Nebeneffekte produziert haben«.[71] Zweckprogramme, die Mitarbeitenden mehr Freiräume einräumen, entlasten die Organisation in der Folge von Schuldfragen. Die Organisation wird mittels Zweckprogrammen elastischer als durch die überwiegende Anwendung von Konditionalprogrammen.

Der zweite formale Strukturtyp sind die Kommunikationswege, die das hierarchische Gerüst einer Organisation beschreiben und in denen der Informations- und Weisungsfluss von oben nach unten und andersherum festgelegt wird. Das Personal ist der dritte formale Strukturtyp. Für die Organisation und ihre zukünftigen Entscheidungen macht es »einen Unterschied, welche Person (oder welcher Typ von Person) auf einer Position etabliert wurde«.[72] Die Organisation steuert das Personal durch Neueinstellungen, über Versetzungen und Qualifizierungen. Über die Entlastungsfunktionen und die Machtdynamik von formaler Hierarchie und den Einfluss von Personal wird gleich noch zu sprechen sein. Gleiches gilt für die informale Seite der Organisation, die Organisationskultur. Sie besteht aus impliziten Erwartungen, über die nicht formal entschieden wurde, die sich aber in Reaktion auf die formale Struktur langsam etabliert haben. Sie zeigen sich in routinierten Verhaltensweisen, Arbeitsabläufen, Kommunikationsstilen und regelmäßigen Abweichungen von der Formalstruktur.

Die Funktionssysteme

Die Organisationen, von denen wir hier sprechen, sind nicht isoliert, sondern umgeben von anderen Organisationen. Systemtheoretisch betrachtet dienen Organisationen aber jeweils einem primären Funktionssystem. Privatunternehmen dienen primär dem Funktionssystem Wirtschaft. Sie funktionieren dann gut und erfüllen ihren Zweck, wenn sie Geld erwirtschaften, und nicht, wenn sie in erster Linie Macht fair verteilen. Politische Organisationen dienen primär dem Funktionssystem Macht. Ihr Zweck ist es, Macht verliehen zu bekommen und Macht zu erhalten. Zweitrangig ist, dabei niemanden zu diskriminieren. Theater, Film oder Musik orientieren sich primär am Funktionssystem Kunst. Ihre oberste Priorität und Ausrichtung ist nicht Geschlechtergerechtigkeit, sondern Kunst. Primär heißt, dass es dennoch auch Anforderungen und Referenzen anderer Funktionssysteme gibt, denen die jeweiligen Organisationslogiken entsprechen sollen: »Zum Beispiel kommt aus dem politischen System die Anforderung an Privatunternehmen und den öffentlichen Dienst, nachhaltig zu wirtschaften und diskriminierungsfrei zu handeln. Aber diese Anforderungen sind dem primären Funktionssystem, dem die Organisation jeweils dient, untergeordnet«, sagt die Organisationssoziologin Judith Muster im Gespräch. Die Einbettung der Organisationen in bestimmte Funktionssysteme sorgt also dafür, dass sie eine primäre Orientierung haben. Andere Anforderungen müssen sich dem unterordnen. Wer sein Start-up dennoch danach ausrichtet, welchen gesellschaftlichen Sinn es erfüllt, tut nichts Falsches. Ethisches Verhalten ist aber vor allem dann möglich, wenn es finanzierbar ist. Solange Start-ups künstlich durch Funding beatmet werden, fällt das weniger auf. Aber spätestens, wenn zu viele Personen in zu kurzer Zeit eingestellt werden, ohne dass der Umsatz mitwächst, muss das Unternehmen rechnen und sparen: an Personal, Produktions-kosten, Software, Miete oder anderen Ausgaben und damit sehr oft auch an ethischen Zielen. Privatunternehmen müssen Ge-schäfte machen, um sich selbst zu erhalten. Eine GmbH oder eine GbR, die über längere Zeiträume keinen Umsatz macht, aber viele Ausgaben hat, wird vom Finanzamt als Liebhaberei eingestuft und hat steuerliche Nachteile. Ein staatliches Thea-ter, das zur Hälfte aus öffentlichen Geldern finanziert wird und sich auf interne Fairness konzentriert und dafür den Spielplan massiv reduziert, wird Publikum verlieren und vom Betreiber, also Kommune oder Land, gefragt werden, wozu es dann eine Finanzierung benötigt.[73]

Der Schutz von Mitarbeitenden vor Machtmissbrauch ist zwar notwendig und gesetzlich vorgeschrieben, aber die Systemlogik von Organisationen hat diesen Schutz nicht als oberste Priori-tät. Selbst dann nicht, wenn das Funktionssystem der Organi-sation die Gesundheit und Pflege von Menschen ist. Denn ers-tens schließen sich Machtmissbrauch und Gesundheit für viele nicht gegenseitig aus. Das eigene Handeln wird nicht in Ver-bindung gebracht mit den ethischen Anforderungen des Jobs. Zweitens sorgen Regeln und informelle Dynamiken dafür, dass der Missbrauch von Macht in Form von Gewalt, Nötigung, He-rabsetzung und Diskriminierung in Organisationen quasi sa-lonfähig wird und bleibt. Die psychiatrische Gesundheits- und Krankenpflegerin Martina Staudhammer zählt in ihrem Buch

Prävention von Machtmissbrauch und Gewalt in der Pflege viele Beispiele dafür auf. So auch den Fall der 85-jährigen Frau Reis: »Sie steht nachts häufig auf und irrt herum. In den letzten zwei Wochen wurde sie dreimal am Boden liegend vorgefunden, ohne sich dabei verletzt zu haben. Als Frau Reis in der Nacht wieder einmal herumirrt, wird sie von der diensthabenden Pflegeperson gepackt und ins Bett gelegt. Beide Bettseitenteile werden angebracht. Die Notfallmedikation gegen Unruhe wird ihr eingeflößt, indem ihr die Nase zugehalten wird, bis sie die Medikamente geschluckt hat.«[74] Wem der Gedanke kommt, dass dieses Vorgehen doch zu Frau Reis' Besten ist, dem oder der sei erklärt, was genau hier passiert: »Um die Nachtruhe sicherzustellen, erfolgen zwei freiheitsentziehende Maßnahmen (Bettseitenteile und die verordnete Medikation gegen Unruhe). Die Aufgabe der Pflegeperson wäre, die Ursache für die Unruhe herauszufinden.«[75] Pflegeheime sind funktional strukturiert und haben entsprechend durchgeplante Tagesabläufe, Schichtdienste und Nachtruhen. Die formellen Regeln und Programme der Organisation geben dem Personal vor, woran es sich zu halten hat. Die Bewohnerinnen und Bewohner werden geweckt und grundversorgt, angekleidet, oftmals in einen Aufenthaltsraum gebracht, wo sie ein Frühstück und ihre Medikation erhalten. Es herrscht reges Treiben, ein Fernseher läuft, mobile Bewohnende laufen umher, andere werden zur Toilette oder Gruppenaktivitäten gebracht und abgeholt. Um 18:30 sollen alle Bewohnenden im Bett liegen. Im Nachtdienst ist eine Pflegekraft für 48 Bewohnende anwesend.[76] Eine Pflegekraft kann sich entscheiden, freundlich zu sein, nicht die Geduld zu verlieren, keine Gewalt anzuwenden und sich zugewandt um Frau Reis zu kümmern. Doch wenn nicht nur Frau Reis umherirrt, sondern auch noch Herr Schubert in den Flur uriniert,

Frau Lehmann Herrn Papadopoulos aufweckt und erschreckt, wird das schwer. Frau Staudhammer beschreibt in ihrem Buch, was die Pflegeperson machen müsste, um angemessen zu pflegen: »Erste Maßnahmen, die Frau Reis beruhigen könnten und ihr Orientierung und das Gefühl von Sicherheit geben, [könnten sein]: Bewohnerin auf Toilette begleiten, Bewohnerin mitnehmen, essen und trinken anbieten, beruhigendes Gespräch, Hautkontakt – Hand halten, ein Abendritual einführen, Tagesstruktur je Biografie, Orientierungstraining.«[77] Nehmen Sie das mal vier und überlegen Sie sich, wie Sie vorgehen würden.

Am Beispiel der Pflege werden viele Katalysatoren von Machtmissbrauch offenbar: Personalmangel, Stress, Konflikte, Überstunden und fehlende Regeneration. Es zeigt außerdem besonders gut, dass das Funktionssystem Gesundheit – was im Fall von Frau Reis und den restlichen Patienten in erster Linie Überleben heißt – Machtmissbrauch nicht verhindern kann, weil die strikten formellen Regeln und Abläufe im Nachtdienst und die Arbeitsbedingungen des Heims Pflegepersonen zu illegitimem Verhalten verleiten. Wenn das oberste Ziel des Heims Bettruhe ist und eine einzige Person diese Ruhe für 48 Bewohnende durchsetzen muss, tut sie das unter Umständen nach dem Motto: »Und bist du nicht willig, so brauch ich Gewalt«.

Die Organisationen versuchen dann oft, sich ihrer Verantwortung zu entledigen und sie auf die diensthabende Pflegeperson zu schieben, obwohl sie Vorgaben machen und Bedingungen bieten, die einen legalen Ablauf kaum ermöglichen. Im April 2024 ruft eine Pflegeperson deshalb im Nachtdienst den Notruf, weil sie allein 170 Bewohnende betreuen muss. Der Betreiber bedauert die Situation und umschreibt sie als Ausnahme.[78] Kurz danach wird derselbe Betreiber wieder öffentlich kritisiert. Die Tochter einer demenzkranken Frau erzählt von Medikamenten, die ihrer »Mutter – über mehrere Tage hinweg und entgegen den ärztlichen Vorgaben – nicht verabreicht worden seien«. Sie berichtet »von verschimmeltem Brot beim Abendessen. Und von einem medizinischen Notfall, bei dem ihre Mutter offenbar über einen längeren Zeitraum vergeblich auf Hilfe wartete, während sie in ihrem eigenen Erbrochenen lag.«[79] Der Betreiber reagiert darauf: »[Wir möchten festhalten], dass die von Ihnen geschilderten angeblichen Vorkommnisse individuellen Fehlverhaltens betroffen machen und unseren Werten und unserem professionellen Anspruch im Umgang mit den uns anvertrauten Menschen widersprechen. [...] [Wir stellen aktuell fest], dass die ordnungsrechtliche Fachkraftquote im ersten Quartal 2024 durchgehend erfüllt war.«[80]

Mit dem Verweisen auf individuelles Fehlverhalten und Quotenerfüllung schiebt der Arbeitgeber seinen Mitarbeitenden die Verantwortung zu. Das ist kein unübliches Verhalten, sondern ein systematischer Reflex von Organisationen. Niklas Luhmann beschreibt dieses Vorgehen bereits 1964 als Entlastungsfunktion für die Organisation: »Sie lenken von den eigentlichen Quellen des Übels in der dominierenden formalen Struktur ab und dirigieren die Vorwürfe ins Persönliche und Moralische, wo sie ohne Konsequenzen verhallen.«[81]

Die Erzählungen individuellen Versagens kennen wir schon aus den Beschreibungen von Betroffenen, von Tätern und Täterinnen. Sie verhelfen uns, dem Publikum, symptomatisch zur schnellen Beruhigung, aber sie verhindern, dass wir die Ursachen erkennen.

Die Kultur

Wenn Menschen miteinander agieren, tun sie das auf der Basis sozialer Erwartungen: Wenn sie um Hilfe fragen, erwarten sie eine freundliche Reaktion; wenn sie Hallo sagen, erwarten sie eine Erwiderung; wenn sie jemandem ein Geschenk machen, erwarten sie ein Danke; wenn sie in einer Schlange stehen, erwarten sie, dass neu Hinzukommende sich hinten anstellen (zumindest in Deutschland). Zwar muss die Erwartung nicht erfüllt werden und wird sie auch nicht immer. Aber die Kultur regelt: Wer nicht danke sagt, bekommt womöglich kein Geschenk mehr; wer wiederholt eine Begrüßung nicht erwidert, wird für unfreundlich gehalten und gemieden; wer sich an der Kasse vordrängelt, ohne zu fragen, wird von den Wartenden verärgert beäugt und womöglich verbal gerügt. In Gesellschaften gibt es zu diesem erwarteten Verhalten keine passenden Gesetze, keine formalen Regeln und daher auch keine expliziten Entscheidungen. Von wem auch? Kultur ist erlerntes, implizites Wissen. Anders als in einem demokratisch organisierten Staat werden in Organisationen tagtäglich institutionelle Entscheidungen darüber getroffen, wie Mitarbeitende sich zu verhalten haben. Diese formalen Vorgaben sind die Bedingung für die Mitgliedschaft in der Organisation. Ihnen ordnen wir uns freiwillig bei Vertragsabschluss unter. Bei einem Verstoß droht Mitgliedern der Ausschluss.

Die Organisationskultur hingegen ist das, was nicht institutionell vorgegeben werden kann, sondern in der Informalität entsteht: »Organisationskultur besteht«, so der Professor für

Organisationssoziologie Stefan Kühl, »aus Verhaltenserwartungen an Organisationsmitglieder, über die nicht offiziell vom Management entschieden wurde, sondern die sich langsam durch Wiederholungen und Imitationen eingeschlichen haben.«[82] Beeinflusst wird dieses informelle Verhalten und die daraus entstehende Organisationskultur von der Formalstruktur der Organisation. Bei der Kultur handelt es sich um Festlegungen, die nicht durch Entscheidungen »eines Unternehmensvorstands, eines Parteitages« oder eines Verbandschefs zustande kommen, sondern die sich als Gewohnheiten herausgebildet und erfolgreich etabliert haben.[83] Man kann sich das vorstellen wie in einem Park: Es gibt angelegte Wege und Beete, Rasenflächen und Bänke. Sie stehen für die formalen Strukturen in Organisationen. An der einen Ecke des Parks befindet sich eine U-Bahn-Station. An der diagonal gegenüberliegenden Ecke befindet sich ein Einkaufszentrum. Statt den Weg außen um die Rasenfläche herum zu nehmen und damit den formalen Regeln zu folgen, nehmen immer mehr Menschen den direkten Weg diagonal über die Wiese. Ein nicht vorgesehener Trampelpfad entsteht. Dieser und andere Trampelpfade sind die Organisationskultur, die sich durch die formalen Vorgaben entwickelt hat. Versteht man Organisationen als kommunikative Systeme, sprechen wir auch von einem »Netzwerk bewährter kommunikativer Trampelpfade, die in einer Organisation immer wieder beschritten werden. Erst wenn die kurzfristige Abstimmung mit der Kollegin in der Nachbarabteilung nicht ausnahmsweise vorgenommen wird, sondern wiederkehrend als *kurzer Dienstweg* zur Abstimmung genutzt wird, hat man es mit organisationskulturellen Erwartungen« zu tun.[84] Organisationskultur ist sowohl die etablierte Routine des gemeinsamen Mittagessens als auch der geduldete grenzüberschreitende Humor unter Kolleginnen und Kollegen. Kultur ist das Fälschen von Stundenzetteln, um gesetzlichen Vorgaben zu entsprechen, und das Abwertung zum Ausdruck bringende Stehenlassen des dreckigen Geschirrs, damit die Sekretärin auch etwas zu tun hat. Kultur ist das sich gegenseitige Unterbrechen in Meetings und der mitgebrachte Kuchen an Geburtstagen. Kultur sind die eskalierenden Partys mit Auftraggebenden und das ritualisierte Lästern über die Kollegin. All diese Verhaltensweisen werden in der Organisation erprobt, erlernt und imitiert. Je nachdem wie die Organisation auf gezeigtes Verhalten reagiert – zum Beispiel mit Duldung, Belohnung oder Sanktionierung –, etabliert sich die Organisationskultur. Neue Kollegen und Kolleginnen ahmen die vorherrschenden Gepflogenheiten nach und fügen ihnen zum Teil neue hinzu. Organisationskultur ist informale Struktur und lässt sich durch dieses Begriffsverständnis leicht von der formalen Struktur der Organisation abgrenzen.

Wenn also in Organisationen über verbale Übergriffe, diskriminierende Bemerkungen, Gewalt oder körperliche Belästigungen nicht explizit entschieden wird, wenn diese Verhaltensweisen geduldet und nicht sanktioniert werden, dann etablieren sie sich bei wiederholtem Vorkommen zur Organisationskultur. Das bedeutet nicht, dass jede und jeder sich dieses Verhaltens bedient, aber durch die Wiederholung, Duldung und teilweise Imitation wird machtmissbräuchliches Verhalten zu einem Teil der Organisationskultur.

Das zeigt auch der bereits erwähnte geduldete Rassismus im Theater an der Parkaue in Berlin, der im Sommer 2019 durch die Schauspielerin Maya Alban-Zapata in einen Artikel der *taz* bekannt wird: »›In der Diskussion darüber, ob man das N-Wort sagen darf oder nicht, positionierte ich mich deutlich, dass das für mich als einzige Schwarze im Ensemble nicht geht.‹ Zunächst schien es, als hätten die meisten verstanden, worum es ihrer Kollegin ging. Regisseur Volker Metzler, der zudem Schauspieldirektor und stellvertretender Intendant des Kinder- und Jugendtheaters ist, soll jedoch im weiteren Verlauf der Proben die Schauspielerin direkt mit diskriminierenden Sprüchen wie ›Singen und Tanzen das könnt ihr doch, ihr N****‹ adressiert haben. Als sich Alban-Zapata telefonisch krankmeldete, entgegnete er ihr: ›Du klingst ja wie ein N****im Stimmbruch.‹«[85]

Weil Organisationen fast immer erst nach Vorfällen des Machtmissbrauchs beginnen, Regeln gegen Machtmissbrauch aufzustellen, kommen sie immer zu spät. Längst hat sich eingeschlichen, was sagbar und machbar, aber auch, was unsagbar und nicht machbar ist. Durch die wiederkehrenden, unwidersprochenen Aussagen einiger weniger kann sich in einer Gruppe bereits offen diskriminierender Umgang mit Kolleginnen und Kollegen etablieren. Es handelt sich dabei weniger um einen naiven Ausbruch unter extremen Umständen, sondern um eine wissentliche Grenzüberschreitung erwachsener Menschen. Der Schauspieler Ron Iyamu beschreibt seine Erlebnisse mit dieser Dynamik am Düsseldorfer Schauspielhaus in seiner Diplomarbeit 2020. Der Intendant des Hauses ist damals Armin Petras. Die *Zeit* berichtet im April 2021 darüber: »Der Umstand, dass Petras ihn Sklave genannt habe, habe die Atmosphäre im Raum verändert, schreibt der Schauspieler in seiner Diplomarbeit. Er habe gefühlt, ›dass sich etwas etablierte‹ – ein Nährboden für rassistische Aggression. Mal sei ein Witz über Schwarze gefallen, mal sei das *N-Wort* benutzt worden, und irgendwann habe ein Gastschauspieler neben ihm gestanden und ihm ein Messer an den Unterleib gehalten und die Worte gesagt: ›Wann schneiden wir dem N-Wort eigentlich die Eier ab?‹«[86] Auch Maya Alban-Zapata beschreibt eine ähnliche Veränderung im Team. Als sei nun endlich einmal offen gesagt worden, was eh alle dachten: »Zügig, führt die gebürtige Pariserin aus, sei die Dynamik im Team umgeschlagen. Ein Schauspieler habe ihr zugerufen: ›Vor der schwarzen Wand sieht man dich ja gar nicht.‹ Eine Produktionsmitarbeiterin habe ihre Frisur als *Mulattenhaare* bezeichnet.«[87]

Organisationen können nur mit der Änderung der Formalstruktur, also mit expliziten Entscheidungen darüber, welches Verhalten nicht geduldet und in welcher Form es sanktioniert wird, darauf reagieren. Erst wenn diese neue beschriebene Regel in die Tat umgesetzt wird, also die Entscheidung reale Konsequenzen nach sich zieht, wird sie die Kultur des Sagbaren und Machbaren verändern. An der Organisationskultur des Theaters an der Parkaue zeigt sich das lehrbuchartig. Die damalige Dramaturgin Almut Pape erinnert sich im *taz*-Artikel: »Allgemein stellte sich in den Proben eine Art Stammtisch-Atmosphäre ein. Wenn der Regie-Assistent (ein Schwede) zu spät kam, wurde gerufen ›Der Ausländer kommt zu spät‹. Auch Frau Alban-Zapata wurde als ›Ausländer‹ und ›Peruanerin‹ bezeichnet, und es wurden wiederholt Bananen-Witze in ihrer Anwesenheit gemacht. Dass sie direkt mit dem N-Wort bezeichnet wurde, habe ich einmal im Rahmen der Proben für eine Szene miterlebt.«[88]

Organisationskultur etabliert sich durch Ausprobieren und Duldung. So werden Grenzen langsam ausgeweitet. »Das ist hier eben so« oder »So machen wir das hier« und »So haben wir das immer schon gemacht« sind Sätze, die häufig beschreiben, was längst wie ein ungeschriebenes Gesetz Fuß gefasst hat. Mitarbeitende kommen zudem nicht ohne Erwartungen in Organisationen, sondern bringen die sozialen Erwartungen mit, die sie während ihrer Sozialisierung durch ihr Umfeld erlernt haben. Diese unausgesprochenen Erwartungen werden abgeglichen und ergänzt durch die Kultur, die in der Organisation vorgefunden wird. Besteht eine Organisation aus einer homogenen Gruppe mit ähnlicher Sozialisierung, werden ihre sozialen Erwartungen vermutlich überwiegend deckungsgleich sein. Eine Belegschaft, die ausschließlich aus weißen Personen besteht, die hauptsächlich unter anderen weißen Personen in westdeutschen Kleinstädten aufgewachsen sind, verfügt wahrscheinlich über eine ähnliche grundsätzliche, bewusste oder unbewusste rassistische Sozialisierung. Diese gemeinsamen Erwartungen werden implizit auch Teil der Organisationskultur und bleiben so lange unsichtbar, bis eine Person auf den alltäglichen, geduldeten Rassismus aufmerksam macht. Beginnt eine Kollegin, offen rassistische Äußerungen zu treffen, ohne von den Umstehenden sanktioniert zu werden, fangen einige andere Kolleginnen und Kollegen an, ihr geduldetes Verhalten zu imitieren und damit den einmal eingeschlagenen Kommunikationstrampelpfad zu festigen. Je nachdem welche Macht der Kollegin vom Team verliehen wird, verstärkt sich der Effekt: Ist sie beliebte Expertin, zu der andere Mitarbeitende aufschauen, bedürfen sie also ihrer Anerkennung, werden ihre Äußerungen möglicherweise mit zustimmendem Humor kommentiert oder – wie ausgeführt – nachgeahmt.

Maya Alban-Zapata ist im Theater an der Parkaue in der Minderheit und erfährt keine Solidarität durch Kollegen und Kolleginnen oder die formalen Strukturen der Organisation. Durch die Duldung, die Rechtfertigung, die Ausflüchte und die Abwehr der Verantwortlichen verfestigt sich die Organisationskultur: So gehen wir hier mit Menschen mit internationaler Biographie um, lernen andere. So rechtfertigen wir Rassismus und bestehen auf die Deutungshoheit dessen, was sein darf und was nicht. Die Kollegin, die sich gegen diese Kultur stellt, weil sie ihr die Menschenwürde abspricht, geht. Alban-Zapata beschreibt die damalige Situation so: »Als sie sich einem mitwirkenden Kollegen anvertraute, warf dieser ihr vor, eine Opferrolle einzunehmen. ›Da habe ich gemerkt: Ich bin komplett allein.‹ [...]. Ein Brief an den Regisseur und mehrere Gesprächsversuche mit dem Team seien ins Leere gelaufen. Auch sei ihr Wunsch nach einer gemeinsamen Besprechung mit der Theaterleitung nicht weitergeleitet worden. Als das Gefühl der Hilflosigkeit zu massiv wurde, entschied sie, die Produktion vorzeitig zu verlassen.«[89]

Jeder unterlassene Widerspruch, jede fehlende Sanktionierung, jeder Mangel an Solidarität stützt die vorhandene Macht der Beschuldigten und die bestehende Kultur. Jedes »Das war doch nicht so gemeint«, »Reg dich mal ab«, »Nimm das doch nicht so persönlich«, »Das war doch bloß ein Witz« oder »Sei nicht so empfindlich« trägt dazu bei, das indiskutable, justiziable Fehlverhalten der Belegschaft zu bekräftigen. Die Duldung des rassistischen Verhaltens durch die Organisation gleicht einer Kapitulation vor der Organisationskultur. Kollegen und Kolleginnen, die sich solidarisch zeigen, spüren, dass es ebenfalls zur Kultur gehört, Widerstand zu sanktionieren. Die Beschuldigten verhalten sich uneinsichtig und sind nicht gesprächsbereit.

Einige der Kollegen und Kolleginnen wenden sich deshalb in einem Brief an den damaligen Kultursenator Klaus Lederer (Die Linke) und bemängeln darin die Aufarbeitung des Falls. Die Verfasserinnen und Verfasser wollen »›aus Angst vor beruflichen Nachteilen in der eng vernetzten Theaterszene‹ anonym bleiben, kritisieren den Parkaue-Intendanten Kay Wuschek, zu spät Konsequenzen aus dem Vorfall gezogen zu haben. So habe sich die Nachbereitung im Jahr nach dem Vorfall ›auf zwei Aushänge bzw. Emails und ein einziges Treffen mit den Produktions-Beteiligten beschränkt, in dem sich jedoch weder Kay Wuschek noch Volker Metzler äußerten.«[90] Kultursenator Klaus Lederer war auch im Fall Shermin Langhoff vom Maxim Gorki Theater zuständig. Der rbb fand heraus, dass eine angebliche Mediation durch den Verein Themis nach dessen Angaben nicht stattgefunden hat. Lederer behauptete, sich nicht erinnern zu können. Im April 2023 endete seine Amtszeit als Kultursenator von Berlin. Die öffentlichen Theater werden von Ländern und Kommunen betrieben. Kultursenator oder -senatorin sind somit indirekte Vorgesetzte der öffentlichen Theater. Sie besetzen die Intendanzen und werden deshalb auch bei machtmissbräuchlichen Vorfällen informiert. Zögern diese Stellen und die Organisationen, bevor sie Fehlverhalten zur Klärung bringen, ist der Effekt auf die Kultur der Organisation geschmälert.

Maya Alban-Zapata verließ im April 2018, mehrere Wochen nach den Vorfällen, das Theater. Im Juli 2018 sei Volker Metzler »eine fünfseitige Abmahnung erteilt worden, in der das Wesen von Alltagsrassismen aufgeschlüsselt wurde«. Im April 2019 wurde seine Inszenierung aus dem Programm des Theaters genommen. Nach Erscheinen des *taz*-Artikels im Juni 2019 wurde öffentlich, »dass Volker Metzlers Arbeitsverhältnis ›in beidseitigem Verständnis‹ im August enden wird«. Mehr als eineinhalb Jahre nach den Vorfällen. Die *taz* sprach im März 2019 mit dem damaligen Intendanten Kai Wuschek und dem Geschäftsführer Florian Stiehler. Beide erzählen, dass es seit den Vorfällen Diversitätsbemühungen gibt und die Stelle einer Diversitätsagentin geschaffen wurde: »Die Theaterleitung hat eine zweitägige Fortbildung zu Diversität am Theater absolviert, während die Belegschaft bei Sensibilisierungsworkshops für Alltagsrassismen mitmachte.«[91] In dem eben schon erwähnten anonymen Brief von Mitarbeitenden am Theater, der neben dem Kultursenator auch einigen Medien zugespielt wurde, steht: »[...] Wuschek habe wenig Interesse für die Förderprogramme aufgebracht. So habe der Intendant bei der letzten Spielzeiteröffnung anstatt die Diversitätsprogramme samt Diversitätsagentin am Haus vorzustellen, eine oberflächliche Bemerkung vor der Belegschaft gemacht mit dem Wortlaut: ›Wir leben in schweren Zeiten, in denen es nicht mehr möglich ist, dass ein Schwarzer einen Indianer spielt, ohne dass man als Rassist diffamiert wird, oder dass ein nicht-Schwuler einen Schwulen spielt.‹ Auch habe er keine Zeit im Betriebsalltag eingeräumt, ›um überhaupt an dem Prozess zu arbeiten‹«.[92] Maya Alban-Zapata fordert später, als sie das Theater längst verlassen hat, die Aufnahme einer Antirassismus-Klausel in allen Theaterverträgen. Der Vorschlag kommt ursprünglich von der ehemaligen Dortmunder Intendantin Julia Wissert und der Anwältin Sonja Laaser. Laut des Vertragspassus müssen bei Rassismusvorfällen »Schulungen auf Kosten des Hauses« angeboten werden.[93] Außerdem »legt die Klausel fest, dass die Deutungshoheit darüber, was rassistisch diskriminierend ist, allein bei den Betroffenen liegt«.[94]

Die Hierarchie

Hierarchie, also formelle Macht, sorgt in Organisationen bewusst für Ungleichheit, um Unsicherheit zu reduzieren: Sie weist wenigen formale Befugnisse zu und räumt ihnen damit mehr Rechte ein als den restlichen Mitgliedern der Organisation. Die Organisation ermächtigt also diejenigen in hierarchisch hohen Positionen, um im Sinne der Organisation zu handeln. Eine hohe Stellung ist deshalb immer auch eine Organisationsrepräsentanz. Wird ein Mitarbeitender zum Vorgesetzten, wechselt er deshalb in der Wahrnehmung und sozialen Erwartung der Kollegen und Kolleginnen – aber auch der eigenen – die Seiten. Obwohl er in der Regel auch *nur* Mitglied der Organisation – nicht Eigentümer oder Eigentümerin – ist und gleichermaßen von Kündigung oder Beförderung betroffen sein kann. Mit einer hohen Position wird eine Mitarbeiterin zur Vorgesetzten und zur Interessensvertreterin der Organisation. Sie tritt damit zwangsläufig in eine gewisse Distanz zu ihren Untergebenen und muss Entscheidungen ihrer Vorgesetzten vor ihren Untergebenen rechtfertigen, auch wenn sie diese selbst nicht sinnvoll findet. Ihre Aufgabe ist es, mit begrenzten Mitteln gut zu organisieren und Mitarbeitende auszulasten, aber nicht zu überlasten. Kritisches Feedback vom Team bekommt sie vor allem dann, wenn sie zwar hierarchisch höher steht, aber kein Ansehen vom Team genießt. Gleichzeitig kann das Anzweifeln ihrer Fähigkeiten bereits ein Anzweifeln ihrer Macht bedeuten. Führung ist nicht dasselbe wie Hierarchie: »Hierarchie macht Gefolgschaft zur Pflicht […].«[95]

Führung bedeutet, dass andere freiwillig folgen. Sie geht mit der Verleihung von Autorität einher, nicht mit der Besetzung einer hierachisch hohen Position. Wir erinnern uns an den *Republik*-Journalisten: Er führte, ohne Teil der Hierarchie zu sein. Mitarbeitende können also von unten nach oben führen, wenn sie das Vertrauen des Teams erlangen. Übrigens auch um sich gegen Machtmissbrauch einzusetzen. Ihre Initiative birgt aber die Gefahren der Informalität.

Dennoch hat Hierarchie wichtige Funktionen, und mir ist bisher keine funktionierende Organisation bekannt, die ohne auskommt: In Organisationen bilden sich Hierarchien »dann heraus, wenn sich Machtbeziehungen verstetigen und stabilisieren und alle Mitglieder sich – wenigstens in der offiziellen Selbstdarstellung – an die Hierarchien gebunden zeigen müssen«, so Stefan Kühl.[96] Die Formalisierung der Macht in Organisationen »ermöglicht dem Vorgesetzten die Kontrolle zentraler Unsicherheitszonen – die Entscheidung über den Verbleib eines Mitglieds in der Organisation (Exit-Macht) und häufig auch die über seinen Aufstieg (Karriere-Macht)«.[97] Der weltweite und über alle Lager hinweg große Erfolg von Hierarchien liegt aber vor allem an drei Effekten: Sie ermöglicht es »mit vergleichsweise geringen Verhandlungskosten verhältnismäßig schnell, relativ eindeutige Entscheidungen herzustellen«.[98] Es sei an das Beispiel der Redaktion erinnert, die ihr Anliegen, mehr Seiten in der Zeitung für ihre Texte zu bekommen, mit dem Vertrieb diskutieren sollte. Die Partizipation der Teams und Bereiche mag manche Mitarbeitende befriedigen, weil sie sich gehört fühlen. Aus Perspektive der Organisation hingegen ist vor allem eine Menge Zeit von vielen Personen mit Diskussionen verbracht worden, die die Chefredakteurin in einem kurzen Gespräch eingespart hätte. Aber vielleicht sorgt die Diskussion auch für mehr Verständnis für die Herausforderung, vor der eine Zeitung steht? Möglich, aber Zeit kostet es dennoch.

Hierarchien haben Nutzen und bergen Gefahren, je nachdem wie die Vorgesetzten die damit verbundene Macht einsetzen. Mitarbeitende können durch bevormundende, stark freiheitsbeschränkende Führung dazu verleitet werden, in den Widerstand zu gehen. Wenn Freiheiten zu massiv eingeschränkt werden, führt das ganz häufig zu Reaktanz.[99] Andererseits ist es überhaupt erst die Freiheit von Menschen, die Machtbeziehungen entstehen lässt.[100] Fühlt man sich aber von einer Führungskraft ungerecht behandelt, schwindet das Vertrauen in sie.[101] Wird Sanktionsmacht ausgeübt, sinkt die Arbeitszufriedenheit, und die Bindung der Mitarbeitenden zum Unternehmen wird geschwächt; Vertrauensverlust ist die Folge. Wer seine Entscheidungen hingegen durch Argumente darlegen kann, erntet von den Mitarbeitenden zumindest ein gewisses Verständnis. »Hierarchie [...] zielt darauf, Eindeutigkeit und Widerspruchsfreiheit herzustellen.« Bei Konflikten und Unklarheiten soll sie für Ordnung und Klarheit sorgen. In der Theorie sind hierarchisch hohe Positionen Rollen, die jede und jeder in der Organisation, unabhängig von seiner oder ihrer Persönlichkeitsstruktur und bestimmten Qualitäten ausfüllen kann. Die Erzählungen von *natürlich* geborenen Führungspersönlichkeiten legen aber nahe, dass es bestimmte Merkmale braucht, um führen zu können. Woher das kommt, ist naheliegend: Wir sehen zu Menschen auf, die einen Habitus der Überlegenheit zeigen, die wohlständig sind, extravertiert und charmant. Dadurch steigt ihre Attraktivität in unserer Wahrnehmung, und als Folge dessen stehen ihnen mehr Chancen offen als Menschen, die wir mit unangenehmen Eigenschaften belegen und abwerten. »Das heroische Führungsideal ist dabei eng mit dem Stereotyp der virilen Männlichkeit, mit Männlichkeitsriten und der entsprechenden Körpersymbolik verbunden, wie sich nicht nur an Hollywood-Projektionsfiguren der Macht [...], sondern auch in den männerbündischen Ritualen mancher Führungszirkel ablesen lässt«, so Falko von Ameln und Peter Heintel.[102]

Extravertierte, laute, attraktive Menschen sind aber nicht die besseren Führungspersönlichkeiten. Wir sind es, die ihnen Autorität verleihen und sie deshalb wahrscheinlicher in Führungspositionen einsetzen. Das Gute ist: Das lässt sich ändern. Viele Studien und Experimente können außerdem nachweisen, dass Macht Egoismus fördert und nicht andersherum. Menschen, die eine Machtrolle einnehmen, neigen mehr als andere dazu, Menschen »zum Zwecke der eigenen Zielerreichung zu instrumentalisieren«.[103] Untergebene werden für weniger wichtig gehalten und ihnen wird weniger Empathie entgegengebracht. Mächtige meinen häufiger, dass ihnen Sonderrechte zustehen, und empfinden weniger Stress beim Lügen.[104] Diese Verhaltensweisen etablieren sich mit zunehmender Macht, weil »eine mit Macht ausgestattete Rolle einen prägenden Einfluss auf die Rolleninhaber ausübt. [...] Die angepasste Reaktion der übrigen Beteiligten wird von den Machthabern allerdings als Bestätigung ihrer Macht erlebt – Macht entwickelt somit eine selbstständige, sich verstärkende Dynamik.«[105] Die umso intensiver wird, je mehr Sozialkapital eine Person genießt.

Dass Macht keine Sache von Persönlichkeitsmerkmalen ist, könnte auch das bekannte Stanford-Gefängnisexperiment von 1971 zeigen, wie Falko von Ameln und Peter Heintel es in ihrem Buch *Macht und Organisationen* anführen. Das Vorgehen des Psychologen Philip Zimbardo steht heute allerdings in der Kritik.[106] Zimbardo wählte 24 Studenten mittels eines Persönlichkeitstests aus und wählte unter ihnen per Zufallsprinzip aus, wer Wärter und wer Gefangener spielen sollte. Die Studenten – ausschließlich Männer – bekamen 15 US-Dollar am Tag für ihre Teilnahme.[107] Die Aufgabe der Wärter: Ordnung halten und Gefangene bewachen. Schon am ersten Tag agierten einige Wärter gewaltvoll, ließen die Gefangenen Liegestütze machen und stellten dabei ihren Fuß auf deren Rücken. Der Grund für dieses Verhalten ist die Deindividuation, wie die Mannheimer Professorin Dagmar Stahlberg sagt: »Das heißt, die Wärter haben diese Uniform an. Die Gefangenen in dem Experiment mussten von vornherein alle individuellen Kleidungsstücke, alles abgeben, wie es im richtigen Gefängnis ist. Dadurch verliert man dieses persönliche Verantwortungsgefühl. Das führt dann in solchen Situationen ganz stark dazu, dass soziale Normen, die normalerweise unser Verhalten kontrollieren, außer Kraft gesetzt werden.«[108] Die Verhältnisse sorgen also für das Verhalten. Die Sanktionen des ersten Tages führen zu Reaktanz, die Gefangenen proben in der Folge den Aufstand. Der wird von den Wärtern mit noch härteren Sanktionen beantwortet: »Sie spritzten Trockeneis in die Zellen der Gefangenen, zogen sie nackt aus oder ließen sie Kloschüsseln mit den bloßen Händen putzen. Anderen Gefangenen billigten sie eine Vorzugsbehandlung zu. Ein bisschen besseres Essen, wobei Vorzug auch einfach heißen konnte: Sie durften sich waschen, Zähne putzen und, wann sie wollten, aufs Klo gehen. Dies sollte auch dazu dienen, die Gefangenen untereinander zu spalten.«[109] Zwischen den Insassen gibt es nun solche mit Privilegien, die sie nicht einbüßen wollen, und solche ohne Privilegien. Die Solidarität untereinander schwindet. Nach sechs

Tagen wird das Spiel abgebrochen, weil Zimbardo merkt, dass er sich selbst zu sehr von den Vorgängen mitreißen lässt. Später heißt es, er soll die Wärter angestachelt haben. Ein ehemaliger Teilnehmer erzählt fünfzig Jahre später in einem Interview: »Ja, ich habe es mit meiner Rolle wohl etwas übertrieben. Professor Zimbardo sagte zu mir: Du machst das fantastisch. Großartige Arbeit.«[110]

Das Experiment liefert keinen wissenschaftlichen Beweis dafür, dass es nur eine bestimmte Situation braucht, um jeden Menschen zum Täter zu machen. »Die wichtigste Erkenntnis, die ich aus der Gefängnisstudie mitnehmen konnte, und die sich immer wieder in realen Gefängnissen zeigt, ist: Macht hat eine perverse Seite. Und Entmenschlichung und Entzug der Persönlichkeit führen zu Grausamkeit«, sagt Craig Haney, heute Professor für Sozialpsychologie und damals Zimbardos Assistent.[111] Die Einflussnahme von Zimbardo lässt sich aber für Organisationskontexte auch so lesen: Wenn eine angesehene Person andere in ihrer organisationellen Rolle beeinflusst, indem sie sie lobt oder sogar anfeuert, missbrauchen Menschen ihre Macht, auch wenn sie im Alltag nicht zu Gewalt und Niedertracht neigen.

Stefan Kühl beschreibt diese Dynamik in seinem Buch *Ganz normale Organisationen – Zur Soziologie des Holocaust*. Anhand des gut dokumentierten und wissenschaftlich untersuchten Hamburger Reserve-Polizeibataillons 101 legt Kühl dar, wie »ganz normale Männer« und »ganz normale Deutsche« durch ihre Zugehörigkeit zu einer Organisation zu Massenmördern wurden. Zwar schließt er, dass wahrlich nicht der Holocaust in Gänze »über das Verhalten in Organisationen [zu] erklären« sei.[112] Aber er stellt fest: »Organisationen, die sich auf das Foltern und Töten spezialisieren, funktionieren nicht grundsätzlich anders als Organisationen, die Kranke pflegen, für Eiscreme werben, Schüler unterrichten oder Autos bauen. Die besorgniserregende Erkenntnis lautet, dass nicht nur die Mitglieder in auf Massentötungen spezialisierten Organisationen häufig ganz normale Menschen sind, sondern dass auch die Organisationen, über die die Massentötungen geplant und durchgeführt werden, Merkmale ganz normaler Organisationen aufweisen.«[113] Im Gespräch mit der Soziologin Judith Muster sagt diese: »Ich forsche nicht zu Organisationen, weil ich sie so toll finde, sondern weil sie gefährlich sind.«

Hierarchien sind also nützlich, haben aber dennoch einen schlechten Ruf. Das liegt auch daran, dass die Organisation nie vollkommenen Zugriff auf ihre Führungskräfte hat. Die Hierarchie ist zwar formal, aber Führung ist informell. Sie muss die Mängel der Formalstruktur einer Organisation schließen. Ob und wie das geschieht, ist für die Organisation nicht immer ersichtlich.

Sonja Anders, Intendantin am Schauspiel Hannover, schreibt am 18. März 2021 in der *Zeit* einen Artikel mit der Überschrift »Das Theater hat ein Strukturproblem«. Darin kommt sie zu dem Schluss, dass das Theater in »seiner Arbeitsweise jedenfalls [...] oftmals hierarchisch, autoritär und ungerecht« ist.[114] Der *Tagesspiegel* schreibt am 21. November 2023 über Machtmissbrauch an der Freien Universität Berlin: »Es besteht aber auch großer Frust über ihre hierarchische Arbeits- und Lernkultur, die Kritiker:innen zufolge Machtmissbrauch begünstigt.«[115] Am 16. Mai 2023 erscheint in der Wochenzeitung *Der Freitag* ein Artikel zu Machtmissbrauch in der Filmbranche: »Es scheint, als ob der Missbrauch von Macht in

Form von willkürlichen, gewalttätigen oder missbräuchlichen Handlungen jedem hierarchischen System inhärent ist.«[116] In der *Süddeutschen Zeitung* schreibt Jagoda Marinić am 15. Juni 2023 über die Vorwürfe gegen Till Lindemann: »Ein Ausweg aus dieser männlichen Aggression wäre Beziehungsfähigkeit. Die Gabe, sich selbst und anderen nah und auf Augenhöhe zu begegnen, statt Hierarchien herstellen zu müssen, um sich stark zu fühlen.«[117] *Detektor.fm* schreibt am 13. September 2018: »Im WDR, wie in vielen Medienhäusern, herrsche ein ›strukturelles Machtgefälle zwischen in der Regel männlichen Chefs und weiblichen Untergebenen, das Raum für Grenzüberschreitungen lässt.‹«[118] Eine Zwischenüberschrift darin lautet »Starre Hierarchien führen zum Machtmissbrauch«.[119]

Etliche Fälle belegen das scheinbar. Am 5. Mai 2023 berichtet der *Spiegel* über den angeblichen Machtmissbrauch des Dreisternekochs Christian Jürgens. Jürgens war zur Zeit der Vorfälle Küchenchef des Hotelrestaurants Überfahrt am Tegernsee. Mehrere Mitarbeitende werfen ihm sexuelle Belästigung und psychische Gewalt vor. Der *Spiegel* berichtet über den Sommelier des Restaurants, Marcel Ribis, der von seinem Chef sexuell belästigt wurde: »An einem Nachmittag im Herbst 2016 arbeitet Marcel Ribis an der Schwelle zwischen Küche und Gastraum, wie er sich erinnert. Dort steht ein Computer, in dem Ribis tagsüber die Weinauswahl für den Abend trifft, manchmal E-Mails beantwortet. Plötzlich ›geht Jürgens vorbei und greift mir von hinten mit der Hand zwischen die Beine in den Genitalbereich‹, sagt Ribis, heute 30. ›Es war total unerwartet.‹ Wie reagieren? Überfordert, verwirrt habe er gesagt: ›Ja, alles gut, Chef.‹«[120] 2021 berichtet die *Süddeutsche Zeitung* über einen Fall von mutmaßlichem Machtmissbrauch bei der Deutschen Bank. Zwei Topmanager sollen sich auf unterschiedliche Art unangemessen gegenüber einer jungen Angestellten verhalten haben. Von intimen Bildern per Chat ist die Rede und einer privaten Beziehung, die einen Interessenkonflikt bei der Arbeit darstellte: »Die Betroffene war eine Trainee der Deutschen Bank, machte also eine Art Ausbildung für Studierte. Zu den beiden angeschuldigten Männern gab es ein großes Hierarchiegefälle.«[121] Beim Axel-Springer-Konzern war es *Bild*-Geschäftsführer und Chefredakteur Julian Reichelt, der mit untergebenen Frauen intime Beziehungen pflegte und sich wegen Mobbingvorwürfen rechtfertigen musste: »Was Angestellte über Reichelt erzählen, erinnert an einen mittelalterlichen Königshof: Wer in der Gunst des Herrschers gerade oben stehe, werde gelobt und bisweilen katapultartig befördert, Konkubinen inklusive. Sinke jemand in seinem Ansehen, werde er oder sie aus dem inneren Kreis verbannt, geschnitten, traktiert oder bloßgestellt. Wer in der Konferenz der Führungskräfte nicht nach Reichelts Geschmack performe, wer Fragen nicht zu seiner Zufriedenheit beantworte oder einem Kreuzverhör nicht standhalte, den wolle er dort nicht mehr am Tisch sehen.«[122] Auch wenn es, je nach Studie und Methodik, nicht immer Chefinnen und Chefs sind, die Macht missbrauchen – sie sind es oft genug. Aber sie sind es nicht, weil sie formale Befugnisse haben und einsetzen, sondern weil ihr Machtmissbrauch von der Informalität ihrer Führung kaschiert wird.

Die Abflachung

Nicht nur aus diesem Grund gibt es seit Jahren den Trend zur posthierarchischen Organisation. Was pauschal gut klingt, verbirgt, dass Hierarchien auch dort nicht abgeschafft, sondern lediglich anders beschrieben werden als bisher. Statt an starre Positionen sollen hierarchische Befugnisse nun an agile Rollen und Kompetenzen von Personen gebunden sein. Besonders Start-ups wählen häufig von Beginn an solche Strukturen, weil sie glauben, sich dadurch besser an Markt und Umwelt anpassen zu können und stetig Innovationen hervorzubringen. Das versucht auch das Start-up Finn Auto aus München. Rund 400 Menschen arbeiten mittlerweile dort. Neun Mitarbeiterinnen werfen nach einer Firmenfeier einem der Gründer des Start-ups, Max-Josef Meier, sexuelle Belästigung vor: »Seit Ende 2021 rumort es in der Belegschaft seines Unternehmens. Nach Informationen von *Capital* ereignete sich der Vorfall bei der Weihnachtsfeier, insgesamt soll es an jenem Abend zu neun Fällen von sexueller Belästigung gekommen sein. Meier bestätigt das [2023] gegenüber *Capital*.«[123]

Im Gespräch mit der Journalistin Carolin Rainer, die den Fall Finn Auto mit ihrer Kollegin Cigdem Elikci an die Öffentlichkeit brachte, erzählt sie mir, dass Investoren oft Teil des Problems sind. Bei der standardmäßigen Prüfung von Start-ups vernachlässigen die oft ihre Sorgfaltspflicht in Bezug auf Machtmissbrauch und Unternehmenskultur. Im Fall Finn Auto zog das Start-up vorerst interne Konsequenzen. Ein Action-

Team wurde gebildet und Meier der Zutritt zum Büro untersagt. Erst nach der Berichterstattung von *Capital*, eineinhalb Jahre nach den Vorfällen, wurden personelle Konsequenzen gezogen.[124] Auch weil Investoren am CEO Meier festgehalten hatten. Der gibt danach seinen Posten an einen Kollegen ab, bleibt aber Mitglied der Organisation. Anfang 2024 konnte Finn Auto in einer neuen Finanzierungsrunde über 100 Millionen Euro von Investoren und Investorinnen einsammeln. Seit Gründung wurde damit »mehr als eine Milliarde Euro« investiert.[125] Würden Machtmissbrauchsvorfälle eine wichtige Rollen bei der Entscheidung von Investorinnen und Investoren spielen, Geld in ein Unternehmen zu stecken, würde das einen erheblichen Effekt haben. Sie könnten darauf bestehen, dass Start-ups Fälle angemessen aufarbeiten und Macht besser kontrollieren.

Im Mai 2024 schreibt das *Handelsblatt*: »Das Amtsgericht München hat einen Strafbefehl gegen [Max-Josef Meier] wegen mehrerer mutmaßlicher Fälle erlassen. Gegen diesen wurde inzwischen Einspruch eingelegt, weswegen der Strafbefehl nicht rechtskräftig ist, wie das Amtsgericht München weiter mitteilte. [...] Der Strafbefehl sei beim zuständigen Amtsgericht München wegen sexueller Belästigung in sieben Fällen beantragt worden, teilte Oberstaatsanwältin Anne Leiding dem Handelsblatt auf Anfrage am Dienstag mit. Sollte der Strafbefehl vom 16. Mai Rechtskraft erlangen, könnte Meier eine ›sehr hohe sechsstellige Geldstrafe‹ bezahlen müssen.«[126] Von Carolin Rainer erfahre ich im Juli 2024, dass der Strafbefehl mittlerweile angenommen wurde.

Der deutsche Startup-Verband ist sich bewusst, dass Sexismus und Rassismus ein großes Thema in der Szene sind. Auch Start-up-Mitarbeitende und Gründerinnen und Gründer sagen

194

mir das in diversen Gesprächen. Deshalb bringt der Verband verschiedene Umfragen über die Verbreitung von Diskriminierung in deutschen Start-ups heraus. Eine andere Auseinandersetzung mit Machtmissbrauch in diesen Unternehmen gibt es laut Hintergrundgesprächen, die ich geführt habe, nicht. Der Verband richtet seinen Fokus auf die Ermutigung von Frauen, sich für Gründungsvorhaben zu begeistern. Das sei »gesellschaftlich erforderlich und vor allem ein Gebot ökonomischer Vernunft und Notwendigkeit!«.[127] Machtmissbrauch gibt es allerdings auch in von Frauen geführten Start-ups oder denen von Menschen mit internationaler Biographie. Mehr Vielfalt kann vor allem langfristig etwas bewirken, bei aktuellen Fällen nutzt sie nichts. Dabei könnte sich der Startup-Verband als unabhängige Anlaufstelle für Machtmissbrauchsvorfälle etablieren, um ein deutliches Signal dafür zu setzen, dass Betroffene mit einem Sicherheitsnetz und Hilfe rechnen können.

Womöglich ist die Abflachung der Hierarchien in Start-ups wie Finn Auto aber auch nicht radikal genug. Am 11. April 2024 schreibt *Fortune*: »Der Pharmariese Bayer entlässt seine Chefs und fordert fast 100 000 Arbeiter auf, sich ›selbst zu organisieren‹, um 2,15 Milliarden US-Dollar einzusparen.«[128] Bayer, der Erfinder von Aspirin, sei bürokratiereich und innovationsträge geworden. Im Juni 2023 wurde Bill Anderson der neue CEO des deutschen Großkonzerns. Er glaubt, flachere Hierarchien und Bürokratieabbau würden das Unternehmen wieder wettbewerbsfähig machen: »Wir stellen hochgebildete Leute ein und bringen sie dann in diese Umgebungen mit Regeln und Verfahren und acht Hierarchieebenen [...]. Dann fragen wir uns, warum große Unternehmen die meiste Zeit so lahm sind.«[129] Das Ziel ist Selbstorganisation.

Was klingt wie die Befreiung der Arbeitnehmenden von der

Fuchtel der Chefs und Chefinnen, sollte aber in Wirklichkeit mit Skepsis betrachtet werden. Der Vorschlag, selbstorganisiert zu arbeiten, kommt fast immer von den Chefinnen, Gründern und Top-Management-Positionen, nicht von den Mitarbeitenden. Die wollen zwar häufig verbesserte Arbeitsbedingungen, Graswurzelbewegungen für Selbstorganisation kommen aber vergleichsweise selten vor. CEO Bill Anderson will mittels Selbstorganisation 2,15 Milliarden US-Dollar einsparen, nicht Arbeitnehmende befreien. Durch diese Art von Betriebssystem würden die Stellen des Managements überflüssig werden. Führung wird zwar noch benötigt, aber sie wird verstanden als Unterstützungsfunktion der Mitarbeitenden und wird gebraucht für die strategische Ausrichtung sowie für die Leistungsbewertung. Der Begriff »Servant Leadership« erklärt sich aus diesem Verständnis. Inwieweit Leistungsbeurteilungen und eine dienende Haltung zusammenpassen, darf man sich fragen. Managen sollen sich die Mitarbeitenden jedenfalls selbst, das heißt, ihre zu erledigenden Aufgaben selbst in Prozesse übersetzen, Prioritäten setzen, Zeitpläne aufstellen und mit anderen Mitarbeitenden relevante Informationen austauschen. Wer das nicht kann, hat in einer Selbstorganisation tendenziell Schwierigkeiten.

Selbstorganisation zielt im Wesentlichen darauf ab, alle anfallenden Aufgaben in eher klein zugeschnittenen Verantwortungsbereichen transparent für alle zu beschreiben (Rollen) und diese Bereiche temporär mit den geeignetsten Personen in der Organisation zu besetzen. Wie diese Verantwortungsbereiche und damit verbundenen Tätigkeiten interpretiert werden, muss immer wieder miteinander ausgehandelt werden. Mitglieder erweitern durch häufigere Rollenwechsel schneller als gewöhnlich ihre Arbeitsbereiche und -qualifikationen. Selbstorganisation bringt dadurch eine stärkere Individualisierung mit sich, da kaum ein Mitarbeitender die gleichen Rollen ausfüllt wie ein anderer. Gehälter orientieren sich außerdem nicht mehr nur an dem, was Mitarbeitende tatsächlich tun, sondern auch an ihren Potenzialen, also daran, was sie tun könnten. Das hat zur Folge, dass Tätigkeiten schlecht vergleichbar werden und Gehaltsdiskriminierungen aufgrund von Geschlecht, Klasse, Behinderung oder internationaler Biographie schlechter zu erkennen und zu belegen sind. Organisationen, die sich dennoch für Equal Pay einsetzen (was zu tun ihnen gesetzlich vorgegeben ist), müssen zwangsläufig die diversen Rollen in althergebrachten Kategorien wie »Marketing«, »Beratung« oder »Admin« einsortieren, um sie vergleichbar zu machen.

Die zunehmende Individualisierung in Selbstorganisationen zeigt sich auch in der Arbeitshaltung und den Entscheidungsprozessen. Um eigenverantwortlich ihre Probleme zu lösen, sollen Mitarbeitende sich fragen, was sie in ihrer Rolle brauchen. Diese Fragestellung soll dazu animieren, eigene Lösungsvorschläge zu formulieren, anstatt zu erwarten, dass die Hierarchie es – wie früher – für einen regelt. Diese Haltung kann sich einerseits ermächtigend anfühlen, andererseits bedeutet Selbstverantwortung auch, für eigene Fehlentscheidungen selbst geradestehen zu müssen, auch wenn das ursprüngliche Problem nicht das eigene war, sondern eben das der Organisation. Das führt automatisch zu mehr Konflikten. »Erhöhte Konfliktbereitschaft heißt in die harte Realität des Organisationsalltags übersetzt nichts anderes als Zunahme von Machtkämpfen«, so Stefan Kühl.[130] Das ist kein Nebeneffekt, sondern erklärtes Ziel: Die Mitglieder sollen ihre Veränderungsimpulse, sogenannte Spannungen, in die Organisation einbringen. In Governance-Meetings werden die individuellen Rollenwünsche dann nach dem Konsent-Prinzip entschieden. Eine Rolle trägt im Meeting ihre Spannung und ihren vorformulierten Verbesserungsvorschlag vor. Nacheinander werden die übrigen Anwesenden erst nach Verständnisfragen, dann nach Reaktionen und final nach Einwänden gefragt. Einwände versucht die Rolle zu integrieren, bis es keine Einwände mehr gibt. Oder sie bewertet den Einwand als nicht valide. Die Entscheidung zur Umsetzung trägt die Rolle, die den Vorschlag eingebracht hat, selbst. Ziel ist, dass nicht Egos, sondern Argumenten der Vorrang gegeben wird. Das klingt wie der noble Kampf gegen die alten Mächtigen. Aber wer keine Spannungen einbringt und nie Einwände erhebt, hat entsprechend wenig Anteil am Organisationsgeschehen. Belohnt wird in der Selbstorganisation vor allem, wer Initiative zeigt, konfliktfreudig ist und zu den richtigen Personen Ja sagt. Wenn eine Organisation auf diese Initiative Einzelner setzt, bevorzugt sie diejenigen, die initiativ sind. Das sind die, die davon ausgehen, dass ihre Initiative Gehör findet. Die ihre Initiative verteidigen und im Zweifelsfall gegen die Skepsis anderer durchsetzen können. Es sind Menschen, die die sozialen Erwartungen an Führungspersonen erfüllen: Sie überzeugen, drücken sich eloquent aus, wirken sympathisch, strahlen Sicherheit und Mut aus. Flach hierarchische Organisationen verlassen sich auf diese Unterschiede. Sie stellen nicht mehr Augenhöhe untereinander her als klassisch hierarchische Organisationen. Sie regulieren lediglich nicht mehr formell. Das zeigt meine Praxiserfahrung aus sieben Jahren Aufbau und gemeinsamer Führung von selbstorganisierten Unternehmen. Was nach Freiraum klingt, entspricht letztlich dem Gesetz des Stärkeren und kann sogar zu mehr Ungleichheit führen als in klassisch hierarchischen Organisationen.

Auch bei Rollenbeschreibungen, -besetzungen und -einforderung sowie bei Gehaltsverhandlungen ist zu beobachten, dass der fehlende Schutz durch klassische Hierarchie vor allem jene stärkt, die bereits stark sind. Meiner Erfahrung nach entscheiden diejenigen, wer kompetent ist, eine Rolle auszufüllen, oder sagen, dass jemand inkompetent ist, die eh die meiste Autorität genießen. Durch die fehlende Formalisierung werden Bündnisse mit Gründerinnen und Gründern wichtiger. In Organisationen mit wenigen formalen Strukturen werden wichtige Entscheidungen sogar zentraler, nicht dezentraler, getroffen – nämlich da, wo die tatsächliche Hierarchie nach wie vor sitzt: bei den Führungsrollen, Gründerinnen und Gründern oder Gesellschaftern und Gesellschafterinnen. Wenn keine Orientierung durch die Formalstruktur gegeben ist, fallen wir zurück auf die Organisationskultur und gesellschaftliche Ordnung. »Diese Politisierungstendenzen werden häufig begleitet durch eine Tabuisierung von Macht in Organisationen.«[131] Es scheint widersprüchlich, aber durch den Wegfall von formalen Strukturen, den Aufstieg des Individuums und den Zugewinn an Freiheit und Macht für die Mitarbeitenden – wofür die Gewerkschaften traditionell kämpften – schwinden Zusammenhalt und Solidarität. So betrachtet liest sich diese Art Selbstorganisation wie ein neoliberales Projekt: Jede und jeder kann alles schaffen, wenn er oder sie nur will. Stimmen tut das hier nur leider auch nicht.

In postbürokratischen Organisationen findet man auch kaum Interessenvertretungen durch Gewerkschaften oder Betriebsräte. Jede und jeder kämpft für sich allein. Landläufig wird aber angenommen, dass demokratische Verhältnisse zu einer gleichmäßigeren Verteilung von Macht führen: »Wenn die Hierarchie an Bedeutung verliert, dann müssten sich doch, so die Vorstellung, auch die Machtprozesse reduzieren. Wir wissen aber schon aus Studien über demokratische Staaten, dass der umgekehrte Effekt eintritt. Durch die Einführung von Demokratie kommt es in einem Staat nicht zu einer Ab-, sondern zu einer Zunahme von Machtspielen.«[132] Stefan Kühl nennt als Beispiel die schwedischen, norwegischen und jugoslawischen Betriebsdemokratie- und Selbstverwaltungsexperimente der 1970er Jahre. Dort beobachtete der Soziologe Dieter Fröhlich »die mangelnde institutionelle Regelung der Machtausübung« als das Hauptproblem.[133] Als im Februar 2024 die *ForuM Studie zur Aufarbeitung von sexualisierter Gewalt und anderen Missbrauchsformen in der evangelischen Kirche und Diakonie in Deutschland* vorgestellt wird, führt *Zeit Christ & Welt* ein Interview mit dem daran beteiligten Soziologen Martin Wazlawik. Dieser sagt: »Die föderalen Strukturen erschweren den Umgang mit sexualisierter Gewalt. Es ist oft unklar, wer verantwortlich ist. Betroffene können Glück oder Pech haben, ob sie an einen evangelischen Träger mit Ahnung und Problembewusstsein geraten, der eine Stelle hat, wo Betroffene sexualisierte Gewalt melden können. Oder auch nicht. Sie können an einen evangelischen Träger geraten, der arm oder reich ist. Das kann sich erheblich auf die Anerkennungszahlung auswirken.« Ob die Reformdebatten der katholischen Kirche ein Irrweg seien, fragt die *Zeit*, »weil die evangelische Studie ergeben hat: Missbrauch findet eh statt«? Wazlawik antwortet: »Das in unsere Studie hineinlesen zu wollen, wäre eine grobe Verzerrung und falsch. Ganz im Gegenteil: Eine Erkenntnis nicht nur unserer Studie lautet: Sowohl streng hierarchisch organisierte wie auch föderale Laisser-faire-Organisationen haben ein Risiko für Machtmissbrauch und brauchen ihre je eigenen Reformen, um das Risiko zu minimieren.«[134] Die evangelische Kirche, die

stets mit einer gewissen Selbstberuhigung auf die Missbrauchsvorfälle der katholischen Kirche geblickt hat, wie mir ein Theo-
loge im Gespräch erzählt, sieht sich nun mit einer hohen Zahl
an Machtmissbrauchsvorfällen konfrontiert: Es sollen »seit
1946 in Deutschland nach [...] Hochrechnung [der *ForuM
Studie*] 9355 Kinder und Jugendliche sexuell missbraucht worden« sein.[135] In der Zusammenfassung der Studie schreiben die
Autoren und Autorinnen: Die »(Selbst-)Beschreibungen der
evangelischen Kirche [können] als grundlegend partizipativ,
hierarchiearm und progressiv [...] kritisch im Hinblick auf
eine fehlende Reflexion von bestehenden Machtverhältnissen
betrachtet werden«. Die Missbrauchsstudie MHG der katholischen Kirche »identifizierte [...] 3677 Kinder und Jugendliche,
die von sexualisierter Gewalt betroffen waren und 1670 potenzielle Täter – Priester, Diakone, Ordensangehörige«.[136] Anders
als bei der 2018 erschienenen MHG-Studie der katholischen
Kirche sind in der 2024 veröffentlichten Studie der EKD
auch Diakonie-Einrichtungen berücksichtigt worden. Bei der
MHG-Studie wurden außerdem Täter und Täterinnen sowie
Opfer gezählt und nicht hochgerechnet wie bei der EKD-Stu-
die. Daher sind die Studien nicht 1 : 1 miteinander vergleichbar.

Demokratisierte Organisationen verhindern also mitnichten
den Missbrauch von Macht, sondern erhöhen die Machtkämpfe. In einer Studie des Wirtschafts- und Sozialwis-
senschaftlichen Instituts (WSI) der Hans-Böckler-Stiftung
kommen Forschende aber zu einem anderen interessanten
Zusammenhang: »Arbeitsbedingungen haben europaweit
Einfluss darauf, wie Erwerbspersonen zur Demokratie stehen.
[...] Diejenigen, die unzufrieden mit ihren Arbeitsbedingungen sind, bei denen die Bezahlung nicht stimmt und die im

Job wenig Mitsprachemöglichkeiten haben, [zeigen] überdurchschnittlich oft negative Einstellungen zur Demokratie in ihrem Land und zu Zugewanderten. Zudem fühlen sie sich stärker durch den Wandel von Wirtschaft und Arbeitswelt bedroht. Bessere Arbeitsbedingungen korrelieren hingegen mit positiven Einstellungen zur Demokratie und einem höheren Vertrauen in deren Institutionen sowie in die EU.«[137] Organisationen, die ihren Mitarbeitenden Mitsprache ermöglichen, sie fair bezahlen und ihnen Sicherheit vermitteln, tragen also dazu bei, Transformationssorgen abzubauen. Wer sich sicher, selbstwirksam und anerkannt fühlt, wird seltener Macht missbrauchen. Organisationen müssen also nicht demokratischer werden. Aber sie können die Demokratie sichern, wenn sie fair und zuverlässig gegenüber ihren Mitarbeitenden sind. Was für phantastische Aussichten!

Die Werte

Man könnte den Versuch unternehmen zu argumentieren, dass in Organisationen, in denen Machtmissbrauch vorkommt, ein eklatanter Mangel an Werten herrscht. Gerade in Bezug auf die beiden christlichen Landeskirchen fällt das allerdings schwer. Die Annahme hält sich dennoch, weil unsere Erwartung ist, dass es unter Gläubigen, Progressiven, Intellektuellen, Demokraten und Demokratinnen, Feministinnen und Feministen, Yogis, in der Medizin, unter Linken, in Hilfsorganisationen und solchen, die Teamgeist und Gemeinschaft hochhalten, wie im Sport oder bei den Pfadfindern, nicht zu Machtmissbrauch kommt. Weil er im Widerspruch zu ihren Werten steht, nehmen wir ihn weniger wahr. Es ist wie mit der Tabuisierung von Macht in partizipativen Organisationen: Sie wird unbesprechbar.

2021 hat der Bund der Pfadfinderinnen und Pfadfinder »eine wissenschaftliche Studie in Auftrag gegeben, die das Ausmaß sexualisierter Gewalt unter Pfadfindern ermitteln soll. Zwischen 1976 und 2006 erlebten der Studie zufolge 123 Pfadfinderinnen und Pfadfinder sexualisierte Gewalt. Auch nach 2006 sollen weitere Fälle hinzugekommen sein.«[138] Die Organisation hat rund 30 000 Mitglieder, es gilt unter anderen das »Prinzip Jugend-führt-Jugend, bei dem Jugendliche Kindergruppen leiten«.[139] 2023 wurde ein Kardiologe in Unterfranken wegen Vergewaltigung zweier Patientinnen während der Behandlung zu zwei Jahren und zehn Monaten Haft verurteilt. Außerdem verhängte das Gericht ein dreijähriges Berufsverbot zur Behandlung von Frauen.[140] Ärzten und Ärztinnen ist gesetzlich verboten, sexuelle Beziehungen zu Patienten und Patientinnen zu pflegen.[141] Das gilt auch für die eigenen Partner und Partnerinnen. Der Arzt oder die Ärztin muss ihren Partner bzw. Partnerin an einen Kollegen oder eine Kollegin verweisen. Anders als allgemein angenommen sind Ärztinnen und Ärzte in Deutschland nicht verpflichtet, den Hippokratischen Eid zu leisten oder sich der Genfer Deklaration des Weltärztebundes zu verpflichten. Darin ist eindeutig festgehalten, dass das Wohl der Patienten und Patientinnen das oberste Anliegen von Ärztinnen und Ärzten sein soll und jegliche Diskriminierungsmerkmale keine Rolle bei der Behandlung spielen dürfen. Die Grünen-Politikerin Mirrianne Mahn wendet sich 2021 während eines Krankenhausaufenthaltes über Social Media an die Öffentlichkeit, wie die *Frankfurter Rundschau* berichtet: »Über sie werde nicht als Mirrianne Mahn gesprochen, sondern der Arzt soll sie als ›die Afrikanerin‹ betitelt haben. So seien Sätze gefallen wie: ›Ja, was ist jetzt mit der Afrikanerin?‹. Und die Vorwürfe gehen noch weiter: ›Wenn ich in irgendeiner Weise darauf hinweise, dass hier etwas unbequem ist, muss ich hören: ›Ja, aber wenn Sie in Afrika wären, wäre es viel schlimmer. Seien Sie doch froh, dass Sie hier sind, weil in Ihrem Geburtsland würde es Ihnen ja viel schlimmer gehen und Sie wären tot.‹«[142] Der zuständige Arzt soll ihr zur Einschätzung ihrer Schmerzen gesagt haben, dass »Ihre Landsleute« mehr aushalten als andere. Die rassistische Annahme, Schwarze Personen wären schmerzunempfindlicher als weiße Personen, hält sich hartnäckig. Studien z. B. aus den USA widerlegen diese Annahme, zeigen aber, dass rund 40 Prozent der Medizinstudierenden daran glauben.[143] Die Begriffe *Morbus Mediterraneus, Morbus Balkan, Morbus Bosporus* oder *Mamma-mia-Syndrom* beschreiben das Vorurteil von Ärzten und

Ärztinnen, Menschen aus dem Mittelmeerraum seien schmerz-empfindlicher, quasi wehleidiger, als andere. Auch das kann wissenschaftlich nicht belegt werden und ist eine rassistische Zuschreibung.[144] Untereinander gehen Mediziner und Medizinerinnen nicht besser miteinander um. 2015 befragte die Berliner Charité 743 Ärztinnen und Ärzte zu sexuellen Grenzverletzungen in ihrem Arbeitsleben. 70 Prozent zeigen an, Belästigung erlebt zu haben: »Bei den befragten Frauen waren es rund 76 Prozent, bei den Männern 62 Prozent. Am häufigsten kam es zu verbalen Belästigungen aufgrund von abwertender Sprache mit 62 Prozent sowie aufgrund von anzüglichen Sprüchen mit 25 Prozent. Weiterhin haben die Befragten angegeben, Grenzverletzungen wegen unerwünschtem Körperkontakt (17 Prozent), Erzählungen mit sexuellem Inhalt (15 Prozent) sowie Nachpfeifen und Anstarren (13 Prozent) erfahren zu haben. Andere Formen von Fehlverhalten wurden wie folgt angegeben: sexuelle Angebote und unerwünschte Einladungen (7 Prozent), Belästigungen in schriftlicher Form, Bildern oder Witzen (6 Prozent), obszöne Gesten (5 Prozent). Die Betroffenen wurden am häufigsten von Kolleginnen und Kollegen belästigt. Bei Frauen spielten zudem männliche Vorgesetzte eine zentrale Rolle.«[145] Bei der NGO Ärzte ohne Grenzen werden 2018 146 Beschwerden gemeldet, die sich »auf eine große Spannbreite, von Machtmissbrauch über Diskriminierung und Belästigung bis hin zu anderen Formen nicht angemessenen Verhaltens« bezogen.[146] »40 Fälle seien nach internen Untersuchungen als Belästigung oder Missbrauch eingestuft worden, 21 davon als sexuelle Belästigung, drei als sexueller Missbrauch. Bei 22 der 24 Vorfälle waren andere Mitarbeiter von Ärzte ohne Grenzen die Opfer, die restlichen seien Patienten oder Einwohner des Einsatzlandes gewesen.«[147] Ein hoher Wertestandard des Berufsbildes verhindert mitnichten den Missbrauch von Macht.

Eine Studie von 2021 unter allen Parteien zeigt, dass 40 Prozent der befragten Politikerinnen bereits sexuelle Belästigung erfahren haben. Bei Politikerinnen unter 45 Jahren haben sogar 60 Prozent sexuelle Belästigung erlebt. Der Erwartungshaltung von eben folgend, liegt die Vermutung nahe, dass die konservativen und rechten Parteien, die entsprechend auch ein konservatives bis rechtskonservatives Frauenbild haben, mehr Fälle von Machtmissbrauch innerhalb der Partei haben als die linken und Mitte-links stehenden Parteien. Die Zahlen zeigen ein anderes Bild: Bei der FDP berichten 56 Prozent von Erlebnissen, bei den Grünen 52 Prozent, bei der Linken 49 Prozent. Bei der SPD sind es 39 Prozent, in CDU und CSU 33 Prozent und bei der AfD sind es nur 15 Prozent.[148] Legen wir die Frauenanteile der Parteien darüber, zeigt sich folgendes Bild: Ende 2021 beträgt der Frauenanteil der FDP 20,1 Prozent, bei den Grünen sind es 42,3 Prozent, bei den Linken 36,8 Prozent, bei der SPD 33,1 Prozent, bei der CDU 26,6 Prozent, bei der CSU 21,6 Prozent und bei der AFD 18,7 Prozent. Eine Interpretation kann sein, dass Frauen innerhalb der konservativen bis rechtskonservativen Parteien einen anderen Bewertungsmaßstab an sexuelle Belästigung anlegen als linke und progressive Parteien. Dass also ein sexistischer Spruch bei den einen als Scherz verstanden und bei den anderen als Diskriminierung gewertet wird. Das entspräche auch den jeweiligen politischen Positionen der Parteien: Markus Söder verbietet das Gendern in Schulen, Friedrich Merz sieht in der *woken* Anti-Rechts-Bewegung eine Cancel Culture und große Gefahr für die Demokratie.[149] Manch ein AfD-Mitarbeiter träumt davon, Frauen zu mustern und sie zur Abgabe von Eizellen zu verpflichten, um das Altern der Bevölkerung zu stoppen.[150] Zusammenfassend ist an den Zahlen zu sehen, dass – mit Ausnahme der FDP – die Parteien mit dem größten Frauenanteil die meisten Belästigungen angeben. Das ist insofern nachvollziehbar, weil mehr Frauen da sind, die belästigt werden können, und gleichzeitig zu vermuten ist, dass Frauen mit einer stärkeren Sensibilisierung für Diskriminierung auch mehr Vorfälle bei der Befragung angeben. Unwahrscheinlich ist, dass Frauen in rechten, rechtskonservativen und christlichen Parteien keinen Sexismus erleben. Die Studie *Autoritäre Dynamiken in unsicheren Zeiten* führt aus: »Die enge Verbindung von Rechtsextremismus und Antifeminismus zeigt sich auch im rechten Kampfbegriff des ›Großen Austausches‹ und dem damit verbundenen Phantasma eines ›Abwehrkampf[es]‹ gegen eine Verschwörung (Sanders et al., 2018, S. 18). Zu dieser Erzählung gehören unter anderem die imaginierte Vorherrschaft von Frauen sowie eine vermeintlich durch den Feminismus verursachte Benachteiligung von Männern und Jungen, die bekämpft werden sollen.«[151] In Gruppierungen, in denen die Abwertung von Menschen zum Beispiel aufgrund ihres Geschlechts zu ihren Werten gehört, wird Machtmissbrauch legitimiert und Teil der Organisationskultur. Auch Frauen wirken an dieser Kultur durch Unterordnung und Selbstlimitierung mit. Aber die »Beschränkung weiblicher Selbstbestimmung ist nicht nur bei Vertretern der extremen Rechten als Ziel beliebt, sondern auch bei *christlichen Fundamentalisten*«.[152]

Wenige Tage vor der Europawahl 2024 veröffentlichen *Stern* und *Correctiv* Artikel über psychischen und sexuellen Machtmissbrauch im EU-Parlament. Die Fälle betreffen Politiker und Politikerinnen des gesamten Parteienspektrums, Männer wie Frauen. Sie werden zum Teil gegeneinander eingesetzt. Als

Vorwürfe wegen grenzüberschreitendem Verhalten gegen den jüngsten EU-Abgeordneten von den Grünen, Malte Gallée,[153] 2024 ihren Höhepunkt erreichen, »schreiben 14 Abgeordnete aus der CDU/CSU-Gruppe einen Brief an die Spitze der Grünen-Fraktion: ›Diese Vorwürfe müssen transparent aufgearbeitet werden‹, heißt es darin, ›damit nicht der Eindruck entsteht, dass solches Verhalten vertuscht oder gar toleriert wird.‹ […] Auch die CDU-Abgeordnete Karolin Braunberger-Reinhold unterzeichnete. Erst ein Jahr zuvor stand sie selbst im Zentrum einer Belästigungs-Affäre.«[154] Braunberger-Reinhold soll 2023 zwei Mitarbeitende auf einer Weinwanderung belästigt haben, bei der auch rund 30 Mitglieder der Jungen Union teilnehmen. Auf der Wanderung erzählt sie ihren Mitarbeitenden, dass sie »flachgelegt werden« möchte.[155] Sie berührt angeblich eine Mitarbeiterin intim. »Neunmal beschäftigte sich der EU-Ausschuss« mit den Vorwürfen, schreibt *Bild* im März 2023.[156] Am Ende habe der »Ausschuss […] die ›Schwere der Vorfälle‹ gegen die ›Schwere der Konsequenzen‹ für das Leben der Politikerin abgewogen, wenn die ›sexuellen Belästigungen öffentlich‹ würden« und sprechen keine Sanktionen gegen die EU-Abgeordnete aus.[157] Angesichts dieser Fälle scheitert der Versuch, Werte als Mittel gegen Machtmissbrauch einzusetzen. Werte sind nett, aber das war es auch schon. Es ist festzustellen: Auch da, wo sich Organisationen öffentlich für soziale Gerechtigkeit und Gleichstellung einsetzen, kann Macht missbraucht werden.

Bei der Linken werden 2022 mehrere Fälle sexuellen Machtmissbrauchs unter anderem von Minderjährigen, sowohl Frauen als auch einem Mann, öffentlich. Parteivorstand Niema Movassat schrieb dazu auf Twitter (heute X), wie der *Spiegel* berichtet: »In der Partei die Linke darf es keinerlei Toleranz für Täter geben! Wer Menschen sexuell belästigt und missbraucht, gehört aus der Partei ausgeschlossen. Der Thüringer Staatskanzleichef Benjamin Hoff forderte, die Organisationskultur müsse grundlegend erneuert werden.«[158] Das tatsächliche Verhalten der Partei im Umgang mit den Vorwürfen liest sich wie das vieler Organisationen: »im November 2021 wendet sich Coen [eine Betroffene] an die linke Vorsitzende des Ausschusses für Frauen und Gleichstellung in der Wiesbadener Stadtfraktion und bittet um ein Gespräch. Die Genossin lehnt ab, ›da die Vorwürfe bereits Gegenstand juristischer Prüfung‹ seien. Sie bezieht sich damit auf die Anschuldigungen, die Michelle Rau per Instagram erhebt und gegen die Beschuldigte später Unterlassungsansprüche erwirken. Nach Coens Erlebnissen fragt die frauenpolitische Sprecherin nicht. Eine Anfrage des SPIEGEL lässt sie unbeantwortet.«[159] Intern arbeitet die Partei an ihrer Selbstverteidigung und spricht davon, Vorwürfe entschieden zurückzuweisen. Alexander Stück ist zu der Zeit Mitglied der Linksjugend und gibt an, sexuelle Belästigung durch einen linken Bundestagsabgeordneten aus Hessen erlebt zu haben: »Im Februar 2019 schildert Stück seine Eindrücke einem Mitglied des geschäftsführenden Landesvorstands. ›Sie sagte: Lass es, es schadet der Partei, und es schadet dir. Du wirst dort nichts, wenn du darüber sprichst.‹«[160] Auf der Website der Linken findet sich seit 2022 ein neuer Grundkonsens, der für eine neue feministische Linke stehen soll. Darin heißt es: »DIE LINKE versteht sich als feministische Partei. Viele Feminist*innen organisieren sich genau deshalb in der LINKEN und feministische Themen sind prägend für unsere politische Arbeit. Für uns steht fest: Sexualisierte Gewalt und sexistische Strukturen haben in unserer Partei keinen Platz. Leider kann kein

Gesellschaftsbereich von sich behaupten, frei von Sexismus zu sein: Er kommt vor im Sport, in der Kultur, in der Politik, im Bildungswesen, am Arbeitsplatz, auf der Straße, im Privaten und im Club. Jeder einzelne dieser Bereiche ist gefragt, Strukturen zu schaffen, die Übergriffe verhindern und Betroffene schützen. Sexismus ist in der LINKEN nicht stärker als im Rest der Gesellschaft, auch wenn es gerade so erscheinen mag.«[161] Das klingt wie der ablenkende Versuch zu sagen: Bei den anderen ist es auch voll schlimm! Dennoch liegt die Partei damit richtig.

Der Fachkräftemangel

Gibt es in einem Land mehr Arbeitskräfte als Jobs, entsteht ein Arbeitgebermarkt, der sich die besten Mitarbeitenden für seine Stellen aussuchen kann. Die Abhängigkeit der Arbeitnehmenden von den Arbeitgebenden steigt. Für Organisationen ist das von Vorteil, weil sie gute Arbeitskräfte für niedrigere Löhne einstellen können. Für Arbeitnehmende ist diese Situation schlecht. Je geringer ihre Qualifikation ist, desto schlechtere Arbeitsbedingungen müssen sie akzeptieren. In den meisten wohlständigen, demokratischen Ländern ist die Situation mittlerweile eine andere: International ist zu beobachten, dass in genau diesen Ländern die Geburtenrate seit den 1970er Jahren rückläufig ist. So auch in Deutschland. Das Resultat fünfzig Jahre später ist eine deutsche Bevölkerung, in der es immer weniger Menschen im erwerbsfähigen Alter gibt. Bis 2050 sind es bis zu 16 Millionen weniger, wenn niemand zuwandert. Bis 2034 steigt in Deutschland der Anteil der über 67-Jährigen gegenüber allen Erwerbstätigen zwischen 20 und 67 Jahren um 30 bis 45 Prozent an. Die Konjunkturumfrage des Ifo-Instituts im August 2023 ergibt: In 43,1 Prozent der Firmen fehlen aktuell qualifizierte Arbeitskräfte. Eine Umfrage der Deutschen Industrie- und Handelskammer (DIHK) zeigt, dass derzeit 1,8 Millionen Stellen unbesetzt sind. Deutschland büßt dadurch mehr als zwei Prozent Wirtschaftsleistung ein. Die Situation hat sich von einem Arbeitgebermarkt zu einem Arbeitnehmermarkt gewandelt. Bewerbende können höhere Löhne verlangen, bessere Arbeitsbedingungen fordern und mit ihrem

Weggang drohen, wenn der Arbeitgeber ihren Forderungen nicht folgt. Die unbeachtete Seite eines Arbeitnehmermarktes ist die der Qualität. Die Liste der sogenannten Engpassberufe listet 200 Berufe auf, in denen massiv Personal fehlt. Ganz oben stehen Pflegefachkräfte in der Gesundheits-, Kranken- und Altenpflege.[162] Ich spreche darüber mit Claus Fussek. Er galt schon als scharfer Kritiker des deutschen Pflegesystems, bevor Pflege zum Engpassberuf wurde: »Meinen Erfahrungen und Informationen von Pflegeverbänden und -schulen entsprechend wird unter der Hand geschätzt, dass bis zu 70 Prozent der Menschen, die aktuell in der Pflege arbeiten, dafür ungeeignet sind.« Er sagt mir, was er 2021 auch schon der *Passauer Neuen Presse* gesagt hat.[163] Wenn das so ist, dann ist die Pflege nicht nur die Branche mit den meisten unbesetzten Stellen. Dann ist das Problem in der Pflege um ein Vielfaches größer. Die Anforderungen an den Job, insbesondere in der Altenpflege, sind hoch. Die täglichen Aufgaben sind dabei weniger das Problem als die Bedingungen, unter denen diese Tätigkeiten ausgeführt werden müssen. Nicht nur, weil in profitorientierten – und karitativen – Einrichtungen die Pflege immer effektiver erfolgen soll und immer weniger Menschen immer mehr Aufgaben erfüllen müssen. Sondern weil der Umgang mit beispielsweise demenzkranken Menschen sehr herausfordernd ist. Pflegende brauchen eine besonders hohe Resilienz und Empathie, um unter Druck mit Hingabe einen Menschen zu waschen, zu füttern und anzukleiden, der sie an einem schlechten Tag bespuckt, schlägt, beschimpft oder Dinge nach ihnen wirft. Aggressionen können zum Krankheitsbild gehören.[164]

Claus Fussek sagt, mit 40 Stunden die Woche kann man das kaum machen, ohne dazu überzugehen, den kranken Alten ihre Menschlichkeit abzusprechen und sie entsprechend verächtlich zu behandeln. Rassismus oder Sexismus werden nicht legitim, weil Täterinnen oder Täter gestresst waren. Gleiches muss für Altersdiskriminierung und Behindertenfeindlichkeit gelten: Die Verhältnisse in Organisationen sind keine Entschuldigung für machtmissbräuchliches Verhalten. Pflegende, die ihre Macht missbrauchen, sind Täter oder Täterinnen, auch wenn sie massiv unter Druck stehen.

»Zahlreiche Studien belegen, dass sowohl die Fluktuation, die Krankenstandtage und der Ausstieg aus dem Beruf der Pflege deutlich höher sind als in anderen Berufen. Zu den Hauptursachen der Ausfälle [...] gehören Erkrankungen des Bewegungsapparates und mittlerweile auch psychische Erkrankungen wie Burnout.«[165] Die logische Schlussfolgerung wäre, dass Pflegekräfte nur in Teilzeit arbeiten dürften, um zu regenerieren. Im Universitätsklinikum Bielefeld wird deshalb die Viertagewoche getestet: Das »Modell bietet den Mitarbeitenden in den Pflegeteams die Möglichkeit, von mehr freien Tagen zu profitieren. Darüber hinaus ermöglicht die zuverlässige Dienstplanung eine bessere Schichtbesetzung und somit mehr Zeit für die Patientenversorgung.«[166]

Der Missbrauch von Macht wird wahrscheinlicher, je größer der Druck ist, der auf Organisationen und ihren Mitgliedern lastet. Formale Konditionalprogramme werden entweder eher vernachlässigt, indem zum Beispiel die Morgenwäsche abgekürzt wird, oder streng befolgt, indem etwa die Nachtruhe mit Bettgittern und Medikamenten erzwungen wird. In der Pflege fehlen die meisten Fachkräfte im Land. Ein erheblicher Teil von ihnen ist den Herausforderungen im Job nicht gewachsen. Diejenigen, die den Job gut und gerne machen, sollten besser in Teilzeit arbeiten, damit Bewohnende nicht unter ihrer fehlenden Regeneration leiden müssen. Werden diese Umstände in die benötigte Zahl der Fachkräfte einbezogen, wird sich der Personalbedarf locker verdoppeln, während die Zahl der Alten stetig zunimmt.

Heinz Küpper arbeitet in der Demenz-Informations- und Koordinationsstelle (DIKS), als er mit der *taz* über Machtmissbrauch in Pflegeheimen spricht: »›Die Strukturen sind vergleichbar mit denen bei Kindesmisshandlungen: Da stehen sich ein mächtiger und ein ausgelieferter Mensch gegenüber. Und die ausgelieferten Menschen verraten den Täter oft nicht. [Tun sie es doch], wird ihnen vielfach nicht geglaubt.‹ Alle sind sich einig: Es gibt zu wenig PflegerInnen, von denen zu viele zu schlecht qualifiziert sind. Das führe zur Überlastung und zur Überforderung – und vielleicht auch zu gewalttätigen Übergriffen. Aber: Alle sind sich auch einig, dass das Problem vielschichtiger und eine Verstärkung der Heimaufsicht keine Lösung ist.«[167] Der Artikel ist aus dem Jahr 2012. Zu dieser Zeit wurde ein Fall von Gewalt gegenüber einer 85 Jahre alten Bewohnerin im Bremer Pflegezentrum Forum Ellener Hof öffentlich. Der Sohn der Frau hatte den Aussagen seiner demenzkranken Mutter lange nicht geglaubt: »Dann installierte er in ihrem Zimmer heimlich eine versteckte Kamera, und die zeichnete auf, wie die Pflegerin seine Mutter anschrie und an den Haaren zog.«[168] Schon damals gab es zu wenig Pflegepersonal, schon damals war offenkundig, dass viele nicht für den Beruf geeignet sind, und schon damals war zu erkennen, dass die Verstärkung von Kontrollen der Heime nicht ausreichend helfen. Das zeigt auch der Fall um die Seniorenresidenz Schliersee auf tragische Weise.

Zu Beginn der Coronapandemie, im Mai 2020, bricht im Heim in Schliersee Covid-19 aus. Die Bundeswehr kommt, um zu helfen, und findet »verwahrloste und unterernährte Bewohner«, wie es im Politmagazin *Kontrovers* des Bayerischen Rundfunks am 24. März 2021 heißt.[169] Die Staatsanwaltschaft München leitet Ermittlungen gegen die damalige Heimleiterin ein. Die Journalistinnen des Politmagazins besuchen das Heim nach dem Coronaausbruch und treffen auf einen neuen Interimsheimleiter, der übergangsweise die Stelle übernommen hat. Ihm zufolge soll jetzt alles besser werden, aber das wird es nicht, wie die Recherche des Bayerischen Rundfunks später zeigen wird. Das Team erhält eine anonyme E-Mail. Darin heißt es, es bestehe Gefahr an Leib und Leben für die Bewohnenden. Später gibt sich die Verfasserin der E-Mail zu erkennen: Andrea Würtz arbeitete zu der Zeit im Landratsamt Kreis Miesbach, in dessen Zuständigkeitsbereich das Heim am Schliersee fällt. Als Mitarbeiterin des Gesundheitsamtes war es ihre Aufgabe, das Heim zu kontrollieren und über die Zustände zu berichten. Das tat sie. Sie berichtet von Verwahrlosung über alle Etagen und massiven Personalmangel. Dieser Zustand muss schon lange angehalten haben, vermutet sie. Sie fand einen Bewohner mit einem Body-Mass-Index von 15,9. Das Ideal liegt zwischen 18,5 und 24,9. Sie hätte noch nie so viele ungepflegte Füße und undokumentierte Wunden gesehen. Ein Bewohner habe offene Beine gehabt, von denen Eiter und Blut auf den Teppich tropften. Sie mahnt an, dass das Heim geschlossen werden müsse, aber das Landratsamt entscheidet sich dagegen. Selbst ohne ihre Berichte an den Landrat hätten die Missstände aber auffallen müssen: »Jeder der dort stirbt, wird beschlagnahmt und obduziert«, heißt es in der Reportage. In Deutschland ist es gesetzlich geregelt, dass ein Amtsarzt eine Leiche vor deren Verbrennung im Krematorium hinsichtlich einer möglicherweise unnatürlichen Todesursache untersuchen muss, »unabhängig davon, was auf dem zuvor von einem anderen Arzt ausgestellten Totenschein steht«.[170] Laut der Publikation *Das Gesundheitswesen* von 2014 untersuchten die Fachärztin für Rechtsmedizin Tanja Germerott und ein Team »retrospektiv Obduktionsfälle im Zeitraum 1997 bis 2006. Insgesamt 356 Verstorbene waren ≥ 60 Jahre alt und hatten in einem Alten- oder Pflegeheim gelebt. Das Durchschnittsalter betrug 82,7 Jahre und 63,4 % waren weiblich. In 37,9 % der Fälle ergab eine erste Leichenschau die Feststellung eines natürlichen Todes und erst die zweite Leichenschau im Krematorium fragliche Befunde mit Überführung in die Rechtsmedizin. Als häufigste Ursache für die Autopsie wird der Verdacht auf ein ärztliches und pflegerisches Fehlverhalten genannt (74,5 %). Dabei waren die Vermutung einer unterlassenen Obhutspflicht und einer falschen Behandlung führend (72,1 und 25 %).«[171]

In der Seniorenresidenz Schliersee ermittelt die Staatsanwaltschaft später wegen Körperverletzungsdelikten gegenüber 88 Bewohnenden. In der Reportage des Bayerischen Rundfunks heißt es: »Mehr als 80 Bewohner leben zu diesem Zeitpunkt in der Seniorenresidenz Schliersee.« Die Körperverletzungen scheinen also alle Bewohnenden zu betreffen. Eine Patientin stirbt an Verletzungen, die von einer Vergewaltigung durch einen demenzkranken Bewohner verursacht wurden. Der Sohn der Toten fragt sich, ob der kranke Mann zu lange ohne Aufsicht war. Auf all die Fälle und die Mahnungen seiner Mitarbeiterin Andrea Würtz angesprochen, sagt Landrat Olaf von Löwis (CSU) gegenüber dem Bayerischen Rundfunk, er hätte das Heim nicht schließen können. Juristisch würden erhebliche Bedenken für eine Schließung nicht ausreichen. Das Bayerische Gesundheitsministerium bestätigt das, aber macht dennoch die Behörde vor Ort verantwortlich. Sie träfe die Entscheidung über eine Schließung. In der Reportage heißt es weiter, dass Heimschließungen tatsächlich selten seien und stufenweise erfolgen: beraten, mahnen, bestrafen, schließen. Nach Informationen des Bayerischen Rundfunks ist etlichen Beschwerden jedoch nie nachgegangen worden.

Der Beitrag lässt einige Ursachen für die Zustände im Heim vermuten. Es sei besonders günstig gewesen und der Träger des Heimes in mehreren Ländern und an mehreren Standorten mit Vorwürfen konfrontiert. Ein ehemaliger Manager sagt aus, dass für die Rentabilität an Personal, Essen, Reinigung und Versorgung gespart würde. Ein ehemaliger Bewohner erzählt, wie Pflegerinnen ablehnten, seine entzündete Wunde zu reinigen. Er musste kurz darauf wegen drohender Blutvergiftung ins Krankenhaus. Die Verantwortung für ihr Verhalten tragen die Pflegenden selbst. Es erscheint aber unwahrscheinlich, dass in einem Großteil der Heime dieses Trägers – in Spanien, Deutschland und Italien – zufällig immer die moralisch abtrünnigsten Pfleger und Pflegerinnen arbeiten. In allen drei Ländern ermittelte laut Reportage die zuständige Staatsanwaltschaft. Der Träger habe unqualifiziertes Personal angestellt, um die Löhne zu drücken, erklärt der ehemalige Manager die Zustände.

Es ist eingängig, dass die maximale Profitorientierung des Trägers für Verhältnisse in Pflegeeinrichtungen sorgt, die das Personal in die Illegalität drängen, um ihren Aufgaben unter diesen Bedingungen nachzukommen und sich selbst zu schützen. Gleichzeitig ist Fakt: All dies geschieht in Zeiten des Fachkräftemangels und eines Arbeitnehmermarktes. Pflegekräfte werde überall händeringend gesucht. Unter diesen Bedingungen zu arbeiten, ist kein Muss. Die Betrachtung des Falles Schliersee zeigt, wie der Fachkräftemangel und eine immer ältere Bevölkerung auf eine Organisation treffen, die Machtmissbrauch in ihren Ablauf einpreist. Sie befindet sich außerdem in Eigentumsverhältnissen, die die Organisationsführung womöglich dazu drängt, Qualität einzusparen. Aber wen – außer die Angehörigen – interessiert das schon? Alte und behinderte Menschen sind uns schlichtweg egal. Über sie lässt sich nicht so engagiert beim Mittagessen sprechen wie über den Machtmissbrauch von Promis, von schönen oder akademisierten Menschen. Mit Alten und Behinderten gewinnt man auch keine Wahlen. Die Zustände in der Alten- und Behindertenpflege sind auch deshalb so, weil wir nicht hinschauen wollen. Die Studie *Altersbilder in anderen Kulturen* der Robert Bosch Stiftung von 2009 stellt fest, dass »in westlich orientierten Gesellschaften das Alter auf individueller Ebene primär mit Benachteiligungen, auf kollektiver oder gesellschaftlicher Ebene primär mit Integrationsproblemen assoziiert« ist.[172] Im Vergleich zu anderen Kulturen sei festzustellen, »dass das Alter in individualistisch geprägten Gesellschaften mit besonderen Problemen verbunden ist, während die Integration des Alters in stärker kollektivistisch geprägten Gesellschaften besser gelingen sollte«.[173] Auch muslimisch geprägte Länder zeigen das: »Altenpflege außerhalb der Familie ist im muslimischen Kontext lange kein Thema gewesen«, sagt der Islamwissenschaftler und Jurist Mathias Rohe von der Universität Erlangen-Nürnberg in einem Beitrag des Deutschlandfunks von 2019. Und weiter: »Als ich in Damaskus in den 80er-Jahren studiert habe, musste ich den Menschen erklären, was ein Altersheim ist. Das konnten die sich gar nicht vorstellen, dass es so etwas gibt.«[174]

Ich besuche 2007 das erste türkische Altersheim in Berlin-Kreuzberg Türk Bakım Evi. Mittlerweile scheint es vorstellbarer geworden zu sein, alte muslimische Menschen in einer Einrichtung betreuen zu lassen. Die Einrichtung ist ausschließlich für muslimische Gäste, doch 2012 beendet der Träger Marseille-Kliniken AG das Konzept wegen zu geringer Nachfrage und öffnet sich für alle Pflegebedürftigen. Vielleicht sind die muslimischen Alten einfach besser bei ihren Familien aufgehoben und seltener vereinsamt als die Alten in nichtmuslimischen Familien.

Der Profit

Die Marseille-Kliniken AG ist keine französische Aktiengesellschaft, sondern ein deutsches Unternehmen des Gründers Ulrich Marseille. Den Fokus beim Türk Bakım Evi ausschließlich auf ehemalige muslimische Gastarbeitende gesetzt zu haben, wird vermutlich eher unternehmerischen Interessen geschuldet gewesen sein denn einer besonderen Kenntnis muslimischer Gepflogenheiten. Berlin verzeichnete zur Zeit der Heimeröffnung mit rund 119 000 Menschen die größte türkische Gemeinde der Bundesrepublik. 2017 stößt das mittlerweile in MK-Kliniken umbenannte Unternehmen seine gesamte Altenheimsparte ab: »Wie Ulrich Marseille der *Süddeutschen Zeitung* sagte, wurde der Betrieb von 46 Heimen der stationären Altenpflege mit insgesamt 5400 Heim- und etwa 4000 Arbeitsplätzen an die französische Investorengruppe Chequers Capital verkauft.«[175] Eine Kaufsumme von rund 300 Millionen Euro werde vermutet. Das ist der Preis ohne die Immobilien. Die steigende Zahl alter Menschen in Deutschland lässt auch die Nachfrage am Gesundheitsmarkt für stationäre Einrichtungen steigen. Sie sorge für gute Preise: »Hinzu kommt, dass das damit verbundene laufende Geschäft auf der Einnahmenseite durch Rente, Pflegeversicherung und Sozialkassen staatlich unterfüttert ist, was Investoren eine gewisse Sicherheit garantiert.«[176]

Die Heime der Marseille-Kliniken standen immer wieder in der Kritik. Zwei Einrichtungen wurden von der Heimaufsicht im Rhein-Kreis Neuss in Nordrhein-Westfalen geschlossen. Moment: Von der Heimaufsicht geschlossen? Das, was in Schliersee angeblich nicht möglich war? Vielleicht kann Landrat Olaf von Löwis aus Miesbach von der Heimaufsicht im Rhein-Kreis Neuss lernen, wie man Heime, die Leib und Leben von Bewohnenden gefährden, juristisch sicher schließt. Bis 2026 ist er noch im Amt. Es würde sich lohnen.

Aber zurück zum Eigentümer und Gründer Ulrich Marseille: Der sagt zu den Heimschließungen aufgrund schwerer Mängel in Pflege und Versorgung in der *Süddeutschen Zeitung*: »Es habe sich um ›Fälle von reinem Missmanagement gehandelt, weil die zuständigen Vorstände und Geschäftsführer trotz klarer Signale und Hinweise der Heimaufsicht versagt haben‹. Statt zu handeln, hätten die Manager ›nichts getan und dem Aufsichtsrat gegenüber die Zustände auch noch schöngeredet‹. Deswegen habe man sie zwischenzeitlich auch gefeuert; zwei Ex-Vorstände hat die MK-Kliniken AG in diesem Zusammenhang auf 5,7 Millionen Euro Schadenersatz verklagt.«[177]

Wer genau wofür verantwortlich zu machen ist, können nur detaillierte Ermittlungen und ein Einblick in die Tiefen der Organisation liefern. Aber es klingt erst mal plausibel, dass die Profitorientierung von Organisationen die Arbeitssituation für Mitarbeitende und damit auch für die Kunden und Kundinnen – hier also die Alten – negativ beeinflusst. Machtmissbrauch wird unter hohem Druck wahrscheinlicher. Für Eigentumsstrukturen, die sich durch Abwesenheit (Absentee Ownership) auszeichnen, ist es typisch, dass Entscheidungen oft ohne jeglichen Bezug zur Arbeitsrealität getroffen werden. Der Zweck von Aktiengesellschaften ist das Erzielen von Rendite für Aktionäre und Aktionärinnen. Zwar sind ein Pflegeskandal und geschlossene Heime nachteilig für das Image jedes Unternehmens. Aber der Bedarf des Gesundheitsmarktes scheint so groß zu sein, dass es der Kaufsumme nicht geschadet hat.

Kapitalistische Interessen können Machtmissbrauch begünstigen. Aus den vielen Beispielen karitativer und staatlicher Einrichtungen kann aber nicht geschlossen werden, dass unser Wirtschaftssystem allein verantwortlich ist. Denn Machtmissbrauch findet auch in Familien statt, im Privaten. Dort entstehen zwar zwischen Partnerinnen und Partnern stereotype Abhängigkeitsverhältnisse aufgrund von Geld. Den Machtmissbrauch gegenüber Kindern erklärt das aber nicht. Dennoch ist Geld ein Machtmittel, das zum Missbrauch als implizite oder explizite Drohung eingesetzt werden kann. Die Schlussfolgerung, dass in kommerziellen Organisationen, deren Eigentümer auf Profitmaximierung setzen, Machtmissbrauch wahrscheinlicher ist, liegt nahe. Börsennotierte Unternehmen streben aufgrund ihrer Rechtsform nach Rendite, die auf die Anteilseignerinnen verteilt werden kann. Altenheimkonzerne und Fleischindustrie haben darin etwas gemeinsam: Die zu erledigende Arbeit befindet sich zu weiten Teilen im Niedriglohnsektor. Fachkräfte fehlen. Leute aus dem Ausland werden angeworben, deren Lebensbedingungen in der Heimat schlechter sind als in Deutschland. Sie akzeptieren deshalb unwürdige Arbeitsbedingungen. Ein Großteil der Konsumierenden wiederum wünscht sich möglichst niedrige Preise. Um in diesem Umfeld rentabel zu wirtschaften, wird an Qualität, Personal und Verantwortung gespart. Es betrifft die Fleischzerteilerinnen in Niedersachsen, von denen die *Zeit* 2014 berichtet: »Puten die Brust aufschneiden, Fett herausholen. In dieser Gegend, wo die Orte Oldenburg heißen, Garrel, Essen, Visbek oder Badbergen, haben Männer wie Emilian einen Namen.

Waldmenschen. Sie schlafen in Mulden unter Bäumen, ohne Dächer und ohne Schutz, sie decken sich mit Blättern zu. Sie liegen da zusammengekauert wie wilde Tiere.«[178] Es betrifft die Tomatenerntehelferinnen und -helfer in Italien, über die die *taz* 2015 schreibt: »Diesen Sommer haben die Zeitungen mehr als sonst über die Verhältnisse in Rignano berichtet. Zu viele Tote. Im südapulischen Nardò fand Anfang August eine Mahnwache für Mohamed Abdullah statt. 47 Jahre alt, verheiratet, zwei Kinder. Er ist am 20. Juli in der Mittagshitze auf dem Feld zwischen den Tomatenpflanzen kollabiert – Herzinfarkt. Der Sudanese war erst am Tag zuvor aus Sizilien eingetroffen.«[179] Es betrifft die Erdbeerpflückerinnen und -pflücker, über die *Correctiv* in Kooperation mit *Buzzfeed* 2018 in Spanien aufdeckt: »Es ist wahrscheinlich, dass Erdbeeren von Feldern in Huelva, auf denen sexuelle Ausbeutung von Frauen Alltag ist, in vielen Supermärkten in Deutschland landen. BuzzFeed News hat zum Beispiel Erdbeeren der andalusischen Genossenschaft Santa Maria de la Rabida, für die auch Kalima und Sabiha gearbeitet haben, in einem Lidl-Supermarkt in Nordrhein-Westfalen gefunden.«[180]

Wo der deutsche Fachkräftemangel abhängige, ausländische Fachkräfte in den Niedriglohn zwingt und profitorientierte Unternehmen Gewinne erwirtschaften wollen, weil Gesetzeslücken das zulassen, ist es unwahrscheinlich, dass Macht nicht missbraucht wird.

Die Vielfalt

Der Fachkräftemangel offenbart nicht nur einen Mangel an *irgendwelchen* Arbeitnehmenden, sondern macht die Ungleichheiten in Arbeit und Gesellschaft überdeutlich. Rund 90 Prozent der Arbeitskraft von Männern ist ausgeschöpft. Mit ihnen allein kommen wir in einer alternden Bevölkerung nicht weiter. Das Bundesministerium für Wirtschaft und Klimaschutz (BMWK) wirbt auf seiner Website deshalb nicht zufällig besonders um jene Personen, die die Viktimologie unter den disponierten Opfergruppen listet: Frauen, Menschen mit internationaler Biographie, Menschen mit Behinderung, Ungelernte und Alte. In Diskriminierungsdimensionen ausgedrückt kommen damit Menschen mit einer oder sich überlappenden Diskriminierungserfahrungen in die Organisation: Sexismus, Rassismus, Ableismus, Klassismus und Ageismus. Ihr Erscheinen *provoziert* auf absurde Weise, dass Diskriminierungen und damit Machtmissbrauch zunehmen. Wenn Organisationen durch Personalmangel zwangsweise diversiviziert werden, wird nicht gleich alles gut. Erst mal bedeutet das mehr Konflikte und Machtkämpfe.

Der Soziologe Aladin El-Mafaalani beschreibt dieses Phänomen als *Integrationsparadox*. Ist ein Team besonders divers aufgestellt – besteht es also aus alten, jungen, nicht behinderten und behinderten, dicken, dünnen, queeren, Schwarzen, Braunen und weißen Menschen, aus Männern, Frauen und nicht binären Menschen unterschiedlicher Religionen –, ist mit mehr Konflikten zu rechnen. Für Organisationen ist das vor allem deshalb schwierig, weil diejenigen, die heute mehrheitlich Organisationen führen, in derart privilegierten, harmonischen und stressfreien Haushalten herangewachsen sind, dass sie den Umgang mit Widerspruch, Kritik und sozialem Stress nicht gewohnt sind. El-Mafaalani erklärt das anhand von Klassenaufsteigern und -aufsteigerinnen: »Die Suche nach einer neuen sozialen Heimat erfordert insbesondere Anpassungsfähigkeit und Frustrationstoleranz. Aufgestiegene sind es in umfassender Form gewohnt, Unsicherheit auszuhalten und sich in unbekannten Kontexten zurechtzufinden.«[181] Menschen mit struktureller Diskriminierungserfahrung müssen ihren Weg trotz Kritik und Widerspruch gehen. Das machen sie weder freiwillig, noch gehen sie immer unbeschadet daraus hervor.[182] Als Effekt zeigen sie sich dennoch resilienter im Umgang mit Unsicherheit. Wer hingegen seine Autorität in Gefahr sieht und unerfahren im Umgang mit Kritik und Widerspruch ist, hat wahrscheinlicher Stress und wehrt sich dagegen. Machtmissbrauch kann ein Ausdruck davon sein, die eigene Anerkennungsbedürftigkeit befriedigen zu wollen. »Die meisten Menschen mobben, weil es ein gutes Gefühl ist, Macht über andere zu haben, und weil es gut bei der [umstehenden] Gruppe ankommt. Wenn alle lachen, kriegen [die Täter und Täterinnen] Anerkennung und stehen im Mittelpunkt. Dadurch werden in ihrem Gehirn Botenstoffe ausgeschüttet, zum Beispiel Dopamin.«[183] Die beliebtesten Opfer sind dabei nicht nur neurotizistische Personen, sondern auch offene und kreative: »Offene Menschen sind in der Regel intelligent, lieben Abwechslung, sind eher anspruchsvoll und vertreten eine eigene Meinung«, erläutern Thomas Rammsayer und Kathrin Schmiga von der Universität Göttingen in der *Süddeutschen Zeitung*. »Starke Persönlichkeiten würden offenbar durch ihr unkonventionelles Denken und ihr abweichlerisches Verhalten bei den Kollegen anecken. Das könne dann ebenso zur Ausgrenzung führen wie die Unterwürfigkeit.«[184] Unter dem aus der postkolonialen Theorie stammenden Begriff *Othering* ist »die Distanzierung und Differenzierung zu anderen Gruppen [zu verstehen], um seine eigene [als hochwertiger wahrgenommene] *Normalität* zu bestätigen«.[185] Othering geschieht in Organisationen beispielsweise strukturell durch den Einbezug oder den Ausschluss von Kolleginnen und Kollegen aus formalen oder informalen Gruppen. Aber auch durch stereotyp zugeordnete Stellen: die Frauen im Marketing, der Personalabteilung oder in den Gleichstellungsbereichen. Die Schwarzen und muslimischen Frauen als Reinigungskräfte.

Organisationen sind daher nicht nur Orte, in die ihre Mitglieder gesellschaftliche Unterschiede von außen hineintragen. Organisationen stellen selbst Ungleichheiten in ihren formalen und informalen Strukturen her und reproduzieren sie. Die systemtheoretische Betrachtung von Organisationen, geprägt durch Niklas Luhmann, hilft, um Organisationen in ihren Funktionen, Systemabhängigkeiten und Strukturen zu begreifen. Gleichsam beinhalten Kommunikationswege, Programme und Personal bereits Ungleichheiten. Günther Ortmann schreibt über Macht in Organisationen: »Ein besonders hartnäckiges Beispiel für Machtdifferenziale in Organisationen sind die Verhältnisse in Sachen geschlechtsspezifische Arbeitsteilung, Entlohnung und Karrierechancen.« Dass sie sich so hartnäckig halten, erklärt Ortmann, ist das Resultat einer Vielzahl rekursiver Schleifen. Ein Beispiel: Weil Männer weniger Sorgearbeit übernehmen, können sie Vollzeit arbeiten; weil sie Vollzeit arbeiten, haben sie erfolgreichere Karrieren. Ortmann erklärt, es handele sich um rekursive Schleifen »organisationaler und darüber hinausreichender sozialer Praxis«, die sich teils selbst verstärken. Er macht ein Beispiel: Luhmann bemerkte, Frauen würden »nicht so recht in den Staatsdienst – oder überhaupt in Organisationen? – passen, denn ›sie können nicht so leicht sich zu einem Kollegen setzen, die Pfeife anzünden und eine schwierige Sache zwanglos aus gemütlicher Distanz mit einem durchsprechen.‹ Diese Argumentation [...] ›setzt die Organisation als Männerhaus [...] bereits voraus. Weit davon entfernt zu begründen, warum Frauen schlecht in den Staatsdienst oder andere formale Organisationen passen, begründet Luhmann allenfalls, warum Frauen nicht mehr passen, wenn sich erst einmal Männer dort breit gemacht haben. In Wirklichkeit begründet er natürlich nicht einmal das, sondern er führt nur vor, wie Männer begründen, warum Frauen nicht dazu passen.‹ Luhmanns ziemlich geschlossenen Kreis aus Pfeife schmauchenden Männern und störenden Frauen können wir als rekursive Schleife schreiben: Das Ergebnis (der ›Output‹) der Männerdominanz ist, dass Frauen stören. Das geht als Input in die nächste Runde der Selektion (Rekrutierung) ein, mit dem Ergebnis: befestigte Männerdominanz, und so fort.«[186] Ortmann führt weitere eingängige Beispiele an, die zeigen, dass Strukturen auf stete Reproduktion »im und durch Handeln angewiesen« sind. »Weil Frauen nicht mitarbeiten, gibt es keine kindgerechten Arbeitsplätze, aber weil es keine kindgerechten Arbeitsplätze gibt, arbeiten Frauen nicht mit. Weil Frauen schlechter verdienen, gilt ihre Arbeit als weniger wert, aber weil sie als weniger wert gilt, werden sie schlechter entlohnt. Weil Frauen die niederen Arbeiten bekommen, gelten Arbeiten, die von Frauen übernommen werden, als nieder, aber weil Arbeiten als nieder gelten, werden sie Frauen zugewiesen, und so fort.«[187] Aber diese – in dem Fall für Frauen – negativen Schleifen können sich auch in positive wandeln: Wenn Frauen erfolgreich in Teilzeit führen, animiert das Frauen, die Mütter sind, sich ebenfalls um Führungsposten zu bewerben, was wiederum die Diskriminierung von Müttern und Frauen mindert. In der Reproduktionsabhängigkeit von Machtstrukturen kann also die Chance liegen, positive Strukturen zu etablieren.

Zeigt sich in Unternehmen die tradierte soziale Ordnung unserer Gesellschaft besonders ausgeprägt, wird Machtmissbrauch allein deshalb eher möglich, weil er von den Machthabern (nicht selten auch von Betroffenen) als weniger verwerflich eingestuft wird. Durch das gezielte Rekrutieren ansonsten introvertierter, devoter und anerkennungsbedürftiger Personen, können sich Machthabende relativ sicher sein, dass ihr möglicher Machtmissbrauch kaum Konsequenzen nach sich ziehen wird. Nicht weil es dafür keine formellen Regeln gibt, sondern weil die Informalität sie schützt. In einem Umfeld stark ausgeprägter tradierter Machtverhältnisse werden unsichere, emotional abhängige Personen eher fügsam sein, als in den Widerstand zu gehen. Für die Organisation ist das insofern die angenehmere Situation, als sie in der Verfolgung ihres organisationalen Zwecks weniger Störungen zu erwarten hat. Für sie ist der Missbrauch von Macht vor allem dann problematisch, wenn er zu gehäuften Personalausfällen führt oder gemeldet wird – kurz und knapp: wenn er den Betrieb aufhält. Außerdem leidet durch veröffentlichten Machtmissbrauch die Schauseite der Organisation massiv. Vertrauensverlust und die Auflösung von Kooperationsverträgen mit Lieferanten oder anderen Organisation können die Folge sein. Für die Organisation ist daher der logische Schritt, Vorfälle von Machtmissbrauch intern zu regeln und nicht an die Öffentlichkeit zu bringen. Es ist deshalb davon auszugehen, dass die bekannten Fälle von Machtmissbrauch in Organisationen nur einen kleinen Teil der tatsächlichen Vorfälle abbilden.

Teil 5

DAS WIR

Nach den Dutzenden Gesprächen, Dokumentationen und Artikeln, die ich zu diesem Buch geführt, gesehen und gelesen habe, will mir eines nicht in den Kopf: Warum tun wir so wenig, obwohl es doch so einfach wäre, das Problem von Machtmissbrauch massiv zu entschärfen? Ich habe lange nicht genau verstanden, woran das liegt. Dann las ich eine kleine Geschichte über Liegestühle bei Heinrich Popitz[1] – und mir wurde einiges klarer.

Die Liegestühle

Die Geschichte geht so: Auf einem Schiff im Mittelmeer reisen viele unterschiedliche Passagiere. Die meisten von ihnen haben ihre simple Schlafstätte auf dem Deck des Schiffes eingerichtet. Der größte Luxus an Bord sind ein paar Liegestühle. Es gibt etwa ein Drittel so viele Liegestühle wie Menschen auf dem Schiff. Alle Passagiere einigen sich stillschweigend darauf, dass diese Stühle jedem und jeder zum Sitzen zustehen, solange sie darauf sitzen. Wird ein Stuhl verlassen, ist er frei für jemand anderen. Handtücher oder andere Methoden zum Reservieren werden nicht anerkannt. Angebot und Nachfrage der Stühle passen in etwa zusammen, so dass keine Zweifel am Prinzip aufkommen. An einem Hafen steigen neue Passagiere an Bord, und plötzlich ändert sich alles. Sie nehmen die Liegestühle ein und beanspruchen ihre dauerhafte Benutzung. Die alte Ordnung bricht zusammen. Die Neupassagiere unterstützen sich gegenseitig. Versucht einer der Altpassagiere, einen Liegestuhl zu besetzen, wird er lautstark vertrieben. Diese Drohgebärde reicht aus, damit keine gewaltvolle Auseinandersetzung zustande kommt. Die Neuen konzentrieren die Liegestühle dichter nebeneinander, um sie leichter überwachen zu können. Nicht besetzte Liegestühle werden zusammengeklappt und als Zaun benutzt. Zwei Klassen etablieren sich: Besitzende und Nichtbesitzende. Die Neuen haben vor allem eines mit ihrer neuen Ordnung geschaffen: positive und negative Privilegien. Dem größeren Teil der Passagiere wird der Zugang zu den Liegestühlen nun verwehrt. Die wenigen Privilegierten können die Liegestühle nach ihrem Bedarf nutzen, so wie es vorher alle anderen tun konnten. Um ihre Neuordnung aufrechtzuerhalten, vermieten sie die Liegestühle an die Altpassagiere. Wächterfunktionen werden nicht mehr nur von anderen privilegierten Neupassagieren ausgefüllt, sondern – zur Entlastung der Privilegierten – auch von den besitzlosen Altpassagieren. Diese Delegation festigt die neue Ordnung. Aus zwei Klassen werden drei: die besitzenden Privilegierten, die besitzlosen Wächter und die einfachen Besitzlosen. Letztere – und das ist wichtig zur Klärung der neuen Ordnung – sind nun freiwillig und selbst verschuldet in der schlechtesten Lage. Wie konnte das passieren, obwohl die Etablierung der Neuordnung eindeutig gegen den Willen der Mehrheit erfolgte?

Die Minderheit hatte eine Chance, ihre neue Ordnung durchzusetzen, und ergriff sie – und zwar direkt am Anfang. Zu diesem Zeitpunkt wäre die Minderheit am leichtesten aufzuhalten gewesen. Ein gewaltsamer Konflikt gegen die Mehrheit der Altpassagiere wäre nämlich gefährlich für die Minderheit gewesen. Aber sobald die Dreiteilung durch die Bildung der Dienstleisterklasse erfolgt ist, verschwimmt die Klarheit darüber, wer nun eigentlich die Minderheit darstellt. Folgendes muss passiert sein: Einige der Neupassagiere müssen mit den Altpassagieren in Konflikt über die Nutzung der Liegestühle geraten sein. Zu irgendeinem Zeitpunkt verständigten sich die Neupassagiere über ihren Besitzanspruch. In ihrem Selbstverständnis begriffen sie sich bereits als privilegiert. Die Altpassagiere forderten dieses Privileg nicht für sich, sondern bestritten exklusive Besitzansprüche grundsätzlich. Der Vergleich zeigt einen wesentlichen Unterschied zwischen beiden Gruppen: Die Privilegierten haben die größere Chance, sich schnell und wirkungsvoll zu organisieren, weil sie schlichtweg organisationsfähiger sind. Besetzen sie selbst nicht durchgehend einen Liegestuhl, bitten sie einen anderen Privilegierten um Vertretung ihres Anspruchs. Man überwacht gegenseitig die Liegestühle des anderen. Denn nur gegenseitig haben sie ein Interesse daran, den Anspruch auf die Liegestühle zu verteidigen. Die Unterstützung der anderen liegt so nahe, weil sie zur Unterstützung der eigenen Interessen wird. Die Neupassagiere bringen einen Verteidigungskonflikt auf, den die Altpassagiere für sich gelöst hatten: Alle dürfen auf unbesetzten Stühlen sitzen und geben sie danach wieder frei. Sie müssen nun verteidigen, was sie nicht wollen: den alleinigen Anspruch auf die Liegestühle, den sie nie erhoben hatten. Die Altpassagiere haben es in der Folge schwerer, sich zu einem Gegenschlag zu organisieren, weil niemand einen direkten Nutzen davon hat. Was springt bei einem Rückangriff für mich heraus? Das bleibt vage. Die gegenseitige Hilfe sichert den Altpassagieren keinen individuellen Erfolg. Der Zusammenhalt wäre ein Wagnis. Was die besitzlosen Altpassagiere sich gegenseitig zu bieten haben, entscheidet sich in der Zukunft. »Ihre Solidarität ist also davon abhängig, dass sich alle Beteiligten auf die übernächste Phase hin orientieren. Nicht auf einen Augenblicksvorteil, sondern auf ein fernes Ziel muss die Organisationsbereitschaft sich konstituieren, nicht auf den wirklichen, sondern den imaginären Liegestuhl. Sie kann sich nur auf ein spekulatives Vertrauen gründen, auf eine spekulative Solidarität – eine ungleich viel höhere Leistung, als sie den Privilegierten zugemutet wird.«[2] Zusätzlich können die Neupassagiere mit gegenwärtigen Vorteilen wie Prämien für Wachdienste, Treue und einen in Aussicht gestellten Aufstieg konkurrieren und damit manipulativ steuern. Diese Strategie hemmt die Organisationsfähigkeit der Altpassagiere. Um ihre Hemmungen zu überwinden, braucht es einen viel stärkeren Impuls, um das Niveau der Organisationsfähigkeit zu erreichen, das sich für die Privilegierten fast von selbst ergibt. Wer nicht in der kurzen Zeitspanne konsequent eingreift, in der sich eine neue Ordnung zu etablieren versucht, braucht danach eine besonders starke Vision einer eigenen neuen Ordnung. Diese Funktion kann eine Utopie erfüllen. Je konkreter, desto besser. Sich hinter ihr solidarisch zu versammeln, wird dennoch mit mehr Aufwand verbunden sein, als eine kurzfristige, unmittelbare Belohnung.

Was zeigt uns die Geschichte der Liegestühle? Minderheiten können Macht über Mehrheiten gewinnen und behalten, wenn die Minderheit aus Privilegierten besteht. Denn ihre Privilegien statten sie mit einer überlegenen Organisationsfähigkeit aus. Die Verteidigung der Privilegien und das gelöste Problem der Verteilung ergeben einen Konsens der Ordnung. In dieser Weise sind sie den Nichtprivilegierten überlegen und können dadurch ihre Herrschaft ständig erneuern und möglicherweise erweitern. Die »›Zusatzchance‹ der überlegenen Organisationsfähigkeit« ergibt sich in der Liegestuhl-Geschichte bereits im Entstehen der Machtbildung: »Die neue Gruppe besaß zunächst nichts als die augenblickliche de-facto-Verfügung über ein allgemeines Gebrauchsgut und stellte den Anspruch auf exklusive und dauerhafte Verfügungsgewalt: Dieser scheinbar hauchdünne Vorsprung reichte zur Bildung einer überlegenen Organisationsfähigkeit aus – und damit zum Beginn eines Akkumulationsprozesses der Macht gegen die Interessen der Mehrheit.«[3]

Wer Machtmissbrauch erlebt hat, hat diesen Organisationsnachteil vermutlich zu spüren bekommen. Obwohl viele Kolleginnen und Kollegen in der Organisation wissen, was einem passiert ist, sie vielleicht sogar dabei waren, bleibt ihre Solidarität aus. Oder bleibt zu schwach, um eine Kehrtwende in der vorhandenen Ordnung zu erzeugen. Die Solidarität mit den Betroffenen bringt keine Vorteile, vielleicht sogar eher Nachteile. Täter und Täterinnen und ihre »Dienstleister« nutzen diese Unsicherheit und belohnen diejenigen, die sich einer Positionierung enthalten – und bringen sie genau damit zu einer Positionierung in ihrem Sinne. Wer ungerechte Zustände anklagt, aber keine direkte Besserung anbieten kann, bleibt allein. Den Tätern und Täterinnen zur Seite zu springen, könnte hingegen Schutz bieten. Wer missbraucht wurde, hat nichts zu bieten. Nicht mal Kraft für eine Utopie. Um Beistand zu erhalten, wäre echte Selbstlosigkeit aufseiten der anderen gefragt.

Es gibt natürlich Gegenbeispiele dafür, dass nicht alles so endet wie die Liegestuhl-Geschichte. Wir leben in demokratischen Verhältnissen. Sie stellen eine geschichtliche Besonderheit dar, eine »exzeptionelle Organisationsfähigkeit der Grundschicht, die im Zuge der Industrialisierung neu entstanden ist«, so Popitz.[4] Die Erklärung dafür, warum Demokratien etabliert werden konnten, muss an anderer Stelle nachgelesen werden. Aber stellen wir uns die Ausgangssituation der frei verfügbaren Liegestühle als Metapher für unsere Demokratie vor und die Neupassagiere als antidemokratische Kräfte, die einen exklusiven Anspruch auf die Verwaltung des Staats stellen und auf eine dauerhafte Verfügungsgewalt pochen. Die beste Chance, die wir haben, um sie daran zu hindern, war gestern. Genau in diesem Moment sind Antidemokraten und -demokratinnen dabei, eine dritte Klasse zu schaffen, die ihnen dient. Ist diese Dreiteilung vollständig etabliert, wird es schwer, wieder zum Davor zurückzukehren. Wir wissen das. Warum tun wir so wenig? Obwohl unsere Demokratie voll von Ungleichheit ist, obwohl sie an jeder Ecke Machtmissbrauch zulässt, wenige Privilegierte und viele Nichtprivilegierte erzeugt, ist sie die Staatsform, die historisch und bisher am meisten Gleichheit gebracht hat. Unsere Utopie ist eine noch gerechtere Demokratie. Eine Demokratie, in der Ungleichheit umverteilt wird. Wie genau das gehen soll, ist alles andere als klar. Welche Vorteile Privilegierte davon haben, ist für sie spekulativ: Wenn es Frauen, behinderten Menschen, Armutsbetroffenen und Menschen mit Zuwanderungsgeschichte besser geht, geht es euch auch besser? Inwiefern genau? Wir machen hohle Versprechungen. Unsere Organisationsfähigkeit ist mies.

Die Solidarität

Wie soll bei zunehmender Ungleichheit Solidarität entstehen, wenn das Problem mit der Solidarität ist, dass sie auf Gemeinschaft fußt und nicht auf dem bloßen Vorhandensein einer Ansammlung von Menschen? Um solidarisch mit einer Gruppe zu sein, brauche ich die Individuen der Gruppe zwar nicht alle persönlich zu kennen, aber ich muss mich mit der Gruppe identifizieren und emotional verbinden können. Wie geht das, wenn die Lebensrealitäten vollkommen unterschiedlich sind?

Gewöhnlich wird soziale Solidarität definiert als Verbundenheit, Gemeinsinn und Zusammengehörigkeit. Als »völlige Übereinstimmung, Einigkeit und damit verbundenes unbedingtes Zusammenhalten auf Grund gleicher Anschauungen und Ziele«, wie Hans W. Bierhoff und Beate Küpper sagen.[5] Findet eine solche Gemeinschaft zusammen, entsteht eine soziale Erwartung an gegenseitige Hilfsbereitschaft. Die Hilfe ist damit immer auch Hilfe zur Selbsthilfe, um die gemeinsamen Ziele zu erreichen. Unsere Gesellschaft beruht auf dem Ideal der Individualität, die Singularisierung nimmt eher zu als ab: »Die von Gruppen und Gemeinschaften ausgehenden Ansprüche erscheinen [...] als Gefährdung der freien Selbstbestimmung«, so Kurt Bayertz. Hilfsbereitschaft ist »lobenswert, aber nicht verbindlich«.[6] Soziale Solidarität in einer Gesellschaft oder einer Organisation voller sich teils verschärfender Unterschiede hat es schwer, weil eine schlichte, entscheidende Basis fehlt: das Wir. Das bedeutet, wenn Solidarität auf ein Wir angewiesen ist, dann gibt es immer auch ein Ihr. Eine Abgrenzung zu anderen, zu denen, die nicht dazu gehören. Solidarität schließt demnach andere aus und ist auf eine gewisse Homogenität angewiesen.

Neben Herkunftsgemeinschaften, die auf gleicher Anschauung und vergleichbarem Welterleben basieren, beschreibt Andreas Reckwitz singuläre Kollektive, »die für die Teilnehmer in ihrer Besonderheit einen kulturellen Eigenwert erhalten« und frei gewählt sind.[7] Der Anschluss an ein solches Kollektiv hat vor allem den Wert, dass die Erfahrungen darin für mich als Einzelne verwertbar sind. Es ist ein Miteinander, um Eigeninteressen zu verfolgen. Das klingt zwar unromantisch, aber damit kann man arbeiten. Wenn die gesamte Nachbarschaft von Hochbeeten in Parkbuchten profitiert und die Einzelnen ihre eigenen Kühlschränke mit der Ernte füllen können, ist es sehr gut möglich, sich unter der gemeinsamen Idee einer grünen, regenerativen Innenstadt zusammenzutun und sich auch politisch dafür einzusetzen. Unter dem Begriff *politischer Solidarität* ist eine Bandbreite von konkreter Hilfe im Notfall und »oftmals abstrakter Aktivismus« zu verstehen, die über die einzelne »wahrgenommene Ungerechtigkeit« hinausweist und »auf die Veränderung […] des politischen Rahmens« abzielt.[8] Aber Hochbeete klingen nach schönen Sonntagen und spielenden Kindern gut situierter Städter. Irgendwie nett. Um Machtmissbrauch in der eigenen Organisation zu begegnen, braucht es vor irgendeiner Form von Solidarität einfach nur Hilfe. Um zu helfen, müssen wir uns nicht zugehörig fühlen. Wir müssen nicht für den Charakter der Betroffenen bürgen. Es reicht, sich auf das Unrecht zu berufen, das übrigens auch Menschen geschieht, die man fruchtbar unsympathisch findet. Hilfeleistung wird durch die aufgeführten Befürchtungen erschwert. Aber es braucht mindestens eine Person, die aus den Umstehenden sichtbar hervortritt und hilft. Die Sozialpsychologie spricht vom *bystander effect* oder auch *Zuschauereffekt*: Je weniger Umstehende eingreifen, desto geringer ist die Wahrscheinlichkeit, dass andere es ihnen gleichtun. Es braucht den Impuls durch eine Person, die hilft, um andere zu aktivieren. Bleibt der aus, hilft so gut wie niemand: »Das Resultat ist kollektive unterlassene Hilfeleistung.«[9]

Zu politischer Solidarität wird Hilfe, wenn sie über das praktische Eingreifen hinaus zu Veränderungen von Strukturen und Systemen aufruft, sich in den politischen Diskurs einbringt und fragt: »Wie wollen wir eigentlich politisch und gesellschaftlich zusammenleben?«[10] Hier also: Wie können wir Machtmissbrauch über die Grenzen von Organisationen hinaus und in der Gesellschaft verhindern?

Der Verhaltensökonom Armin Falk nennt den Verzicht, den ich freiwillig übe, um etwas Gutes zu erreichen, Kosten.[11] Er sagt: »Wenn ich in der Straßenbahn einem Menschen zur Hilfe eile, der beleidigt oder diskriminiert wird, entstehen mir Kosten, weil es unangenehm oder sogar gefährlich ist, aufzustehen und Partei zu ergreifen.«[12] Wenn der Nutzen einer guten Tat die Kosten übertrifft, werden wir häufiger moralisches Handeln beobachten können. Organisationen sorgen in der Regel dafür, dass die Kosten für das Melden und Benennen von Machtmissbrauch erheblich sind. Wenn wir außerdem unser Gewissen damit beruhigen, dass die betroffene Person selbst Mitschuld an der Tat trägt, oder wir sie unsympathisch finden, haben auch diese subjektiven Wahrnehmungen von Kosten und Nutzen Einfluss auf unser moralisches Verhalten.[13]

Armin Falk publiziert diese Erkenntnisse im Mai 2022 in einem Buch. Im Oktober 2022 steht Falk, der derzeit Leiter des Institute on Behavior & Inequality (Briq) an der Universität Bonn war, öffentlich in der Kritik. Ihm wird von einer Mitarbeiterin sexueller Missbrauch vorgeworfen. Das Briq-Institut beauftragt eine externe Anwaltskanzlei, um eine Untersuchung einzuleiten. Falk wird mit seinem Einverständnis freigestellt, bis das Ergebnis feststeht.[14] Wenige Zeit später soll das Briq-Institut mit dem Institute of Labor Economics (IZA) fusionieren. Leiter soll Armin Falk werden: »Doch dagegen wenden sich nun mehr als 600 Forscher, darunter internationale Koryphäen wie David Autor oder die aktuelle Nobelpreisträgerin Claudia Goldin. ›Professor Falk stand im Zentrum schwerer Vorwürfe sexuellen Fehlverhaltens und Machtmissbrauchs‹, heißt es in einem offenen Brief.«[15] Eine Solidaritätsbekundung, die ungewöhnlich ist unter Wissenschaftlerinnen und Wissenschaftlern. In dem offenen Brief geben die Unterzeichnenden an, dass sie keine Position zu den erhobenen Vorwürfen beziehen. Ihnen gehe es um die erste Stellungnahme des Briq-Instituts, das zu dieser Zeit unter Falks Leitung stand, und in dem zwar keine Namen genannt werden, aber »juristische Schritte wegen Diffamierung angedroht« wurden. Die beauftragte Anwaltskanzlei kann die Vorwürfe gegen Falk später nicht bestätigen. 2023 stirbt die Wissenschaftskollegin, die die Vorwürfe gegen Armin Falk auf ihrem Instagram-Profil veröffentlicht hatte, jung und überraschend. Im offenen Brief schreiben die Unterzeichnenden, ihr Tod »habe viele schockiert. In diesem Zusammenhang erscheine Falks Berufung an die IZA-Spitze als unsensibel und unpassend. ›Professor Falks Reaktion hat ihn die Wertschätzung seiner Kollegen gekostet und disqualifiziert ihn für eine Position der Macht.‹«[16] Der Mitunterzeichner Rüdiger Bachmann (University of Notre Dame, USA) sagt gegenüber der *Süddeutschen Zeitung*: »Aber wie das Briq-Institut von Armin Falk die Beschwerde behandelt hat, das war nicht in Ordnung. So kann man mit einem möglichen Opfer nicht umgehen. Ein Forscher-Netzwerk sollte für Frauen attraktiv sein. Als neuer IZA-Chef hätte Falk eine Machtposition, die er nicht haben sollte.«[17] Armin Falk selbst sieht sich als vollständig rehabilitiert an, bittet aber nach der Androhung der 600 Unterzeichnenden, das IZA zu verlassen, darum, seine Berufung als dessen Leiter zurückzunehmen.[18]

Das Sicherheitsdilemma

Sich für die Änderung der Verhältnisse einzusetzen, bedingt empfundene Sicherheit. Machtmissbrauch erzeugt ein Sicherheitsdilemma: Die Betroffenen erleben eine massive, schlimmstenfalls existenzielle Erschütterung ihrer Sicherheit. In der Folge versuchen einige, für sich neue Sicherheit herzustellen, indem sie das Unrecht benennen (für die meisten bedeutet mehr Sicherheit leider zu schweigen). Dabei führt der Weg des Meldens erst mal zu noch mehr Unsicherheit, birgt aber die Hoffnung, dass der Vorfall und das eigene Erleben anerkannt werden und entsprechende Konsequenzen folgen. Weil das Melden eines Vorfalls große Überwindung kostet, bitten Betroffene häufig Unbetroffene um Hilfe – um ein offenes Ohr, Bestätigung und Rückversicherung einerseits und andererseits um Solidarität, Bezeugung, öffentliches Einstehen und Rückendeckung. Aber die empfundene Sicherheit der Unbetroffenen hat genau so lange Bestand, bis sie sich entscheiden, Betroffene zu unterstützen. Die Sicherheit der Betroffenen sorgt für die Unsicherheit der Unbetroffenen und andersherum. Der Missbrauch von Macht bringt erst die Sicherheit von Betroffenen in Gefahr und in der Folge die der Unbetroffenen, weswegen diese sich häufig dazu entscheiden, sich nicht einzumischen.

Eine Pflegeperson, nennen wir sie Charly, arbeitet in einer Klinik und erzählt mir, dass sie mehrfach erlebt habe, wie ein stellvertretender Pflegeleiter, er soll hier Thomas heißen, junge Assistenzärzte verbal sexuell belästigt und zudem rassistische

Sprüche macht. Bei einer Teambesprechung mit der Pflegeleitung sagt Thomas, er habe N-Wort-Küsse mitgebracht, »oder wie man denn jetzt dazu sagen würde«. Es sind Schwarze Personen anwesend.[19] Seit Jahren arbeitet Charly unter dem Mann. Im Kollegium ist er für seine übergriffige Art bekannt. Charly meldet diesen und andere Vorfälle bei der internen Diskriminierungs-Beschwerdestelle, obwohl sie selbst nicht Betroffene ist. Die Stelle begegnet ihr mit Dank und Verständnis, nimmt alle Schilderungen zu Protokoll und erklärt, weitere Zeugen und Zeuginnen zu suchen, um die Anschuldigungen zu verifizieren. Der Kontakt läuft über E-Mail. Nach circa einer Woche wird Charly informiert, dass weitere Zeugen und Zeuginnen gefunden wurden, die weitere Beschuldigungen zu Protokoll gegeben hätten. Alle Hinweisgebenden bleiben anonym. Thomas wird mit den Vorwürfen konfrontiert. Das erfährt Charly später per E-Mail, in der steht, dass Thomas alle Vorwürfe von sich weist. Innerhalb des Teams wird spekuliert und auch die Pflegeleitung beginnt sich zu fragen, wer im Team ihren Stellvertreter beschuldigt habe. Unter den Kollegen und Kolleginnen ist die Tatsache eines möglichen Hinweisgebenden aus den eigenen Reihen häufiger Thema als das Fehlverhalten des stellvertretenden Pflegeleiters. Obwohl allen bewusst war, dass die Vorwürfe stimmen – sie waren ja alle oft genug dabei –, lag der Fokus auf der Frage: Wer hat ihn verraten? Die Vorfälle kommen dem Chefarzt des Bereichs zu Ohren. Der vermutet, die Beschwerden seien selbst diskriminierend, denn der Beschuldigte Thomas ist homosexuell.

Charly fühlt sich in den Wochen, in denen der Fall geprüft wird, miserabel. Obwohl die Beschwerdestelle Charly gut zuspricht und bestätigt, dass Charly das Richtige getan hat, obwohl weitere Menschen Vorwürfe erheben, bereut Charly, das

Fehlverhalten gemeldet zu haben. Im Team scheinen sich alle gegenseitig zu belauern, und das Einmischen des Chefarztes führt zu einer erheblichen Verunsicherung der Meldenden. Nach mehreren Gesprächen, in denen der Beschuldigte Thomas mit den gesammelten Beweisen seines Fehlverhaltens konfrontiert wird, wird ihm eine Versetzung angeboten, die er jedoch ablehnt. Er verlässt die Klinik freiwillig und lässt sich freistellen. Charly macht sich Vorwürfe, den Mann um seinen Job gebracht zu haben. Auch wenn Charly weiß, dass das seine Entscheidung war und von der Klinik *nur* eine Versetzung angeraten wurde. Noch ein Jahr nach dem Vorgang ist Charly sich sicher, nie wieder einen Fall zu melden, weil die resultierende Isolierung, die Schuldgefühle und der dadurch schwierig gewordene Umgang im Team massiv belastend waren. Charly kann verstehen, warum Kollegen und Kolleginnen nichts melden.

Als wir unser Gespräch führen, ist der Vorfall zwei Jahre her. Mittlerweile überlegt Charly es sich zwar gut, ob ein Einsatz für Diskriminierte noch mal zu tragen wäre, der eigene Gerechtigkeitssinn sei aber so ausgeprägt, dass die Antwort vermutlich positiv ausfallen würde. Das Zögern hat weniger mit dem Vorgehen der Beschwerdestelle zu tun, als vielmehr mit der Resonanz der Pflegeleitung, des Beschuldigten und des Chefarztes. Der versuchte eine Gegenüberstellung zu erzwingen. Das Argument war: Ohne die Konfrontation könne die Glaubwürdigkeit der Beschuldigungen nicht nachgewiesen werden. Als Charly das Wort Verleumdung in den E-Mails des Beschuldigten las, verfehlte das die Wirkung nicht: Charly zweifelte an sich selbst: Finde ich Thomas einfach unsympathisch? Will ich ihn nur aus dem Team raushaben? Charly hatte den Eindruck, dass versucht wurde, den Täter zum Opfer zu machen. Charly fühlte sich beschämt und hatte Angst, die Konfrontation könnte erzwungen werden. Irgendwann waren auch die Juristinnen und Juristen der Klinik eingeschaltet, mit denen Charly ein Gespräch führte. Der Chefarzt hatte mittlerweile selbst eine offizielle Beschwerde verfasst gegen den anonymen Beschwerdeformulierenden – also Charly – wegen Verdachts auf Homosexuellenfeindlichkeit. Die gesamte Abwicklung lief anonym per E-Mail und Telefon. Im Nachhinein, sagt Charly, hätte es geholfen, das ein oder andere Gespräche auch persönlich zu führen. Eine psychologische Betreuung hätte zudem gutgetan. Auch aus dem eigenen Freundes- und Bekanntenkreis hat Charly eher wenig Bestärkung bekommen. Es waren zwar alle erschüttert über das Verhalten des Mannes, aber ein »richtig so« in Bezug auf das Melden der Fälle blieb aus.

Immer und überall gibt es Menschen, die unangemessenes, beleidigendes, diskriminierendes oder sexuell missbräuchliches Verhalten erkennen und verurteilen. Es gibt kein grundsätzliches Problem damit, Grenzüberscheitungen zu erkennen. Das Problem besteht darin, es Menschen – sowohl Betroffenen als auch Umstehenden – leicht zu machen, sich diesem Verhalten entgegenzustellen. Allein aus der kühl anmutenden verhaltensökonomischen Kosten-Nutzen-Perspektive kann festgestellt werden: Der einzige Nutzen, den Charly durch die Meldung hatte, war das kurze gute Gefühl, anderen unaufgefordert geholfen zu haben. Auf der Kostenseite stehen Ängste, Selbstzweifel, psychischer Druck aus dem Kollegium, Ungewissheit, Scham und die Erkenntnis, dass Fälle zu melden das eigene Leben ziemlich durchrüttelt. Diese Erfahrung hält bis heute an und sorgt für ein Zögern. Auch wenn die Organisation in diesem Fall vieles richtig gemacht hat, könnte sie es Meldenden noch leichter machen. Aber auch Kolleginnen und Kollegen könnten, anstatt sich skeptisch zu beäugen, sagen, dass die Vorwürfe sie nicht überraschen – oder auch einfach nichts sagen. Freunde und Freundinnen dürfen einander bestärken und Mut zusprechen. Falls das jemals in Vergessenheit geraten ist: Unter anderem dafür sind wir da.

Altruistisches Handeln bringt, so heißt es, auf lange Sicht mehr Nutzen als Kosten mit sich. Allerdings helfen Werte wie Selbstlosigkeit, so ehrenvoll sie auch klingen, nicht immer. Vielleicht würde das Melden von Missbrauch opportun werden, wenn Organisationen Mitarbeitende dafür belohnen. Die Verleihung des Bundesverdienstkreuzes allerdings hat zumindest bisher nicht dazu geführt, dass mehr Menschen Zivilcourage zeigen. Schade eigentlich.

Die Berichterstattung

An der jeweiligen Menge der Berichterstattung über verschiedene Machtmissbrauchsvorfälle und ihrer Rezeption lässt sich wunderbar ablesen, welche Opfer uns interessieren.

Im Gespräch mit der Journalistin Andrea Schültke erzählt diese mir, wie die Berichterstattung über Machtmissbrauch ablaufen sollte und welche Grenzen nicht überschritten werden dürfen. Schültke hat sich auf die Berichterstattung über Machtmissbrauch und sexualisierte Gewalt im Sport spezialisiert. Sie sagt, vielen Kollegen und Kolleginnen fehle es an Empathie für die Betroffenen, ihr Wohl stehe zu häufig nicht an erster Stelle. Wichtiger scheint eine griffige Schlagzeile zu sein und weinende Menschen vor der Kamera. Bei der journalistischen Aufarbeitung von missbräuchlichen Vorfällen muss aber der Schutz der Betroffenen oberste Priorität haben. Artikel, TV-Beiträge und Radiofeatures können sonst zur Retraumatisierung führen, so wie das auch bei Aussagen vor Gericht der Fall sein kann. Für Andrea Schültke bedeutet das auch, journalistische Prinzipien im Zweifelsfall anders auszulegen. Zitate von Erlebenden sexualisierter Gewalt lässt sie sich ausnahmslos freigeben, auch wenn das sonst nicht die übliche Praxis ist.

In einem Newsletter gibt der mehrfach ausgezeichnete Investigativjournalist Daniel Drepper Tipps für die journalistische Recherche: »Ein US-Kollege hat es einmal die ›Scope / Harm‹-Rechnung genannt. Auf deutsch: Wie viele Menschen sind betroffen (›Scope‹) und wie sehr sind diese Menschen betroffen (›Harm‹)? Der gleiche Kollege hat es – etwas dras-

tischer – auf den Punkt gebracht: ›Bring Me Dead Babys‹.«[20]
Investigative Recherchen sind teuer und aufwendig. Die aufzudeckenden Fälle müssen Bestand haben, beweisbar sein, und zwar von möglichst vielen Seiten. Die Größenordnung der Fälle und die Massivität der vorgeworfenen Taten spielen deshalb aus journalistischer Sicht eine nicht unerhebliche Rolle. Wenn Journalismus sich als Säule der Demokratie versteht, muss er allerdings ansetzen, bevor es »Dead Babys« gibt. Und er muss sich fragen, wie und mit welcher Feinfühligkeit er über sie berichtet. Drepper formuliert an anderer Stelle dazu: »Du als Quelle hast die Kontrolle und ich berate Dich dabei. Meine Kolleg*innen und ich haben viele Jahre Erfahrung darin, abzuschätzen, welche Art von Informationsweitergabe und Veröffentlichung welche Bedeutung hat. Wir besprechen, wie viele Menschen von bestimmten Ereignissen Bescheid wissen oder bestimmte Dokumente besitzen. [...] Wir sprechen auch darüber, was nach einer Veröffentlichung passieren kann, mit welchem Gegenwind Du zu rechnen hast (oder auch nicht) und wie Du Dich sinnvoller schützen oder wo Du Dir Unterstützung holen kannst.«[21] Journalistische Medien sollten berichten, was im öffentlichen Interesse ist, und Zusammenhänge sichtbar machen, die anderen bisher verborgen blieben. Neben den Gedanken von Andrea Schültke und Daniel Drepper hilft vielleicht auch eine simple Frage: Was, wenn es meine Geschichte wäre? Wieviel Sensibilität würde ich mir wünschen?

Die ARD-Dokumentation *Missbraucht – Sexualisierte Gewalt im deutschen Schwimmsport*[22] macht 2022 mehrere Fälle von Machtmissbrauch in Form von physischer und psychischer sexualisierter Gewalt im Schwimmsport öffentlich. Der ehemalige Leistungsschwimmer Till Michalak (27) berichtet darin von seinen Erlebnissen. Ein Vereinsverantwortlicher hatte den damals Sechzehnjährigen über Textnachrichten belästigt und eine erfundene weibliche Identität genutzt, um sich dem Jungen sexuell zu nähern und sein Vertrauen zu erschleichen. Michalak war anfangs überzeugt davon, mit einer französischen Schwimmerin zu schreiben, die er mochte. Dann fand er heraus, dass es sein Vereinsbetreuer war. Parallel zu den Nachrichten der vermeintlichen Schwimmerin, die in Wahrheit der Vereinsbetreuer schrieb, wurden auch seine eigenen Nachrichten an Michalak auffällig intim. Michalak forschte nach und fand heraus, von wo aus die Nachrichten verschickt wurden. Es war ein Ort, an dem sich der Vereinsverantwortliche oft aufhielt. Den Nachrichtenverlauf sicherte Till Michalak und druckte ihn aus. Es sind gut hundert Seiten. Die Dokumentation zeigt ihn in einer Interviewsituation in einem möblierten Raum sitzen. Während Michalak erzählt, kommen ihm ganz plötzlich die Tränen. Er sagt: »Fuck«, hält die Hand vor das Gesicht und atmet hörbar. Siebzehn Sekunden lang wird gezeigt, wie er sich abwendet und still weint. Siebzehn Sekunden sind eine lange Zeit in einer Dokumentation. Solche Zeiträume werden genutzt, um Szenen besonders eindrücklich wirken zu lassen. »Ich hab halt zehn Jahre lang nicht darüber gequatscht«, sagt Michalak danach mit gebrochener Stimme. Dann legt er die Hand vor den Mund und schaut aus dem Bild. Weitere zwölf Sekunden zeigt ihn der Film so dasitzen. Die Sprecherstimme ergänzt aus dem Off den Satz, den Michalak nicht zu Ende gebracht hat.

In derselben Dokumentation erzählt der international erfolgreiche ehemalige Wasserspringer Jan Hempel vom vierzehn Jahre andauernden Missbrauch durch seinen Trainer Werner Lange. Auch Jan Hempel ist in einer Interviewsituation in einem möblierten Raum zu sehen. Im Unterschied zu Till Mich-

alaks Interview, das in einem hellen und freundlich ausge-
leuchteten Raum stattfand, ist dieser Raum dunkler und wirkt
düster. Das mag Zufall sein, unterstreicht allerdings perfekt die
Schwere seiner Geschichte. Hempel wirkt angespannt und auf-
gewühlt. Ihm gegenüber sitzt ein Journalist, der ihn befragt. Er
ist allerdings nur zwei oder drei Mal in der gesamten Dokumentation zu sehen oder zu hören – nämlich vor allem dann,
wenn Schilderungen für Jan Hempel besonders erschütternd,
intim und verstörend sind. Jan Hempel erzählt mit Pausen, dass
er während des Olympiawettkampfes 1992 in Barcelona von
seinem Trainer auf einer Toilette vergewaltigt wird. Am Ende
seiner Schilderung sagt er: »Also … ja.« Er zieht kurz die Augenbrauen nach oben und atmet kaum hörbar durch die Nase
aus. Die Stimme des Journalisten ist zu hören. Er fragt nach:
»Wie weit ging das?« Hempel zögert, die Kamera zoomt an sein
Gesicht, er schaut seitlich nach unten, sein Kiefer bewegt sich.
Die Augenbrauen gehen wieder hoch, er atmet tief ein, schüt-
telt den Kopf. Es ist offensichtlich, dass er nicht vor der Kamera
weinen möchte. Die Nachfrage des Journalisten bewegt ihn
dazu, weiterzusprechen. Zwanzig Sekunden lang dauert dieser
Moment. Zwanzig Sekunden Stille, bis er antwortet: »Immer
bis zum Ende.« Die Kamera zoomt wieder heraus, zeigt jetzt
Hempels gesamten Oberkörper. Eine halbe Sekunde schaut er
direkt in die Kamera. Blinzelt. Er zieht wieder die Augenbrauen
hoch, dann laufen Tränen. Er führt die Hände zum Gesicht und
drückt sie auf die Augen. Zehn weitere Sekunden zeigt die Dokumentation diese Szene.

Es ist das eine, Menschen, die diesen Interviews zugestimmt
haben, vor der Kamera über ihre Erlebnisse sprechen zu lassen.
Sie dabei zu filmen, wie sie weinen. Aber es ist etwas anderes,
in der Postproduktion darauf zu bestehen, diese Szenen – ins-

gesamt eine Minute Stille und Tränen – in Gänze zu zeigen und nicht an der Stelle zu schneiden, wo die Betroffenen sich von der Kamera abwenden. Es wäre eine ebenso eindrückliche Dokumentation. Sie wäre würdevoll. Andrea Schültke nennt das betroffenensensibel berichten. Aber in den Köpfen von Redakteuren und Redakteurinnen geht vor, was in uns als Gesellschaft vorgeht. Sie haben dieselben Zuschreibungen von Opfern verinnerlicht, haben dieselben Erwartungen an ihre Performance und spüren ebenfalls die Lust an der Abgrenzung. Denn obwohl uns Zuschauenden die Szenen der weinenden Männer besonders nahe gehen, sind das genau die Momente, in denen wir uns am besten von ihnen unterscheiden und distanzieren können.

Erinnern Sie sich noch an den Fall des massiven sexuellen Machtmissbrauchs beim Fußballverein aus Teil 3? Unter dem Titel *Ich bin stärker als du* schildert Andrea Schültke den Fall in einer Dokumentation. Das Erstaunliche an dem 30-minütigen Film ist die Darstellung der Betroffenen. Einer von den betroffenen Jungs spricht selbst, erklärt, wie er den Trainer wahrgenommen hat und lange nicht erkannte, was der mit ihm machte. Er saß bei der Verhandlung mit anderen ehemaligen Spielern im Gerichtssaal. Ihm war wichtig zu zeigen: »Das, was mir passiert ist, das bestimmt nicht mein ganzes Leben. […] Es war das Gefühl: Du hast keine Macht über mich, sondern ich bin viel stärker als du. Es gibt nichts, wofür ich mich schäme.«[23] Der junge Mann arbeitet heute selbst als Trainer und spricht mit den Jugendlichen, die er trainiert, offen über seine Erlebnisse. Andrea Schültkes Dokumentation rückt die Betroffenen als das ins Zentrum, was sie sind: selbstbewusste, achtbare junge Männer, die gemeinsam einen Täter zur Rechenschaft gezogen haben.

In diesem Buch greife ich auf eine große Zahl investigativer Recherchen, Gerichtsberichterstattungen und Dokumentationen zurück. Dank dieser Arbeiten ist es mir möglich, Zusammenhänge herzustellen und darzulegen, wie Machtmissbrauch in Organisationen zustande kommt, ergänzt von den Berichten der Menschen, mit denen ich für dieses Buch persönlich gesprochen habe. Es gibt die Berichte über einen Tönnies-Vorarbeiter, der sich beim Sex mit einer – in einem Abhängigkeitsverhältnis stehenden – Mitarbeiterin aus Osteuropa filmt. Es gibt Berichte über Machtmissbrauch in Altenheimen und an Menschen mit Behinderung. Aber seien wir ehrlich – interessieren tun uns die begrapschten Sintezze und Romnja aus den Schlachtbetrieben nicht. Die Schwarze Putzfrau, die im Konzernflur rassistisch beschimpft wird, ebenso wenig. Wir wollen nichts über ausgebeutete behinderte Mitarbeitende wissen, nichts über eingesperrte, sabbernde Alte in Pflegeheimen. Uns interessiert nicht die unbekannte, gemobbte Praktikantin im Discounter und auch nicht der zugewanderte Tellerwäscher in der Restaurantküche, dem Urlaubstage abgezogen werden, weil er nicht schnell genug arbeitet. Uns interessieren Sterneköche und Frontsänger, Konzernchefs und gut aussehende Schauspielerinnen. Uns interessieren akademisierte, weiße Wissensarbeiterinnen, Spitzensportler, Sängerinnen, Päpste und Spitzenpolitiker auf Bundesebene. Was Journalistinnen und Journalisten als berichtenswert betrachten, hat auch damit zu tun, was uns interessiert.

An unserer Rezeption der Berichterstattung von Machtmissbrauch lässt sich sogar messen, welche Opfer und Beschuldigte sich besonders gut verkaufen. Durch Klickzahlen bekommen sie einen monetären Wert. Gut laufende Beiträge werden in Redaktionen und den Marketingabteilungen so oft wiederverwertet, wie es nur geht: Geschichten, die die Neugierde des Publikums wecken, werden auf Social-Media-Kacheln als spannende Teaser beworben. Prominenter Machtmissbrauch lockt viele User hinter die Paywall. Jedes abgeschlossene Gratisabo ist ein erreichtes Key Result der Organisation. Jede Gutschein-Aktion spült potenzielle Neukundinnen und -kunden in die Vertriebskanäle, jedes Newsletter-Abonnement ist der Beweis eines erfolgreichen Sales-Funnels. Organisationen richten sich danach aus.

Wenn an den entscheidenden Positionen in Redaktionen und im Marketing nur Menschen sitzen, die keine oder kaum Erfahrungen mit Machtmissbrauch gesammelt haben, die keine Diskriminierungserfahrungen haben, wird sich daran wenig ändern. Zudem wird das ganze Ausmaß und die Bandbreite von Machtmissbrauch jenseits von sexueller Machtausübung kaum erfasst und bleibt unsichtbar. Das schützt die Täterinnen und Täter und bedeutet für Betroffene zweierlei: Nicht nur rechtlich haben sie kaum Handhabe, zum Beispiel psychische Gewalt nachzuweisen, es interessiert auch niemanden. Und auch Organisationen werden dadurch weniger zur Verantwortung gezogen. Wir müssen uns mit der Tatsache beschäftigen, dass wir als Berichtende über Machtmissbrauch und als Konsumierende demselben Pfad folgen, der ursprünglich zu diesem Machtmissbrauch geführt hat. In unserem Interesse an Fällen von Machtmissbrauch spiegelt sich die soziale Ordnung unserer Gesellschaft wider: Wem verleihen wir Anerkennung? Und wem nicht? Die Verwertungslogik von Tragik ist dieselbe wie die essreifer Avocados.

Teil 6

DIE KONSEQUENZEN

Der überwiegende Teil der Fälle von Machtmissbrauch kommt nicht an die Öffentlichkeit und wird innerhalb von Organisationen geklärt. Was der katholischen Kirche im Umgang mit Machtmissbrauch immer vorgeworfen wurde, praktizieren alle Organisationen, weil sie derselben Systematik folgen: das Sichern ihres Bestandes. Öffentliche Meldungen über Missstände sind unerwünscht, weil sie durch entstehendes Misstrauen den Zweck der Organisation in Gefahr bringen. Das muss kritisiert werden, ist aber die logische Reaktion von Organisationen und übrigens auch von Individuen. Niemand freut sich darüber, wenn das gesamte Team, die gesamte Partei, die gesamte Schulklasse, der gesamte Verein über das eigene Fehlverhalten oder die erlebte psychische Gewalt unterrichtet wird und darüber urteilt. Das wird sich erst ändern, wenn sich der gesellschaftliche Umgang und damit die gesellschaftlichen Rollen und die Stigmatisierung von Opfern, aber auch von Tätern und Täterinnen maßgeblich verändern. Branchen, in denen besonders viele Fälle von Machtmissbrauch öffentlich sind, fürchten sich vor jedem weiteren Fall, weil er dem Ruf der Branche schadet, den Nachwuchs abschreckt, Investoren und Investorinnen verprellt und damit existenzbedrohend ist. Um gesellschaftliche

Veränderung voranzubringen, ist aber das Gegenteil notwendig: Je mehr Fälle von Machtmissbrauch öffentlich besprochen werden, desto größer wird das Problembewusstsein und die Bereitschaft, die eigenen Denkmuster zu hinterfragen und das eigene Verhalten anzupassen. Wäre es daher nicht klüger (und billiger), wenn Organisationen eigeninitiativ Fälle von Machtmissbrauch aufdecken und sie unter Berücksichtigung der Persönlichkeitsrechte aller Beteiligten öffentlich machen? Zwar wird es auch bei diesem Vorgehen zu einem Vertrauensverlust kommen, aber er wird geringer ausfallen, als wenn die Organisation beim Vertuschen ertappt wird. Oder stellt sich durch zu viele öffentliche Fälle ein Gewöhnungseffekt ein, der unsere Gleichgültigkeit fördert? Ich habe keine klare Antwort.

Der mittlerweile im Ruhestand lebende Pflegeaktivist Claus Fussek sagte zu mir am Telefon etwas so Simples wie Grundlegendes, als ich ihn fragte, wie es besser gehen könnte: Wir müssen uns ehrlich machen.

Die Positionierung

Wenn Machtmissbrauch in Organisationen nicht nur als #MeToo verstanden, sondern vollumfänglich betrachtet wird, wenn wir also psychische Gewalt, Mobbing, Diskriminierungen, Beleidigungen, Nötigung, ungewollte Berührungen und Belästigungen in Gänze als Abwertung und Unterdrückungsmaßnahmen von Menschen quer durch die gesamte Gesellschaft anerkennen, wird klar: Das Problem ist riesig. Organisationen gibt es überall im beruflichen und privaten Umfeld, und – so weit möchte ich mich aus dem Fenster lehnen – in jeder einzelnen fand oder findet zu irgendeinem Zeitpunkt irgendeine Form von machtmissbräuchlichem Verhalten statt.

Organisationen und die gesamte Wirtschaft haben lange versucht, sich als unpolitisch darzustellen. Aber sie sind bereits politisch, wenn sie sich unpolitisch darstellen: wenn sie Machtmissbrauch unter den Tisch kehren und Diskriminierungen hinnehmen. Man kann es aber anders machen, als vermeintlich neutral zu sein. In Nordrhein-Westfalen ist 2023 ein Gebäude eingerüstet. An einer Seite hängt über mehrere Stockwerke ein riesiges Plakat:

Menschen sind Ausländer. Irgendwo.
Rassisten sind Arschlöcher. Überall.

Darunter steht: Gemeinsam gegen Rassismus! Plakat und Gerüst sind von der Dortmunder Firma Gerüstbau Bönninger. Dieses Plakat verhindert zwar nicht unbedingt, dass unter den

Mitarbeitenden der Firma Machtmissbrauch entstehen kann. Nur weil ein Unternehmen erkennt, dass Rassismus Fachkräfte fernhält, muss es nicht auch verstanden haben, was Sexismus und Queer- oder Behindertenfeindlichkeit ist. Aber es macht in zweierlei Hinsicht trotzdem einen Unterschied: Die öffentliche Positionierung wirkt wie soziale Kontrolle. Jetzt wissen es alle, jetzt müssen wir auch Wort halten. Organisationsmitglieder erwarten in der Folge zu Recht diskriminierungsfreien Umgang und können lautstark bemängeln, wenn sich in der Organisation dennoch rassistische Vorfälle ereignen. Von Rassismus betroffene Menschen fühlen sich wahr- und ernstgenommen, auch wenn sie wissen, dass ein Spruch auf einem Plakat nicht mit tatsächlichem Verhalten gleichzusetzen ist. Dennoch finden die XXL-Plakate an Gebäuden in reellen Städten statt. Sie sind mehr als eine Instagram-Kachel oder ein LinkedIn-Post zu Sexismus am Frauentag. Hier handelt es sich eher um politisches *Employer Branding* in der Region. Mehrere XXL-Plakate gestalten zu lassen, zu drucken und aufzuhängen ist etwas anderes, als eine kleine Kachel im Internet zu posten. Wenn Instagram ausfällt, hängen die Plakate immer noch. Trotzdem bleibt es eine Schauseitenaktion. Wenn Organisationen von innen und außen unter Druck geraten, ist das oft ihre erste Reaktion. Das bedeutet, Druck von innen und außen ist eine Möglichkeit, Veränderung einzufordern. Aber im Innern können von solchen Aktionen keine konkreten Handlungen abgeleitet werden. Es ist daher nur ein erster Schritt.

2019 schreibt der CEO der französischen Versicherung MAIF und ehemalige Verwaltungsbeamte des französischen Finanzministeriums Pascal Demurger ein Buch, das auf Deutsch übersetzt so viel heißt wie: »Das Unternehmen des 21. Jahrhunderts wird politisch sein oder nicht mehr sein«.[1] Seiner Meinung nach ist das Überleben und die Leistungsfähigkeit von Unternehmen von ihrer Aufrichtigkeit und dem Umfang ihres sozialen und ökologischen Engagements abhängig. Glaubwürdig ist dieses Engagement aber erst, wenn es auch interne, formelle Veränderung in Organisationen bedeutet. Wenn verstanden wird: *Ausländer, Frauen, Behinderte, Alte* und *Ungelernte* sind nicht nur Mittel zum Zwecke der Arbeitskräftegewinnung und des internationalen Wettbewerbs, sondern ebenbürtige Mitarbeitende. Diversität muss sich in Formalität ausdrücken, statt nur in Werten. Organisationen spüren derzeit in den eigenen Reihen, was die mangelhafte Arbeits-, Finanz-, Wirtschafts- und Sozialpolitik der letzten Jahrzehnte und die daraus resultierende zunehmende Ungleichheit in der Gesellschaft für Effekte hat. Polarisierungstendenzen zeigen sich in Form von Diskriminierungen, anonymen Kommentaren im Intranet oder offenen Konflikten in der eigenen Belegschaft. Die Positionierung der Organisation kann dazu führen, dass sie eigene Mitglieder gegen sich aufbringt, aber auch, dass sie von Mitgliedern instrumentalisiert wird, oder Kunden, Kundinnen, Geldgebende und Bewerbende sich abwenden. Aber nichts zu tun ist keine Lösung. Es ist wie mit den Liegestühlen: Die beste Chance, die vorhandene Ordnung zu schützen, liegt ganz am Anfang. Die Kosten für solidarisches Verhalten sind für alle, die vom System profitieren, hoch und der Nutzen gering. Organisationen könnten aber – anders als die Gesellschaft – anordnen, dass die Kosten fürs Nichtstun höher ausfallen, oder dafür sorgen, dass der Nutzen überwiegt. Sie müssen es nur wollen.

Die totale Organisation

Kinderheime, Internate, Klöster, Behindertenwerkstätten, Bundeswehr, Schiffsbesatzungen, geschlossene Psychiatrien, Bohrinseln, Einrichtungen im Nachwuchs- und Spitzensport, Geflüchtetenunterkünfte, Gefängnisse und Altenheime haben etwas gemeinsam: Sie sind totale Organisationen: »Eine totale Institution läßt sich als Wohn- und Arbeitsstätte einer Vielzahl ähnlich gestellter Individuen definieren, die für längere Zeit von der übrigen Gesellschaft abgeschnitten sind und miteinander ein abgeschlossenes, formal reglementiertes Leben führen«, erläutert Erving Goffman.[2] In all diesen Bereichen nimmt die Organisation und die mit ihr einhergehende Betätigung den überwiegenden Teil des Lebens ein. Menschen leben, arbeiten und schlafen in der Organisation, werden von der Organisation mit Nahrung versorgt, bekommen von der Organisation Freizeit und Arbeit zugeteilt. Es entsteht eine totale Abhängigkeit.

Im März 2024 veröffentlicht der Journalist Charles Spencer, Bruder von Prinzessin Diana, ein Buch mit dem Titel *A Very Private School*. Darin erzählt er, wie er im Internat »von einer Mitarbeiterin sexuell missbraucht worden« ist.[3] Der *Spiegel* schreibt dazu: »Der inzwischen 59 Jahre alte Earl Spencer legt darin ausführlich dar, wie er in dem Internat Maidwell Hall geschlagen und Opfer sexueller Übergriffe wurde.«[4] In *Mail Online* wird Spencer zitiert: »In der harten, männlichen Umgebung eines Internats – wo ich meine Mutter schrecklich vermisste – war ich leichte Beute für den kalkulierten Einsatz weiblicher Wärme durch die Oberin.«[5] Totale Organisationen haben Zugriff auf und Kontrolle über den Großteil des Lebens ihrer Mitglieder. Schutzbefohlene sind eine besonders vulnerable Gruppe, die besonders häufig von totalen Organisationen umgeben sind. Je jünger Menschen sind, wenn sie in totalen Organisationen Mitglieder werden, desto größeren Einfluss haben die Organisationen auf sie – Machtmissbrauch wird normalisiert. Kinder, denen dieser Umgang als üblich und angemessen erklärt wird, sind kaum in der Lage zu begreifen, dass ihnen Unrecht geschieht – geschweige denn, sich aus dieser Art *Totalitarismus* der Organisation zu befreien. Weil sie auf sich gestellt sind und elterliche Bezugspersonen fehlen, nutzen Täterinnen und Täter ihren emotionalen Mangel strategisch aus. Sie können Duldungsmaßstäbe setzen, weil ihr Machtgebrauch nicht engmaschig von der Organisation oder Aufsichtsbehörden kontrolliert wird. So konnten im Eliteinternat Odenwaldschule über Jahrzehnte »flächendeckend Schüler von ihren Lehrern missbraucht [werden]. Erst 2010 wurde der Skandal richtig publik, und seither ist auch klar, dass der langjährige Leiter der Odenwaldschule, Gerold Becker, selbst zu den Tätern gehörte und andere Täter deckte.«[6]

Totale Organisationen bergen ein besonderes Risiko für den Missbrauch von Macht, weil sie umfassende Abhängigkeitsverhältnisse erzeugen und sich nach außen geschlossen geben. Die Mitglieder haben ihren Lebensmittelpunkt in diesen Organisationen. Dort finden sie Freundinnen und Freunde, manchmal Liebesbeziehungen und Hobbys. Sie essen gemeinsam und finden in den Schlaf. Die eigene Lebensrealität besteht fast nur aus der Organisation, die einen umgibt. In manchen dieser Organisationen können die Mitglieder nicht selbst entscheiden, sie wieder zu verlassen, etwa in Strafvollzugsanstalten, geschlossenen Psychiatrien, Altenheimen, Einrichtungen für Menschen mit Behinderung oder Geflüchtetenunterkünften. Auch die Kurheime der sogenannten Verschickungskinder zählen dazu. Oder der Jugendwerkhof Torgau der DDR, wo angeblich *schwierige* Kinder zur Umerziehung eingesperrt wurden.[7] Die Mitglieder sind der Organisation ausgeliefert. Diese müsste gerade deshalb unter besonderer Beobachtung und Kontrolle stehen. Dabei fällt auf, dass viele totale Organisationen in öffentlicher Hand sind. An den Staat und seine Organisationen sollten wir den unbedingten Anspruch haben, verfassungstreu zu arbeiten. Wenig deutet allerdings darauf hin, dass darauf Verlass ist.

In anderen Organisationen, wo die Kündigung der Mitgliedschaft möglich ist, werden Teamgeist und Zusammenhalt oft besonders hochgehalten. Das trifft auf den Spitzensport mit angegliedertem Schulbetrieb, die Bundeswehr, aber auch die Pfadfinder und manche Kirchengemeinden zu. Es werden gemeinsame Reisen unternommen, unter der Woche wird gearbeitet, oder es werden ehrenamtliche Aufgaben erledigt. Das Wochenende wird mit anderen Mitgliedern verbracht, außerhalb der Organisation gibt es kaum soziale Netzwerke. Der Bruch mit der Organisation würde die Aufgabe des kompletten Soziallebens bedeuten. Ein Risiko, das kaum jemand einzugehen vermag. Den totalen Organisationen ist das gerade recht.

Die Balance

Ich bin zu Besuch in der Konzernzentrale der Deutschen Telekom. Es ist das Jahr 2017. Mitarbeitende zeigen mir den Gebäudekomplex: Es gibt einen Friseur, einen Betriebskindergarten, einen kleinen Supermarkt, Cafés und Kantinen sowie ein Sportstudio. Die Mitarbeitenden fahren Firmenwagen, der Handyvertrag läuft über den Arbeitgeber mit Rabatten. Es fehlt nur noch das Bett, denke ich und mir fällt Julian Reichelts Feldbett ein, das in seinem Büro bei Axel Springer stand.[8] Für Konzerne ist das nicht unüblich. Sie greifen, wenn man es zulässt, stark in das Privatleben der Mitarbeitenden ein. Manche von ihnen tragen die Marken, für die sie arbeiten, auch am Wochenende auf dem Körper. Die Organisation und die Arbeit sind omnipräsent im Leben ihrer Mitglieder. Aber nicht nur in Konzernen: Wer zum Beispiel bei der Polizei arbeitet, muss in herausfordernden Schichtplänen den Streifendienst absolvieren. Für ein Familienleben bleibt kaum Zeit, wie die Ehefrau eines Polizisten aus Berlin erklärt. In einem offenen Brief wandte sie sich 2016 an den damaligen Berliner Polizeipräsidenten Klaus Kandt. Später schrieb sie dazu ein Buch und erzählt: »Mein Mann startet mit einer Frühschicht, am nächsten Tag hat er die Spätschicht und am Tag darauf die Nachtschicht. Und wenn er am vierten Tag aus der Nachtschicht kommt, geht er am fünften Tag wieder in die Frühschicht. Und das ist auch das, was ich besonders ankreide und auch besonders kritisch sehe. Die ständigen Wechsel sind zermürbend. Es gibt praktisch keine Woche, in der mein Mann beispielsweise nur

Frühschicht hat.«⁹ Sie führen quasi eine Fernbeziehung, sagt sie. Nicht selten sind Polizeibeamte mit anderen Polizeibeamten oder -beamtinnen liiert. Untereinander ist das Verständnis für den Job zwar gegeben, aber er dringt dadurch auch massiv ins Privatleben ein. Perspektivwechsel, Auszeiten vom Job und Distanz zum eigenen Handeln werden dadurch erschwert. Der Polizist Oliver von Dobrowolski schreibt in seinem Buch von der *Polizeifamilie*. Wer sich ihr nicht kritiklos anschließt, muss damit rechnen, gemobbt zu werden, schildert er seine eigenen Erfahrungen. Polizistinnen und Polizisten haben außerdem ein erhöhtes Suizidrisiko: »Nur bezogen auf Berlin ergab eine Bewertung der Fälle allein in den letzten Jahren (2010 bis Mitte 2021), dass bei Schutzpolizist:innen die Suizidalität mehr als dreimal höher war als beim Durchschnitt der Bevölkerung.«¹⁰ Polizistinnen und Polizisten arbeiten in einer besonderen Gefährdungslage. Ihre Arbeit fordert ein hohes Maß an Resilienz und Ausdauer. Beides ist nur möglich, wenn die Beamten und Beamtinnen regenerieren können. Dienstpläne müssen das zulassen. Und die Politik sollte Interesse daran haben, dass bei der Polizei weniger Machtmissbrauch stattfindet. Und der fängt oft schon in der Ausbildung an, wie eine Polizeischülerin aus Thüringen erzählt: Sie erlebt Mobbing, als sie Missstände in der Ausbildung anspricht. Ihre Mutter schreibt daraufhin Ministerpräsident Bodo Ramelow (Die Linke) und Innenminister Georg Maier (SPD) eine E-Mail: »Im August rief der Minister persönlich die Mutter von Polizeianwärterin Karen L. an, die die Schule in Meiningen abgebrochen hat. Der Innenminister sagte ihr, er würde sich freuen, wenn die Tochter ihre Ausbildung an der Polizeischule fortsetzen würde. Die Mutter sagt, der Mann habe offenbar nichts verstanden.«¹¹ Für den Chef der obersten Dienstbehörde der Polizei ist das fatal.

Wundern tut sich auch die Geschäftsführerin eines 20-köpfigen Unternehmens aus der Kulturbranche, mit der ich gemeinsam mit ihrem Team beim Mittagessen sitze. Sie fragt sich, warum nicht mehr Mitarbeitende das Fitnessstudio-Angebot der Firma nutzen würden. Angebote von Arbeitgebern, die in die privaten Lebensbereiche von Mitarbeitenden hineinreichen, sind nicht nur nette Gesten. Die Organisationen versuchen, ihre Mitarbeitenden an sich zu binden, ihnen alternative Entlohnungen anzubieten. Im Wettbewerb darum, ein guter Arbeitgeber zu sein, schaffen sie neben dem Gehalt sogenannte Incentives. Die einen bieten Supermarktgutscheine, die anderen Handyverträge, Yoga im Büro, Homeoffice, Traumatherapie und Coaching, Sportstudiokurse oder Bahn Cards. Mittwochs kommt eine Köchin in die Agentur und sorgt für Kulinarik, freitags ein Masseur. Emotionale Bindung nennt das Marktforschungsunternehmen Gallup das vollkommen richtig in seiner jährlichen Umfrage. Von Organisationen ist genau das gewollt. Wenn Mitarbeitende ein Feierabendbier auf der Dachterrasse des Büros trinken und nebenbei noch über ein Projekt sprechen, gelingt der Organisation etwas Wichtiges: Sie erhöht ihren Stellenwert im Leben ihrer Mitglieder. Wem die Organisation derart wichtig ist, erkennt schlechter, wenn sie sich übergriffig verhält, duldet eher, wenn ein Kollege mal frech oder aufdringlich ist, und hat eine einzige Anerkennungsquelle: die Organisation. Wenn die Frage »Wer bin ich ohne meine Arbeit?« nicht mehr klar beantwortet werden kann, ist es Zeit, sich Sorgen um sich selbst zu machen.

Während Corona wurde in den Wirtschaftsteilen der Zeitungen immer wieder über den Trend des *Quiet Quitting* geschrieben. Man verglich das Phänomen, dass Mitarbeitende nur noch die Arbeit machen würden, für die sie wirklich bezahlt werden, mit der in Deutschland sprichwörtlichen *Inneren Kündigung*, unter der aber auch sabotierendes Verhalten in der Organisation verstanden wird. Ich kenne beide Seiten. Als Arbeitgeberin waren mir wenig überraschend auf Anhieb Mitarbeiterinnen und Mitarbeiter besonders lieb, die mit viel Energie immense Leistungen erbrachten. Sie schafften mehr als andere und fragten nicht nach mehr Geld. Ein Kollege sagte mal zu einer Bewerberin: Ich will, dass die Firma das Erste ist, woran du nach dem Aufstehen denkst, und das Letzte, bevor du einschläfst. Ich erschrak vor allem darüber, dass das auf ihn und leider auch auf mich zu diesem Zeitpunkt vermutlich zutraf. Gleichzeitig sorgten diese sogenannten *Highperformer* unbewusst dafür, dass Mitarbeitende, die ihrem Vertrag entsprechend eine angemessene Leistung erbrachten, etwas schlechter dastanden. Die machten ja *nur*, was von ihnen verlangt wurde, waren zwar hilfsbereit, aber nahmen ihren Feierabend erstaunlicherweise ernst. Aus Mitarbeitendenperspektive, aus Arbeitsschutzgründen und Fürsorgepflicht sind *Quiet Quitter* – nach meiner Definition jene, die das arbeiten, wozu sie die Organisation angestellt hat – zumindest psychologisch am wenigsten gefährdet, Machtmissbrauch zu erleben. Nach meiner Erfahrung haben sie eine gesunde Abgrenzung und Distanz zu ihrer Arbeit, achten auf ihre Arbeitszeiten und sind weniger anfällig für Abhängigkeitsverhältnisse im Job. Die Entrüstung aus Arbeitgebendenperspektive offenbart vor allem eines: Würden Organisationen sich an alle Regeln halten, die es gibt, würden sie es bedeutend schwerer haben, erfolgreich zu sein.

Die Evaluierung

Wenn eine Organisation von Machtmissbrauchsvorfällen überrascht wird, kennt sie sich selbst schlecht. Das ist tatsächlich häufig so, weil wir uns selten Gedanken über Dinge machen, von denen wir nichts wissen, nichts wissen wollen oder die wir als harmlos einstufen. Wäre Machtmissbrauch ein beachtetes Thema in Organisationen, würden die Mitarbeitenden regelmäßig dazu befragt werden. In der Regel passiert das aber erst, wenn Verdachtsfälle im Raum stehen oder bereits erwiesen sind. Dabei darf *jede* Organisation davon ausgehen, dass machtmissbräuchliches Verhalten in ihren Reihen bereits vorgekommen ist.

Werden Befragungen durchgeführt, sollte definiert werden, was alles unter Machtmissbrauch zu verstehen ist, und konkret, anhand der Beschreibung von Situationen, danach gefragt werden, ob Mitarbeitende Entsprechendes erlebt haben. Das Ergebnis wird in etwa so sein wie das nach einem Arztbesuch: Man kommt leider sehr oft mit einem Befund zurück. Für Organisationen ist es erst mal kontraintuitiv, nach Machtmissbrauchsfällen zu suchen, denn in der Regel haben Organisationen schon genug Probleme im Alltag, die sie daran hindern, effektiv zu arbeiten. Eine Organisation ist kein Therapieplatz, aber sie ist verantwortlich dafür, dass niemand durch sie zu Schaden kommt. Die Beschädigung von Mitgliedern, daraus resultierende Fluktuation und Konflikte in Teams wirken sich auf die Produktivität, auf Exzellenz und auf Krankentage der Mitglieder aus. Machtmissbrauch ist teuer und rufschädigend, um opportune Gründe aufzuführen – wenn Vorfälle juristische Kosten verursachen, Vertrauensverlust in der Öffentlichkeit nach sich ziehen, das Miteinander in der Organisation nachhaltig irritieren und die Suche nach neuen Mitgliedern erschweren, sogar sehr.

Evaluationen sind notwendig, damit Organisationen sich überhaupt ein Bild davon machen können, wie groß das Problem ist. *Wer wie was* fragt, ist dabei wichtig. Eine erste Umfrage kann intern erfolgen. Für eine umfangreiche Analyse ist es sinnvoller, externe Expertinnen und Experten zu beauftragen. Vorausschauend eine Studie in Auftrag zu geben, kostet auch Geld, aber weniger als die Schäden, die Machtmissbrauch in der Organisation hinterlässt. Wer früh anfängt, steht außerdem nicht vor dem Problem, über Jahrzehnte angesammelte Personalakten durchsehen und Ehemalige befragen zu müssen.

Die Hochschule für Musik und Theater München (HMTM) gründete 2016 die Arbeitsgruppe »*Sexuelle Belästigung und Diskriminierung* zur Entwicklung einer internen Umfrage mit dem Ziel, Empfehlungen für weitere Maßnahmen zum Schutz aller Hochschulangehörigen auszusprechen«.[12] Das löste eine Vielzahl von Maßnahmen aus, die die Hochschule in einer Chronologie öffentlich einsehbar auflistet. Im Februar 2023 gab die HMTM beim Institut für Praxisforschung und Projektberatung München (IPP) die Studie »Machtmissbrauch, Diskriminierung und sexualisierte Gewalt an der HMTM« in Auftrag. Sie stellt die erste Vollerhebung zu dem Thema an einer Musikhochschule in Deutschland dar. Befragt wurden Lehrende und Mitarbeitende aus der Wissenschaft, Studierende und Mitarbeitende der Verwaltung. Die Studie wurde ergänzt durch qualitative Interviews und stützt sich dabei auf das Erhebungsinstrument *Negative Acts Questionnaire-Revised (NAQ-R)* und auf die Studie *Diskriminierungserfahrungen in Deutschland* der Antidiskriminierungsstelle des Bundes.[13] 2024 wurden die Ergebnisse der Befragung an der HMTM veröffentlicht. Darin wird sichtbar, dass die befragten Mitarbeitenden in der Verwaltung zu 91,1 Prozent angeben, selbst in mindestens einer Situation Machtmissbrauch erlebt zu haben. In Lehre und Wissenschaft sind es 66,2 Prozent, unter den Studierenden 68,2 Prozent. Bezeugt haben 77,8 Prozent der Verwaltungsmitarbeitenden den Machtmissbrauch. Bei Lehrenden und Wissenschaftsmitarbeitenden sind es 48,4 Prozent. Bei Studierenden haben 55,7 Prozent Machtmissbrauch beobachtet. »Machtmissbrauch wird aber nicht nur als das Erleben einer Situation definiert, sondern auch das Zusammenkommen von verschiedenen Situationen oder von der Häufigkeit einer Situation«, heißt es auf der Pressekonferenz.[14] Knapp 50 Prozent der Befragten geben mehr als vier Situationen an, »was darauf hinweist, dass die Befragten ein großes Problem mit Machtmissbrauch an der HMTM sehen«.[15] Studierende stehen unter den Befragten in der Hierarchie am weitesten unten, wenn man ihr Alter, die wenigen zu verteilenden Plätze am späteren Arbeitsmarkt und damit ihre Abhängigkeit von Lehrenden berücksichtigt. Dennoch erleben laut Befragung Verwaltungsmitarbeitende, die älter, erfahrener und in einer Branche mit deutlich mehr Möglichkeiten arbeiten, mehr Machtmissbrauch. Die HMTM veröffentlicht auch eine Stellungnahme der Studierendenvertretung: »Von Seiten der Studierenden hat nur gut jede vierte Person an dieser Befragung teilgenommen. Viele sind nicht zu Wort gekommen, trauen sich nicht, sich zu äußern, werden nicht erreicht oder sind nicht sensibilisiert, wo Grenzen überschritten werden. Das ist aus unserer Sicht ein Zeichen für fehlendes Vertrauen und mangelnde Aufklärung. Die nicht-wissenschaftliche Befragung von Studierenden aller deutschsprachigen Musikhochschulen, deren Ergebnisse in den letzten Wochen bereits in den Medien thematisiert wurden, hat ein ähnliches Bild für die gesamte Hochschullandschaft gezeichnet.«[16] Es mag sein, dass die Umfrageergebnisse anders ausgefallen wären, hätten mehr Studierende teilgenommen. Das Problem, dass Menschen nicht erreicht werden können, beschreiben mir verschiedene Personen aus dem Umfeld des Sports, der Kirchen und der Altenpflege: Die Organisationen haben oft nicht mal alle E-Mail-Adressen oder Anschriften von aktuellen oder ehemaligen Mitgliedern oder deren Angehörigen.

Die Akten

Die Beteiligten der ForuM-Studie in der evangelischen Kirche können Ähnliches berichten. Die Evangelische Kirche Deutschland (EKD) beschreibt in einer Chronologie auf ihrer Website für den September 2020, dass »ein Screening von Personalakten in einer Stichprobe von Landeskirchen vorgesehen [ist], die auf der Basis einer vorgeschalteten Exploration und Datenerhebung in den Landeskirchen geschehen soll«.[17] Zwischen Dezember 2021 und Januar 2022 weist der Auftragnehmer der Studie »den damaligen Beauftragtenrat der EKD darauf hin, dass es im ersten Schritt der Exploration und Datenerhebung in den Landeskirchen zu Verzögerungen und Problemen gekommen ist. Ein Teil der Landeskirchen haben die Daten nur verzögert und viele nicht in der erforderlichen Qualität bereitgestellt.«[18] Im Verlauf des Jahres 2022 »schlagen die Forschenden [aufgrund der Mängel und Verzögerungen] ein neues Vorgehen vor, das statt des stichprobenartigen Screenings von Personalakten ein Screening der Disziplinarakten von Pfarrer*innen in allen Landeskirchen vorsieht«.[19] Das Argument: Die Disziplinarakten seien zentral gelagert und vergleichbar in ihrer Art.

Machtmissbrauch auf den Grund zu gehen, ist nicht nur eine Frage von Motivation und Angst vor den Ergebnissen, sondern auch eine von Arbeit. Wer in seinen Nachforschungen auch zurückliegende Taten berücksichtigen will, muss darauf gefasst sein, auf Mängel in der Formalstruktur der Organisation zu stoßen und sich mit den Effekten kurzer Dienstwege zu beschäftigen. Wo besonders wenig kontrolliert und dokumentiert wird, werden sich große Informationslücken auftun, die nicht bedeuten, dass es keinen Machtmissbrauch gab. Ihnen gegenüber stehen dann Aussagen und Forderungen ehemaliger oder langjähriger Mitglieder der Organisation. Wenig formalisierte Organisationen und ihre Mitglieder haben hier einen erheblichen Nachteil – auch wenn sie kurzfristig auf die Idee kommen könnten: Was nicht da ist, kann auch nicht bewiesen werden. Wenn alles auf Vertrauen basiert, kann die Organisation im Misstrauensfall auch nicht zeigen, dass sie sich korrekt verhalten und Macht kontrolliert hat. Juristisch ist das immer eine schwierige Situation für alle Seiten. Die Organisation wird deshalb wahrscheinlich die Verantwortung für alle Vorfälle auf die Individuen abschieben. Das bedeutet zum einen auf Täter und Täterinnen, aber zum anderen auch auf Betroffene. Die hätten ja früher melden können, um Dokumentation bitten oder einfach gehen können. Die Freiheit, Selbstbestimmung und Selbstorganisation, die viele Mitglieder zunächst zu schätzen wissen, wird ihnen zum Verhängnis, wenn sie zu Betroffenen werden. Der Mangel an Formalität wird Organisationen auf die Füße fallen. Er erleichtert Machtmissbrauch; und ist dieser geschehen, geraten sie ins Schleudern, wenn von ihnen verlangt wird, ihr richtiges Verhalten nachzuweisen.

In einer SWR-Dokumentation wird über *Das Leid der Verschickungskinder* in den sogenannten Kurheimen berichtet, die über ganz Deutschland nach dem Zweiten Weltkrieg verteilt waren. Kinder wurden geschlagen, mussten ihr Erbrochenes essen, wurden eingesperrt und sexuell belästigt. Zwischen drei und zwölf Millionen Kinder wurden laut Schätzungen in diese

Heime zwischen zwei und sechs Wochen verschickt, um gesund zu werden – bis in die 1990er Jahre. Die kleinsten waren zwei Jahre alt. Etwa 94 Prozent von ihnen beschreiben machtmissbräuchliche Erlebnisse. Unter ihnen waren Leonie Seliger und Peter Krausse, die im Heim *Schloss am Meer* auf der Insel Föhr untergebracht waren. Das Heim war in der Trägerschaft der Barmer Ersatzkasse. Krausse spricht in der SWR-Dokumentation von seinem Bemühen um Aufklärung: »Ich habe den Eindruck, dass die Barmer Ersatzkasse natürlich freundlich geschrieben hat: ›Wir sind ernsthaft an einer Aufarbeitung interessiert und bemüht, aber wir haben leider gar keine Unterlagen mehr.‹ Und es gipfelte dann darin, dass selbst die Existenz dieses Heimes in der Trägerschaft der Barmer Ersatzkasse bezweifelt wurde. Das finde ich schon empörend, weil das ist nun durch diverse Berichte belegt.«[20] Die Barmer Ersatzkasse schreibt dem SWR: Man habe keine Erkenntnisse über Missstände in diesem Kurheim. Zur Aufarbeitung wolle man beitragen. Die Dokumentation zeigt an dieser Stelle ein Schwarz-Weiß-Foto vom Haus *Schloss am Meer*, auf dessen Giebel diese Worte stehen, darunter: *Kinderheim der Barmer Ersatzkasse.*

Die Belohnung

Menschen suchen stets nach Anerkennung und machen dafür die unterschiedlichsten Dinge: Sie ordnen sich anderen unter, oder aber sie missbrauchen ihre Macht. Wenn über sexistische Sprüche, rassistische Beleidigungen und ableistische Kommentare gelacht wird, bringt die Abwertung der Anderen den Täterinnen und Tätern Aufwertung. Das Gehirn schüttet Dopamin aus, was für Entspannung und Freude sorgt. Anerkennung ist identitätsstiftend und trägt zur Stabilität unseres Selbstwerts bei. Ihr Entzug entmachtet und isoliert, ihre Zuführung bringt Zugehörigkeit und Zufriedenheit. Bevor Machtmissbrauch stattfindet, können Organisationen hier einsetzen und darauf achten, dass Anerkennung nicht unproportional verteilt wird, wie es gesellschaftlich bereits passiert. Gleichzeitig ist diese Dynamik nur schwer zu steuern, weil Anerkennung auch informell verliehen wird. Die Organisation hat daher nur Einfluss auf die von ihr formal verliehene Anerkennung. Einerseits durch Positionen, Bezahlung, Incentives, aber auch durch die Zuweisung von angenehmeren Arbeiten oder mehr Freiheiten. Eine Daumenregel für die Prävention von Machtmissbrauch darf sein: Je mehr institutionelle und / oder persönliche Anerkennung, Reputation und Freiheiten ein Organisationsmitglied genießt, desto eher sollte sein Machteinsatz kontrolliert und evaluiert werden. Organisationen brauchen dazu Regeln und Standards, um Ungleichbehandlung vorzubeugen.

Anerkennung kann *Bewunderung* oder *Würdigung* bedeuten: »*Bewunderung* korrespondiert mit dem Begriff des *Prestiges*, *Würdigung* mit dem der *Dankbarkeit*«, erläutert der Soziologe Stephan Voswinkel in Rückgriff auf Simmel. »In der Bedeutung von *Bewunderung* heißt Anerkennung die Höherstellung von Akteuren. In der Bedeutung von *Würdigung* kann Anerkennung als Gegenleistung für einen *Beitrag* verstanden werden. Sie ist dann Element eines sozialen Austauschs, eine moralische Verpflichtung und Erwartung.«[21] Deutsche Arbeitsverhältnisse sind historisch von Anerkennung durch Würdigung geprägt: »Sie bezieht sich auf die *Zugehörigkeit* zu [einer Organisation]. Die Arbeit des Belegschaftsmitglieds findet ihre Würdigung dadurch, daß ihm als Mitglied einer Betriebsgemeinschaft Beschäftigungssicherheit auch im Alter, bei nachlassender Produktivität, in Aussicht gestellt wird.«[22] Doch Organisationen sind dabei, sich zu verändern: von stabilen, zentralisierten zu flexiblen, dezentralen Systemen: »In flexiblen, überbetrieblichen Beschäftigungskarrieren wird demgegenüber eine andere Form der Anerkennung bedeutsam: die *Reputation*. Bei ihr geht es vor allem um den *Eindruck*, den ein Subjekt bei anderen hinterläßt. Reputation ist eine kompetitive Form der Anerkennung. Man kann sie als Kapital betrachten, in das und mit dem investiert werden kann und muß.«[23] Reputation kann der Dimension der *Bewunderung* zugeordnet werden. Sie ist im Gegensatz zur Würdigung weniger auf »moralische Verpflichtungen begründet«.[24] Das wirkt sich auf Machtmissbrauch und seine Prävention aus. Reputation motiviert Menschen dazu, vor allem »im Interesse ihrer individuellen Reputation kooperativ zu wirken [...] nicht aufgrund moralischer Commitments, denen Dankbarkeit durch Würdigung gegenüber stünde«.[25] Der Anerkennungsmodus der Reputation führt also zur Abnahme von Würdigung und Zugehörigkeit, aber er fördert die Anerkennung der Autonomie der Individuen. Kurz und knapp: Mehr Ich, weniger Wir. Wenn Ich statt Wir belohnt wird, wird mein Einsatz gegen Machtmissbrauch und damit für andere geringer. Wenn Reputation ein wesentlicher Wert in Organisationen ist, nach dem Menschen streben – was auch der Beobachtung von Andreas Reckwitz und den Performanzarbeitenden entspricht –, können Organisationen zumindest versuchen, formal einzugreifen, indem sie an ihrer Zuverlässigkeit arbeiten und ihre Mitglieder vermehrt würdigen statt bewundern.

Ist der Machtmissbrauch geschehen, können Organisationen mit dem Entzug von Anerkennung und autoritativer Macht reagieren – ohne Täterinnen und Täter oder Betroffene dabei sozial zu isolieren: Denn »Missachtung stellt eine Entwertung und Entwürdigung von Identitäten und Subjekten dar. Sie löst schamhafte Selbstentwertungen und -beschränkungen der Subjekte, abweichendes Verhalten oder aber einen ›Kampf um Anerkennung‹ (Honneth) aus«, schreibt Stephan Voswinkel. Anerkennung und Missachtung sind deshalb nicht zu unterschätzende Mittel. Auch wenn wir Täterinnen und Tätern zunächst vielleicht wünschen, dass sie möglichst nie wieder einen Job finden mögen, ist dieser Umgang mit ihnen gesellschaftlich kontraproduktiv. Er teilt Menschen in Gut und Böse und widerspricht demokratischen Grundsätzen. Statt nur Exklusion braucht es in Organisationen auch die Möglichkeit zur Rehabilitation. Die Kündigung sollte dann ausgesprochen werden, wenn Taten so massiv waren, dass das Wohl der Organisation und das ihrer Mitglieder gefährdet ist.

Betroffenen wiederum muss Anerkennung zugeführt werden, damit sie sich imstande fühlen, Vorfälle zu melden. Sie erleben, während sie Machtmissbrauch ausgesetzt sind, eine Verletzung ihrer Würde. Die Organisation hat die Aufgabe, ihnen diese Würde, soweit sie kann, zurückzugeben.

Das heißt, Betroffene müssen während des Meldeprozesses von der Organisation ernst genommen werden. Der Ausdruck von Irrelevanz (das ist ja nicht der Rede wert) oder von Zweifeln (das kann ich mir nicht vorstellen) gleicht einer Missachtung und unterstellt Betroffenen letztendlich, die Unwahrheit zu sagen. In der Mehrzahl der Fälle beschreiben Betroffene einen sehr schlechten Umgang der Organisation mit ihrer Betroffenheit: Den Betroffenen wird Skepsis entgegengebracht, es werden Konfrontationen mit Tätern und Täterinnen erzwungen, die Betroffenen werden über lange Zeiträume nicht über den Prozess informiert, es wird ihnen keine psychologische Hilfe geboten, sie werden ignoriert. Die Organisation muss ihnen aber im Gegenteil Zugehörigkeit durch formale Sicherheit vermitteln, auch ehemaligen Mitgliedern. Psychologische Betreuung und ein regelmäßiger Austausch sind geboten. Auch Zeuginnen und Zeugen muss Sicherheit und psychologische Betreuung zugestanden werden. Diese Veränderungen in der Formalstruktur dürfte umstehende Organisationsmitglieder motivieren, beobachtete Vorfälle zu melden. Die Organisation muss keinen Verdienstorden verleihen, aber eine formelle Würdigung von Betroffenen, Zeugen und Zeuginnen durch ein angemessenes Verfahren macht in der Organisation sichtbar, dass sie ihrer Verantwortung nachkommt.

Die Workshops

Ein beliebtes Mittel zur Sanktionierung von Fehlverhalten sind Coachings. Die Organisation kann mit Coachings versuchen, Mitglieder der Organisation zu *verändern*. Das klingt so übergriffig, wie es ist. Eine Organisation muss sich der Grenzen von Coachings bewusst sein. Zunächst muss klar sein, dass erfolgreiche Persönlichkeitsveränderungen lange Zeit brauchen und häufig eher psychotherapeutischer Betreuung bedürfen. Eine solche Entscheidung zu treffen ist aber privat und führt auch nur zu Erfolg, wenn der Täter oder die Täterin sich aus freien Stücken dazu entscheidet. Coaches haben nicht den Auftrag und die Ausbildung eines Psychotherapeuten oder einer Psychotherapeutin. Sie können keine festgefahrenen Verhaltensmuster ändern, indem sie ein paar Stunden mit einer Klientin oder einem Klienten verbringen.

Sensibilisierung ist oft das Stichwort, wenn es darum geht, Menschen in Organisationen verständlich zu machen, wie Diskriminierungsformen zustande kommen, wie sie historisch einzuordnen sind und wen sie betreffen. In Workshops wird deshalb über Vielfalt, Rassismus, Ableismus, Sexismus, Homo- und Transfeindlichkeit gesprochen. Das ist anspruchsvoll und sinnvoll, aber nicht die alleinige Antwort auf Machtmissbrauch. Vor allem dann nicht, wenn derartige Workshops einmalig stattfinden. Wer sein ganzes Leben lang gelernt hat, welche Menschen viel und welche wenig wert sind, wird das nicht innerhalb eines Workshops verlernen können. Wer sich mit Antidiskriminierung beschäftigt, weiß, dass es selbst für Betroffene anspruchsvoll ist, die gelernten Unterdrückungsmechanismen zu verlernen. Der Begriff internalisierter Rassismus, Ableismus, Klassismus oder Sexismus beschreibt, dass Betroffene selbst am Fortbestand der Diskriminierung mitwirken, weil sie sich entweder als zurecht abgewertet empfinden oder selbst die eigene oder andere Gruppen diskriminieren.

Neben Antidiskriminierung wird in Organisationen gern auf Werte- und Kulturworkshops gesetzt. Dass Kultur und Werte nicht von der Organisation angeordnet werden können, wurde erklärt. Viele Organisationsverantwortliche sind sich darüber aber nicht im Klaren. Beraterinnen und Berater wissen das zu nutzen, oder es fehlt ihnen selbst häufig an Wissen. Entsprechend haben solche Workshops vor allem einen Zweck: Sie demonstrieren schauseitig, dass *irgendetwas* als Reaktion auf den Machtmissbrauch in der Organisation passiert. Oft ist die Sache damit dann abgehakt. Sind diese Workshops verpflichtend, wird ihre Wirksamkeit noch fraglicher. Sind sie freiwillig, kommen nur die, die sich ohnehin für die Themen interessieren. Wann sind Workshops also sinnvoll?

Workshops sind dann sinnvoll, wenn in ihnen über formale Regeln, Prozesse und Meldeverfahren gesprochen wird. Denn die Organisation wird die Kultur nur über die Veränderung der Regeln beeinflussen können: Mehr oder weniger Formalität. Die Teilnehmenden dieser Workshops sollten aus dem relevanten Bereich, zum Beispiel dem Personalwesen, und der relevanten Hierarchiestufe kommen. Außerdem müssen (potenziell) betroffene Mitarbeitende einbezogen werden. Sie können an der Erarbeitung der Regeln mitwirken und ihre Perspektive einbringen. Das zeigt Respekt gegenüber Betroffenen und steigert die Akzeptanz der Regeln für alle, wenn sie in der

Folge Anwendung finden. Aber Workshops allein werden nicht dazu führen, dass Mitglieder sich diskriminierungsfrei und angemessen verhalten, wenn nicht jeden Tag neue Trampelpfade in der Kultur beschritten werden. Das geschieht nur, indem immer mehr Menschen diese Wege beschreiten und das Begehen der alten nicht dulden. Formale Regeln unterstützen dabei. Statt zu tabuisieren, müssen Gespräche und Aushandlungen über Fehlverhalten regelmäßig stattfinden. Konfliktkompetenz und Impulskontrolle werden zu wesentlichen Fähigkeiten.

Der Verhaltenskodex

Der überwiegende Teil von Organisationen beginnt, sich mit Machtmissbrauch auseinanderzusetzen, nachdem es zu einem Vorfall gekommen ist. Bevor es zu einem Vorfall kommt, geht die Organisation davon aus, dass Werte, Leitbilder und Organisationskultur dafür sorgen, dass Mitarbeitende sich zu benehmen wissen: »›Leider hatten wir bislang keine Strukturen, an die sich Betroffene [hätten] wenden können‹, erklärt der Kreisverband der Linken in Wiesbaden. ›Das ist ein Missstand, der uns schmerzlich bewusst geworden ist.‹ Man suche nun nach ›professionellen Wegen, um einen sensiblen und sachgerechten Umgang‹ mit dem Thema zu finden. Der Landesverband will dafür Awareness-Strukturen etablieren, auch ein neuer Verhaltenskodex wurde verabschiedet. In Wiesbaden soll zudem ein eintägiger Workshop zum Thema ›Sexismus-Sensibilisierung‹ stattfinden.«[26] Weil alles, was mit der Einrichtung von Meldestellen, Mediation, dem Management von Konsequenzen, Personalschulungen und der Planung von Krankenständen zu tun hat, Mehraufwand bedeutet, versuchen die Organisationen, diesen Aufwand so gering wie möglich zu halten: Sie tun nichts. Allein deshalb sind die meisten Organisationen nicht darauf vorbereitet, wenn ein Fall von Machtmissbrauch in ihren Reihen aufgedeckt wird. Passiert es, wird zu diesem Zeitpunkt offenbar, dass Organisationen in der Regel keine Strukturen oder keine funktionierenden Strukturen für das Melden von Fehlverhalten haben. Den Personen, die das gemeldete Verhalten, die Situation der Betroffenen und die Tragweite des

Falls einschätzen müssen, fehlt wiederum häufig das Wissen. Das gilt für Führungskräfte genauso wie für Mitarbeitende. Dennoch wird in Konfliktfällen vor allem von der Hierarchie erwartet, dass sie Orientierung bieten kann. So lange keine formalen Strukturen existieren, ist es Führungskräften und Mitarbeitenden möglich, Initiative zu zeigen und zum Beispiel zu Gesprächen über den Vorfall einzuladen. Organisationen dürfen sich darauf aber nicht ausruhen und Mitarbeitende müssen wissen: Initiative ist immer auch riskant, wenn es später um Schuldfragen geht.

Eine kleine Agentur hat sich ein Regelwerk überlegt: Im Falle einer Diskriminierung oder eines anderweitig übergriffigen Verhaltens könne sich jeder Mitarbeitende an eine Person ihrer oder seiner Wahl wenden, um ihr im Vertrauen von dem Vorfall zu berichten. Die Idee: Jede und jeder möchte womöglich eine andere Person ins Vertrauen ziehen. In der Theorie klingt das nicht verkehrt. An der Freien Universität (FU) Berlin diskutieren Promovenden im November 2023 genau darüber und stellen fest: »Peers, die sich falsch behandelt fühlen, wenden sich erstmal an Menschen, die sie kennen und denen sie vertrauen.«[27] Problematisch kann aber sein, dass betroffene Personen sich dann womöglich an Mitarbeitende wenden, die zwar in ihren Augen vertrauenswürdig sind, aber möglicherweise kein Wissen zu machtmissbräuchlichem Verhalten und keine Sensibilisierung für den Umgang mit Betroffenen haben. Zudem wird es ihnen an rechtlichem Wissen fehlen, um Betroffene verlässlich beraten zu können. Je nach Arbeitspensum werden sie die plötzlich auf sie zukommende Verantwortung kaum zu priorisieren wissen und den Aufwand der Betreuung von Betroffenen wahrscheinlich unterschätzen. Werden Rollen wie die von Gleichstellungsbeauftragten zusätzlich zu einer anderen Funktion in der Organisation übernommen, stehen diese selbst in Abhängigkeit zu Mitarbeitenden, mit denen sie mehr oder weniger gute Beziehungen pflegen. Sie sitzen also zwischen den Stühlen.

Wird jemand ad hoc zur Vertrauensperson gewählt, kann das bedeuten, dass die Hälfte der eigentlichen Aufgaben für ein paar Wochen liegenbleiben müssen. Ist der Organisation das bewusst? Kann sie sich das leisten? Weil sich Betroffene ohnehin bei schwerwiegenden Fällen in einer mental herausfordernden Situation befinden, sollte ihnen außerdem eher nicht zugemutet werden, selbst eine kompetente Person im Kollegium zu finden. Durch die nett gemeinte Regel der freien Wahl entledigt sich die Organisation ihrer Verantwortung: Sie muss nicht sicherstellen, dass Menschen in den notwendigen Kompetenzen geschult sind. Wenn ein Betroffener oder eine Betroffene mit der selbst gewählten Vertrauensperson im Laufe des Prozesses nicht zufrieden ist, kann die Organisation die Verantwortung dafür bei Betroffenen und Vertrauenspersonen abladen. Zwar ist auch dafür abgestelltes Personal nicht immer geeignet. Die Verantwortung dafür trägt dann aber folgerichtig die Organisation, innerhalb der die Kultur und Formalstruktur das übergriffige Verhalten nicht verhindert haben. Sollte außerdem das machtmissbräuchliche Verhalten von einer Chefin oder einem Geschäftsführenden ausgehen: Welcher als Vertrauensperson auserwählte Kollege und welche Kollegin wollen gegen ihre Vorgesetzten vorgehen? Wohl doch eher die wenigsten. Nicht immer gibt es einen Betriebsrat, der das tun würde. Offen bleibt auch, ob die gewählte Vertrauensperson die Anfrage ablehnen kann, weil sie sich nicht in der Lage fühlt, die Rolle auszufüllen. Das ist wahrscheinlich, denn Zwang ist für keine beteiligte Person sinnvoll.

Stellen Sie sich also vor: Sie sind von Machtmissbrauch betroffen und mussten sich sehr lange überwinden, um Ihren Fall überhaupt zur Sprache zu bringen. Sie wählen einen Kollegen aus, den Sie ins Vertrauen ziehen wollen, und dieser Kollege verweigert Ihnen höflich die Hilfe, weil er überfordert ist. Wie fühlt sich das an? Was ist Ihr nächster Schritt? Fragen Sie noch zwei weitere Personen an? Ist das wirklich Ihr Job in dieser Situation? Der Agentur soll nicht unterstellt werden, diese Situation bewusst zu provozieren und zu hoffen, dass der Vorfall sich auf diese Art von selbst erledigt. Aber es entspricht der Logik jeder Organisation, in erster Linie ihren Zwecken zu folgen. Regelwerke und Verhaltenskodizes sind mit verhältnismäßig wenig Aufwand geschrieben. In sie zu investieren lohnt sich. Die Organisation zeigt dadurch auf der Schauseite, dass sie Bewusstsein für dieses wichtige Thema hat, und sendet ein Signal der Beruhigung an die Belegschaft. Niemand kann der Organisation jetzt vorwerfen, nichts zu tun. Kaum ein Verein oder Unternehmen nimmt sich aber die Zeit, alle denkbaren Situationen durchzuspielen und das Regelwerk, wenn nötig, zehn Mal anzupassen, bevor es Anwendung findet. In Organisationen, die moderne Arbeitsmethoden verwenden, werden Produkte, Konzepte und Ideen gern schnell und in groben Prototypen skizziert, um im laufenden Betrieb optimiert zu werden. Sogenannte Beta-Versionen sind sinnvoll, wenn es um Serviceleistungen wie Bestellvorgänge und andere Produkte geht. Aber ganz sicher nicht, wenn es sich um Machtmissbrauch handelt. Betroffene von Machtmissbrauch dürfen nicht Teil eines Prototypen sein, der anhand ihrer Betroffenheit iteriert und getestet wird.

Auch Verhaltenskodizes werden gern in Workshops erarbeitet. Sie reichen von fünf Sätzen darüber, dass man Diskriminierung nicht duldet, bis hin zu vielen Seiten, in denen Konditionalprogramme beschrieben werden. Insofern hat die Agentur sich mehr Arbeit gemacht, als viele andere Organisationen das präventiv tun. Häufig werden Kodizes auch einfach von anderen abgeschrieben und nicht auf die eigene Organisationsrealität angepasst. Will man es gut machen, ist aber eine eingehende Beschäftigung mit Machtmissbrauch nötig, um adäquat reagieren zu können. Im *Spiegel* wird die Compliance-Expertin Simone Kämpfer zu ihren Erfahrungen befragt. Die Juristin arbeitet als neutrale und externe Beraterin, um Organisationen bei Machtmissbrauchsfällen zu helfen. Der Axel-Springer-Konzern »beauftragte Kämpfer vor drei Jahren damit, die Vorwürfe gegen den damaligen *BILD*-Chefredakteur Julian Reichelt zu untersuchen«.[28] Sie sagt: »Hört sich blöd an, aber am besten hängen Sie den Verhaltenskodex in der Kaffeeküche auf, damit alle wissen, was nicht toleriert wird.«[29] Ich wage zu bezweifeln, dass das reicht. Aber zumindest kann die Organisation dann behaupten, sie hätte die Information sichtbar kommuniziert. Dennoch wissen wir, dass auch in Berufen, in denen ethische Richtlinien unterschrieben bzw. Eide abgelegt werden müssen, viele Fälle von Machtmissbrauch existieren. Deshalb muss in einem Kodex konkret stehen, welches Fehlverhalten wie sanktioniert wird. Er kann dann bei Vertragsunterzeichnung als bindend für die Mitgliedschaft vorgelegt werden. Für Betroffene kommt bei der Beauftragung von Kanzleien ein weiterer Gedanke hinzu: Auch zwischen Auftraggeber und Auftragnehmer entsteht ein Abhängigkeitsverhältnis, oder?

Und wenn Betroffene die Organisation auf Schadensersatz verklagen, müssen sie das laut Allgemeinem Gleichbehandlungsgesetz (AGG) innerhalb von zwei Monaten tun und genug Geld haben, um ihren Rechtsbeistand zu bezahlen.[30]

Das Recht

Unter personenbezogenen Machtmissbrauch fallen Mobbing, Diskriminierungen, Beleidigungen, sexuelle Ansprachen und Gesten, sexuelle, körperliche Bedrängnis, Nötigung und jede Gewaltanwendung. Viele dieser Taten sind je nach Schwere sogenannte Antragsdelikte. Sie können »gemäß § 77b StGB nur verfolgt werden, wenn Geschädigte oder deren gesetzlicher Vertreter schriftlich oder zu Protokoll eines Gerichts oder einer Staatsanwaltschaft Strafantrag stellen«.[31] Verbale sexuelle Belästigungen sind eine häufige Form von Machtmissbrauch und oft mangels Zeugen und Zeuginnen schwer zu beweisen. Heimliche Video- oder Audiomitschnitte sind ihrerseits Straftaten.[32] Außerdem werden sexuelle Ansprachen rechtlich nicht als sexuelle Belästigungen gewertet, weil sie nicht körperlich sind, sondern können am ehesten als Beleidigungen gelten, also als Ehrverletzungsdelikte. In vielen Fällen, in denen eine sexuelle Belästigung als herabwürdigende Beleidigung theoretisch strafbar ist, steht Aussage gegen Aussage. Sind keine Beweise vorhanden, kommt es auf die Argumentation von Anwältinnen und Anwälten und die Auslegung von Richterinnen und Richtern an, ob eine sexuelle Ansprache als herabwürdigend und ehrverletzend anerkannt wird.

Am Bundesgerichtshof (BGH) wurde im November 2017 ein 65-jähriger Mann wegen sexueller Nötigung freigesprochen: »Der zur Tatzeit 65-jährige Angeklagte traf am 7. November 2016 auf offener Straße auf die ihm unbekannte 11-jährige

K. und forderte das Kind auf, mit ihm zu kommen. Als das Mädchen dieser Aufforderung nicht nachkam, folgte er ihr und äußerte, dass er mit ihr spazieren gehen wolle, ›weil er an ihre Muschi fassen wolle‹. Auf diese einmalige Äußerung des Angeklagten rannte das Kind davon.«[33] Der Bundesgerichtshof begründet sein Urteil: »Bloß sexualbezogene oder grob sexuelle Äußerungen genügen ebenso wenig zur Tatbestandsverwirklichung wie kurze, oberflächliche Reden.«[34] Der Fall landet vor dem BGH, weil der Beschuldigte vom Landgericht Rostock wegen versuchter Vergewaltigung, sexuellen Missbrauchs eines Kindes und Beleidigung in drei Fällen zu einer Gesamtfreiheitsstrafe von drei Jahren und sechs Monaten verurteilt wurde. Der Verurteilte legte gegen das Urteil Revision ein, über die in der Folge vor dem BGH entschieden wurde. Warum die Äußerung des 65-jährigen Mannes gegenüber der 11-Jährigen von den Richtern und Richterinnen am BGH allerdings nicht als herabwürdigend und ehrverletzend eingestuft wurde, ist schwer nachvollziehbar. Der BGH stellt fest: »Die dabei für das weibliche Geschlechtsorgan gewählte Bezeichnung ›Muschi‹ (vgl. zur Wortbedeutung Duden, Das große Wörterbuch der deutschen Sprache, Band 6, 3. Aufl., S. 2660: salopp für Vulva u. a.) entspricht einer Benennung, die unter Kindern und auch gegenüber Kindern weithin gebräuchlich ist, ohne per se als anstößig oder vulgär empfunden zu werden. Die Äußerung des Angeklagten gegenüber dem 11-jährigen Kind führt […] nicht zu einer Strafbarkeit wegen Beleidigung gemäß § 185 StGB.«[35]

Was hier geschah, zeigt, es liegt nicht an der mangelhaften Gesetzeslage, sondern am fehlenden Verständnis der Richterinnen und Richter dafür, dass die Herabwürdigung auf das eigene Geschlecht und unfreiwillige sexuelle Ansprache eine massive Intims- und Ehrverletzung darstellen. Der Hinweis auf die Bedeutung des Wortes *Muschi* im Duden erscheint vollkommen absurd. Der BGH sagt: »Gemessen hieran ergibt sich hier aus der sexuell motivierten Äußerung des Angeklagten nicht die für die Tatbestandsverwirklichung erforderliche herabsetzende Bewertung des Kindes. Der Angeklagte hat mit seiner einmaligen Äußerung nicht zum Ausdruck gebracht, das 11-jährige Mädchen sei mit einem entsprechenden, ihre Ehre mindernden Makel behaftet.«[36]

Eine erstaunliche Erklärung. Wäre die gewählte Bezeichnung des 65-Jährigen anders ausgefallen, hätte im Duden gestanden, dass der Begriff *Muschi* vulgär ist, dann hätte die Verurteilung wegen Beleidigung womöglich standgehalten. So zeigt es ein Fall vor dem Bayerischen Oberlandesgericht. Das stellt fest, dass die »Bezeichnung der Gesprächspartnerin durch den Angeklagten als ›Schlampe‹ [...] zweifelsfrei durch die darin zum Ausdruck gekommene Missachtung einen Angriff auf die persönliche Ehre der Verletzten« darstellt.[37] Die Einschätzung, ob die Verwendung eines Begriffs eine Beleidigung darstellt, kommt also auf die gesellschaftliche Bewertung des Begriffs an, auf den Kontext und den gesellschaftlichen Status der beleidigten Person. Ein Urteil der Berliner Strafkammer stellt fest, dass der Begriff *Clown* gegenüber einem Polizisten eine Beleidigung darstellt: »Ein ›Clown‹ sei gleichzusetzen mit einem ›Spaßmacher und Hanswurst‹, also einem ›dummen, sich lächerlich machenden Menschen‹.«[38] Die Begriffe *Nutte*, *Hure* und *Schlampe* gelten vor Gericht regelmäßig als Beleidigungen, weil wir als Gesellschaft Frauen, die sexuell aktiv sind, abwerten. Weil wir Sexarbeit und die Frauen, die dieser Tätigkeit nachgehen, abwerten. So wird auch gern in Strafprozessen von der Verteidigung argumentiert, dass Sexarbeiterinnen nicht vergewaltigt werden könnten.

Das Urteil des BGH von 2017 ermöglicht, dass fremde Menschen anderen gegenüber ungestört Äußerungen darüber treffen können, was sie sexuell gern mit ihnen machen möchten. Ein Chef, der einmal kurz im Meetingraum zu seiner Kollegin sagt, dass er gern ihre *Muschi* anfassen möchte, wird sich im Falle einer Anzeige auf den Fall des 65-Jährigen berufen können und sagen, er habe erstens kein vulgäres Wort benutzt und zweitens sei seine Äußerung einmalig und kurz gewesen. Es braucht also kein neues Gesetz, das *Catcalling* unter Strafe stellt, wie es die niedersächsische Justizministerin Kathrin Wahlmann (SPD) im Januar 2024 vorschlug.[39] Es braucht Richterinnen und Richter, die mit umfassendem, diskriminierungssensiblem Verständnis Tathergänge beurteilen. Einem Polizisten eine Ehrverletzung zuzugestehen, weil er als *Clown* bezeichnet wurde, aber einer 11-Jährigen eine Ehrverletzung abzuerkennen, der von einem 65-jährigen, fremden Mann gesagt wird, er wolle ihre *Muschi* anfassen, ist kein Problem von Gesetzeslücken. Es ist ein Problem von Bewusstseinslücken.

Der Ausblick

Diese Lücken gibt es in der gesamten Gesellschaft und somit auch in Organisationen. Sie gilt es zu schließen. Wissen über die Strategien von Täterinnen und Tätern müssen ins allgemeine Bewusstsein rücken. Der Umgang mit Anerkennung, das Verleihen von Autorität und die Dynamik von Macht brauchen den öffentlichen und politischen Diskurs. Organisationen und Arbeitsbedingungen haben einen erheblichen Einfluss darauf, wie Menschen sich in der Welt zurechtfinden. Der französische Ausdruck *déformation professionnelle* heißt ins Deutsche übersetzt soviel wie berufliche Verformung. Damit wird beschrieben, dass Menschen dazu neigen, ihr jobbedingtes Erleben und Verhalten unbewusst auch über die Arbeit hinaus zum Ausdruck zu bringen. Eine psychologische Meta-Analyse stellt fest, dass Arbeit uns sogar mehr prägt als Liebe.[40]

Wenn wir also verlässliche, vertrauensvolle Organisationen schaffen, die einen fairen, gesunden Umgang mit ihren Mitgliedern pflegen, die ihrer Fürsorge nachkommen, von Übergriffigkeiten absehen, ihre Mitglieder nicht schädigen, sondern schützen, indem sie Macht kontrollieren und im Schadensfall für sie da sind – dann stehen wir nicht nur ein paar Individuen bei, die das »seltene Pech« hatten, Opfer zu werden. Dann verändern wir Gesellschaft.

Wir können von Organisationen mehr erwarten als ein paar Workshops, Social-Media-Posts und löblich klingende Wertevereinbarungen. Fordern wir konkrete Regeln. Es liegt an uns.

Machtmissbrauch wird durch die Verhältnisse in Organisationen möglich, aber durch Individuen begangen. Wir gucken dabei zu: »Es gibt kaum eine Menschengruppe, die so viel Einfluss auf die Weltgeschichte hat wie die Gleichgültigen. Ihre Passivität hat zu allen Zeiten die radikalsten Umbrüche ermöglicht«, schreibt Rafik Schami.[41]

Wir flüchten uns allzu oft in vermeintliche Unbetroffenheit und warten ab. Am Ende dieses Wartens werden wir alt sein. Egal ob wir mal Politikerin, Journalist, Bäckerin, Sportler, Polizistin, Pflegeperson, Richter, Lehrende oder Wissenschaftler waren. Spätestens wenn wir alt sind, erwischt sie uns, die Gleichgültigkeit, mit der wir der Welt und den Menschen darin stets begegneten. Dann liegen wir in einem Bett und sind angewiesen auf die Hilfe anderer. Angewiesen darauf, dass sie ihre Gleichgültigkeit besiegen.

Macht kann auch für etwas Gutes eingesetzt werden. Nutzen wir sie.

DANKSAGUNG

Ich bin all meinen Gesprächspartner*innen, die mir für dieses Buch ihre Erlebnisse, Beobachtungen, Erfahrungen oder Taten anvertraut haben, dankbar für ihre Offenheit. Ihr habt maßgeblich zum Entstehen dieses Buchs beigetragen.

ANMERKUNGEN

Alle Weblinks wurden – wenn nicht anders angegeben – zuletzt abgerufen am 5. August 2024.

Die Annäherung

1 Vgl. https://www.zeit.de/politik/deutschland/2022-08/verteidigungs ministerin-christine-lambrecht-sohn-hubschrauber-gericht, https://www.rbb24.de/panorama/beitrag/2022/08/patricia-schlesinger-abendessen-moeglicher-betrug-abrechnungen.html, https://www.sueddeutsche.de/bayern/arbeiter-samariter-bund-bayern-millionenbetrug-1.4567244

2 Vgl. https://rdb.manz.at/document/ris.just.JJT_20230627_OGH0002_008OBA00036_23M0000_000

3 Aus dem Gespräch mit einer Betroffenen

4 Vgl. https://www.spiegel.de/wissenschaft/mensch/us-krankenhaeuser-schmerzmittel-gabe-haengt-von-hautfarbe-ab-a-526144.html

5 Vgl. https://www.ndr.de/nachrichten/niedersachsen/osnabrueck_emsland/Arzt-soll-14-Jaehrige-in-Behandlungszimmer-missbraucht-haben,osnabrueck7920.html

6 Vgl. https://www.sueddeutsche.de/panorama/bad-oeynhausen-witte kindshof-missbrauchsvorwuerfe-behinderteneinrichtung-1.5172416

7 https://www.zeit.de/2010/30/Evangelismus-Missbrauch-Kinder/ komplettansicht

Teil I Die Macht

1 Heinrich Popitz, Phänomene der Macht, 2. Aufl., Mohr Siebeck 1992, S. 34–35

2 Das Gymnasium bedeutete für mich Klassenaufstieg. Ich wollte unbedingt dorthin und war letztlich die Erste der Familie, der das gelang.

3 Popitz, Phänomene der Macht, a. a. O., S. 115

4 Vgl. ebd., S. 108

5 Ebd., S. 108

6 Vgl. J. R. Hamann, G. Loewenstein, R. A. Weber, Self-interest through delegation: An additional rationale for the principal-agent relationship, American Economic Review 100, Nr. 4 (2010), S. 1826–1846

7 Popitz, Phänomene der Macht, a. a. O., S. 129

8 https://www.lto.de/recht/hintergruende/h/lg-goettingen-2kls1523-pruegelnder-professor-uni-goettingen-koerperverletzung-noetigung-freiheitsberaubung/

9 Popitz, Phänomene der Macht, a. a. O., S. 26

10 Vgl. ebd., S. 130

11 Ebd., S. 131

12 Ebd. (unter Rückgriff auf Jakob Burkhardt), S. 115–116

13 Ebd., S 116

14 Vgl. https://www.rnd.de/wissen/sucht-nach-anerkennung-der-weg-zum-stabilen-selbstwert-AGUJDQBOQQYBXLQVXP42XPXMSI.html

15 Dokumentation »Sex und Macht«, https://www.zdf.de/dokumentation/zdfinfo-doku/sex-und-macht-100.html, 34:00

16 Ebd., 06:46

17 Popitz, Phänomene der Macht, a. a. O., S. 131

18 Christine Weinbach, Systemtheoretische Auslotung der Bedingungen und Grenzen von Vielfalt in Organisationssystemen am Beispiel der Erziehungsorganisation Kita, in: Diversitäts- und Organisationsforschung, hg. v. Maria Funder, Julia Gruhlich u. Nina Hossain, Nomos 2023, S. 168

19 https://www.spiegel.de/karriere/sexuelle-belaestigung-von-flugbegleitern-warum-das-problem-so-gross-ist-a-1282061.html

20 https://www.ufo-online.aero/images/themen/gesundheit/pdf/umfrage_sexuelle_belaestigung.pdf?_t=1557477747

21 https://www.spiegel.de/karriere/sexuelle-belaestigung-von-flugbe gleitern-warum-das-problem-so-gross-ist-a-1282061.html

22 Ebd.

23 Ebd.

24 https://www.ufo-online.aero/images/themen/gesundheit/pdf/umfrage_sexuelle_belaestigung.pdf?_t=1557477747

25 https://taz.de/Gruene-und-Sex-mit-Kindern/!5067540/

26 https://www.sueddeutsche.de/politik/joseph-ratzinger-missbrauchsfall-priester-h-dokument-1.5755954

27 https://www.spiegel.de/panorama/dieter-wedel-und-metoo-was-an-den-faellen-wirklich-unfassbar-ist-a-00000000-0003-0001-0000-000002048306

28 https://www.welt.de/debatte/kommentare/article113155344/Als-Willy-Brandt-die-Grenze-weit-ueberschritt.html. Zuletzt abgerufen im November 2023.

29 https://www.boell.de/de/2021/10/27/buergerrechtskaempfe-von-migrantinnen-und-die-transnationalisierung-linker-politik-vor, https://www.spiegel.de/politik/nimm-deine-praemie-und-hau-ab-a-01490c44-0002-0001-0000-000014021231

30 https://katapult-magazin.de/de/artikel/die-kuemmeltuerken-aus-halle

31 https://www.sueddeutsche.de/leben/sex-eheliche-pflichten-rechts sprechung-1.6338624

32 Vgl. https://www.gender.hu-berlin.de/de/publikationen/gender-bulletin-broschueren/bulletin-texte/texte-23/texte23pkt2.pdf

33 Vgl. ebd.

34 Vgl. ebd.

35 Vgl. M. Bessmertny, Die Geschichte der Frauenbewegung in Russland, in: Handbuch der Frauenbewegung. Teil 1: Die Geschichte der Frauenbewegung in den Kulturländern, hg. v. Helene Lange und Gertrud Bäumer, Berlin 1901

36 Hans-Ulrich Wehler, Deutsche Gesellschaftsgeschichte, Bd. 3, 2. Aufl., C.H. Beck 2006, S. 787. Siehe auch das Kapitel »Der Beginn der Zuwanderung: Deutschland als Einwanderungsland«, S. 545/6. Grundlegend dazu ebenfalls Ulrich Herbert, Geschichte der Ausländerbeschäftigung in Deutschland 1880 bis 1980, Dietz 1986, S. 46–70 (Kapitel »Ausländische Arbeiter in der Industrie«)

37 Vgl. https://www.fluter.de/gleichberechtigung-frauen-deutschland-geschichte

38 https://www.inklusion-als-menschenrecht.de/neuzeit/

39 https://www.dw.com/de/t%C3%BCrkische-arbeitnehmer-in-deutsch
land-hochqualifiziert-aber-in-schlecht-bezahlten-jobs/a-57186538

40 Ebd.

41 Pierre Bourdieu, Die männliche Herrschaft, 6. Aufl., Suhrkamp
Wissenschaft 2021, S. 71

42 https://www.sueddeutsche.de/wirtschaft/abus-unternehmer-
religion-1.4493053

43 Ebd.

44 Vgl. https://www.youtube.com/watch?v=RsCL_IGJLCU

45 Vgl. ebd.

46 https://www.sueddeutsche.de/wirtschaft/abus-unternehmer-religion-
1.4493053

47 Ebd.

48 Vgl. https://feps-europe.eu/wp-content/uploads/downloads/
publications/116268_rapport_feps-fjj_uk.pdf

49 Vgl. https://www.destatis.de/Europa/DE/Thema/Bevoelkerung-Arbeit-
Soziales/Arbeitsmarkt/Qualitaet-der-Arbeit/_dimension-1/08_frauen-
fuehrungspositionen.html

50 Pierre Bourdieu, Die männliche Herrschaft, a. a. O., S. 110 – 111

51 https://www.regieverband.de/sites/default/files/2022-05/7_
Diversitaetsbericht_2019_2020.pdf

52 https://www.spiegel.de/kultur/kino/frauen-in-hollywood-
regisseurinnen-waren-2020-so-erfolgreich-wie-nie-aber-die-quote-
bleibt-gering-a-c1dd4321-b91d-4a0e-90f3-0a0b6e270440

53 Vgl. https://www.obs.coe.int/de/web/observatoire/home/-/asset_
publisher/wy5m8bRgOygg/content/film-profeessionals-women-still-
only-represent-a-quarter-of-all-film-directors-working-in-
europe

54 Vgl. https://annenberg.usc.edu/news/research-and-impact/annenberg-
inclusion-initiatives-annual-report-popular-music-reveals-little

55 https://www.deutschlandfunknova.de/beitrag/musikbranche-frauen-
sind-immer-noch-benachteiligt

56 Vgl. https://www.bundestag.de/dokumente/textarchiv/2022/kw19-
pa-wahlrechtskommission-repraesentanz-891506

57 Vgl. https://www.eaf-berlin.de/fileadmin/eaf/Publikationen/
Dokumente/2022_EAF_Berlin_Lukoschat_Koecher_Politische_
Teilhabe_von_Frauen_Studie.pdf

58 Vgl. https://www.reporter-ohne-grenzen.de/fileadmin/Redaktion/
    Downloads/Berichte/2021/RSF_Frauentag_2021_Sexismus_
    Journalismus.pdf

59 Vgl. https://www.pro-quote.de/wp-content/uploads/2023/01/
    PRESSEMITTEILUNG_-Noch-lange-nicht-gleichberechtigt-
    %E2%80%93-Der-muehsame-Aufstieg-von-Frauen-in-Print-und-
    Onlinemedien.pdf

60 Vgl. https://www.tagesschau.de/investigativ/buehnen-struktureller-
    machtmissbrauch-100.html

61 Vgl. https://www.tagesspiegel.de/kultur/flusterfrauen-3880531.html

62 Vgl. https://startupverband.de/fileadmin/startupverband/forschung/
    studien/ffm/Female_Founders_Monitor_2022.pdf

63 https://startupverband.de/research/migrant-founders/

64 Vgl. ebd.

65 Vgl. https://fra.europa.eu/sites/default/files/fra_uploads/fra-2023-
    being-black_in_the_eu_en.pdf

66 Vgl. https://www.dgb.de/themen/++co++9c0b4eaa-c996-11e9-b8a9-
    52540088cada

67 Vgl. https://www.ardmediathek.de/video/deep-und-deutlich/
    albtraum-sternekueche-rap-koch-giuseppe-moi-im-talk/ndr/Y3JpZD
    ovL25kci5kZS81ZDNjZTNkOC1iMmYwLTQ0MjktYjE5Yy0wZDFhY
    jZjOWFiZDE

68 https://statistik.arbeitsagentur.de/DE/Statischer-Content/Statistiken/
    Themen-im-Fokus/Menschen-mit-Behinderungen/generische-
    Publikation/Arbeitsmarktsituation-schwerbehinderter-Menschen-
    2022.pdf?__blob=publicationFile

69 https://www.sueddeutsche.de/politik/europarat-bericht-deutschland-
    obdachlosigkeit-armut-sozialpolitik-1.6467499

70 https://www.bisp.de/SharedDocs/Downloads/Publikationen/
    Publikationssuche_Sonderpublikationen/StrategiepapierFeMaLe.
    pdf?__blob=publicationFile&v=8; file:///Users/lenmarb/
    Downloads/f%C3%BCr%20mehr%20geschlechtergleichberechtigung
    %20im%20sport-NC0622067DEN.pdf

71 Vgl. https://de.statista.com/statistik/daten/studie/158634/umfrage/
    michelin-sterne-restaurants-in-deutschland/

72 Vgl. https://www.spiegel.de/sport/turnen-spitzenturnerinnen-erheben-
    schwere-vorwuerfe-gegen-trainerin-gabriele-frehse-a-00000000-
    0002-0001-0000-000174211456

73 https://www.sueddeutsche.de/sport/jan-hempel-werner-langer-missbrauch-wasserspringen-dsv-1.5640973

74 Vgl. https://www.destatis.de/DE/Themen/Arbeit/Verdienste/Verdienste-GenderPayGap/Tabellen/ugpg-03-wirtschaftszweige-ab-2014.html

75 Vgl. https://www.kultur-kreativ-wirtschaft.de/KUK/Redaktion/DE/Infokreativ/kuk-info-kreativ-kunstmarkt-2015.pdf?__blob=publicationFile&v=5

76 https://www.monopol-magazin.de/fair-share-aktion-neue-national galerie-merkt-euch-diese-namen?slide=2

77 Vgl. https://de.statista.com/statistik/daten/studie/741896/umfrage/frauenanteil-im-deutschen-bundestag-nach-wahlperiode/

78 https://minor-kontor.de/bezahlung-engpassberufe/

79 https://www.zeit.de/arbeit/2018-06/gehaltsunterschiede-frauenberufe-loehne-gender-pay-gap

80 Vgl. https://serval.unil.ch/resource/serval:BIB_394986C05943.P001/REF

81 https://link.springer.com/article/10.1007/s11577-015-0304-y

82 Vgl. https://fiw.htw-berlin.de/

83 Byung-Chul Han, Was ist Macht?, Reclam 2005, S. 56

84 Vgl. Richard Dülmen (Hg.), Entdeckung des Ich: Die Geschichte der Individualisierung vom Mittelalter bis zur Gegenwart, Böhlau 2001

85 Michel Foucault, Analytik der Macht, Suhrkamp Wissenschaft 2005, S. 226

86 Vgl. https://de.wikipedia.org/wiki/Die_Gro%C3%9Fst%C3%A4dte_und_das_Geistesleben

87 https://www.bpb.de/kurz-knapp/lexika/lexikon-der-wirtschaft/19712/individualismus/

88 Vgl. https://www.imf.org/external/pubs/ft/sdn/2015/sdn1513.pdf

89 https://www.welt.de/wirtschaft/article142546849/Der-IWF-warnt-vor-der-Wachstumsbremse-Ungleichheit.html

90 Andreas Reckwitz, Die Gesellschaft der Singularitäten. Zum Struktur-wandel der Moderne, Suhrkamp 2019, S. 209

91 Vgl. ebd., S. 184

92 Vgl. Niklas Luhmann, Funktionen und Folgen formaler Organisatio-nen, Duncker & Humblot 1964

93 Gallup Engagement Index Deutschland 2023, https://www.gallup.com/de/472028/bericht-zum-engagement-index-deutschland-2023.aspx?thank-you-report-form=1

94 Vgl. ebd.

95 Vgl. https://www.dak.de/presse/bundesthemen/gesundheitsreport/
krankenstand-2023-weiter-auf-rekordniveau-_56842

96 Vgl. ebd.

97 https://dserver.bundestag.de/btd/20/092/2009263.pdf, https://
www.tagesschau.de/inland/gesellschaft/krankheitstage-psychische-
erkrankungen-100.html

98 Vgl. https://de.statista.com/statistik/daten/studie/77239/umfrage/
krankheit-hauptursachen-fuer-arbeitsunfaehigkeit/

99 https://de.statista.com/statistik/daten/studie/239672/umfrage/
berufsgruppen-mit-den-meisten-fehltagen-durch-burn-out-
erkrankungen/

100 Vgl. https://www.bmfsfj.de/bmfsfj/aktuelles/alle-meldungen/
statistisches-bundesamt-veroeffentlicht-neue-zahlen-zum-gender-
care-gap-236794

101 Vgl. https://www.berufsstrategie.de/bewerbung-karriere-soft-skills/
burnout-risikogruppen.php

102 https://idw-online.de/de/news?id=628824&type=semanticsearch

103 https://www.personalwirtschaft.de/news/hr-organisation/burnout-bei-
managern-gilt-vor-allem-als-schwaeche-101698/

104 https://www.zeit.de/arbeit/2021-12/sexuelle-belaestigung-arbeitsplatz-
sexismus-metoo

105 Ebd.

106 Ebd.

107 Vgl. https://www.antidiskriminierungsstelle.de/SharedDocs/
downloads/DE/publikationen/Expertisen/umgang_mit_sexueller_
belaestigung_am_arbeitsplatz.pdf?__blob=publicationFile&
amp;v=5

108 Ebd.

109 Vgl. ebd.

110 Vgl. https://www.bka.de/DE/UnsereAufgaben/Forschung/
ForschungsprojekteUndErgebnisse/Dunkelfeldforschung/SKiD/
Ergebnisse/Ergebnisse_node.html

111 https://www.antidiskriminierungsstelle.de/SharedDocs/downloads/
DE/publikationen/Expertisen/expertise_diskriminierungserfahrungen_
in_deutschland.pdf?__blob=publicationFile&v=6 S. 184

112 Vgl. https://www.baua.de/DE/Angebote/Publikationen/Praxis/A12.html

113 Vgl. https://workplacebullying.org/2021-wbi-survey/

114 https://www.spiegel.de/kultur/machtmissbrauch-in-cdu-csu-und-katholischer-kirche-a-b348c31e-fc85-4f0e-ac21-d0b9128898 f8

115 Ebd.

116 Ebd.

Teil 2 Die Betroffenen

1 https://www.deutschlandfunk.de/sagen-meinen-opfer-100.html

2 Ebd.

3 https://taz.de/Beschreibung-sexualisierter-Gewalt/!5379541/

4 Vgl. https://psycnet.apa.org/doiLanding?doi=10.1037%2Frev0000033

5 https://www.ardmediathek.de/video/vollbild-recherchen-die-mehr-zeigen/sex-falle-yoga-wenn-dein-guru-zum-taeter-wird/swr/Y3JpZDovL3N3ci5kZS9hZXgvbzE5NTgxMzI

6 Ebd.

7 Vgl. https://www.hu-berlin.de/de/pr/nachrichten/august-2023/nr-2383-1

8 https://www.zeit.de/campus/2023-09/humboldt-universitaet-berlin-dozent-machtmissbrauch-entlassung

9 https://taz.de/MeToo-bei-der-Polizei/!5935311/

10 https://www.swr.de/swraktuell/baden-wuerttemberg/urteil-prozess-inspekteur-polizei-bw-100.html

11 https://taz.de/MeToo-bei-der-Polizei/!5935311/

12 Ebd.

13 https://www.amazon.de/dp/1676667652?ref_=cm_sw_r_cp_ud_dp_PPHW4G6AQ4475HHRVECZ

14 Ulrica Hochstätter, Die Fragen der Opfer im Strafprozess, Springer 2023 https://link.springer.com/book/10.1007/978-3-658-40530-4

15 https://www.tagesschau.de/inland/kentler-bericht-paedokriminelle-100.html

16 Ebd.

17 Ergebnisbericht »Helmut Kentlers Wirken in der Berliner Kinder- und Jugendhilfe – Aufarbeitung der organisationalen Verfahren und Verantwortung des Berliner Landesjugendamtes« 2024, S. 4, https://www.ndr.de/nachrichten/niedersachsen/hannover_weser-leinegebiet/kentler106.pdf

18 https://www.tagesschau.de/inland/regional/niedersachsen/ndr-uni-hildesheim-stellt-forschungen-zu-missbrauchsfaellen-vor-100.html

19 Ebd., S. 5

20 https://taz.de/!836663/

21 Ebd.

22 https://www.faz.net/aktuell/gesellschaft/kriminalitaet/behinderte-schwer-misshandelt-anklagen-im-fall-wittekindshof-erhoben-18337908.html

23 Hochstätter, Die Fragen der Opfer im Strafprozess, a. a. O., S. 7

24 Vgl. Rainer Strobl, Constructing the Victim: Theoretical Reflections and Empirical Examples, Sage Journals 2004, S. 295 f.

25 Vgl. Hochstätter, Die Fragen der Opfer im Strafprozess (mit Rückgriff auf Rainer Strobl), a. a. O., S. 7

26 Vgl. Christina Clemm, Gegen Frauenhass, Hanser Berlin 2023

27 Hochstätter, Die Fragen der Opfer im Strafprozess (mit Rückgriff auf Stephanie Fohring), a. a. O., S. 7

28 Vgl. Nils Christie, The ideal victim, in: From crime policy to victim policy, hg. v. Ezzat A. Fattah, Palgrave Macmillan 1986, S. 19

29 Hochstätter, Die Fragen der Opfer im Strafprozess (mit Rückgriff auf Werner Greve), a. a. O., S. 8

30 Vgl. https://www.bundestag.de/resource/blob/407124/6893b73fe226537fa85e9ccce444dc95/wd-7-307-07-pdf-data.pdf

31 Vgl. https://www.amadeu-antonio-stiftung.de/gruppenbezogene-menschenfeindlichkeit/antiziganismus-rassismus-gegen-sintizze-und-romnja-was-ist-das/

32 https://twitter.com/Alyssa_Milano/status/919659438700670976.

33 https://www.nytimes.com/2017/10/20/us/me-too-movement-tarana-burke.html

34 https://www.zeit.de/kultur/musik/2019-05/missbrauchsvorwuerfer-r-kelly-jim-derogatis-dokumentation-sexueller-kindesmissbrauch/seite-2

35 https://afrozensus.de/reports/2020/

36 Intersektionalität beschreibt, dass Personen, die von mehreren Diskriminierungsformen betroffen sind, also zum Beispiel Frauen und Musliminnen sind, eigene Diskriminierungsformen erleben, die sich weder nur auf Sexismus noch nur auf antimuslimischen Rassismus beziehen, sondern auf deren Schnittmenge: muslimische Frauen zu sein. Gleiches gilt für die Schnittmenge dreier oder noch mehr Diskriminierungsformen, also der Schnittmenge, eine Schwarze, muslimische Frau zu sein. Oder eine Schwarze, muslimische Frau zu sein, die in Armut

lebt. All diese Schnittmengen – also Intersektionen – ergeben neue, eigene Diskriminierungsformen. Von diesen Schnittmengen gibt es so viele, wie strukturelle Diskriminierungsformen miteinander kombinierbar sind.

37 https://www.nytimes.com/2017/10/20/us/me-too-movement-tarana-burke.html

38 Ganz bewusst erwähne ich hier keine migrantischen Personen, denn sie werden gesellschaftlich überproportional häufig als kriminell vorverurteilt und sind damit unbeliebte Opfer. Maximal in linken Kreisen werden sie aus genau diesem Grund als Opfer anerkannt.

39 Hochstätter, Die Fragen der Opfer im Strafprozess, a. a. O., S. 8

40 https://www.mdr.de/wissen/frauen-als-sexualstraftaeterinnen-100.html

41 Vgl. http://www.mikado-studie.de/tl_files/mikado/upload/MiKADO%20_%20Ergebnisse.pdf

42 Vgl. https://www.antidiskriminierungsstelle.de/SharedDocs/down loads/DE/publikationen/Expertisen/umgang_mit_sexueller_belaestigung_am_arbeitsplatz.pdf?__blob=publicationFile&v=5

43 https://hbr.org/2023/01/research-what-fragile-masculinity-looks-like-at-work (eigene Übersetzung)

44 https://hbr.org/2023/01/research-what-fragile-masculinity-looks-like-at-work (eigene Übersetzung)

45 Ebd. (eigene Übersetzung)

Teil 3 Die Täterinnen und Täter

1 https://www.gala.de/stars/news/tokio-hotel--pfui--schamlose-groupie-beichte-21463866.html

2 https://www.youtube.com/watch?v=9YLsMXyo3Uc

3 Ebd., ab Minute 11 : 00

4 https://www.spiegel.de/panorama/gesellschaft/till-lindemann-frau-ueber-verhaeltnis-zu-rammstein-frontmann-ich-war-viel-zu-jung-a-801899d9-f9d8-4ff6-965e-3833f2767eee und https://www.spiegel.de/kultur/musik/rammstein-frauen-werfen-till-lindemann-machtmissbrauch-und-sexuelle-uebergriffe-vor-a-d490f28a-2809-4b71-aba4-cbbcb49c2 f38

5 Vgl. https://www.zeit.de/gesellschaft/2021-04/belaestigung-vorwurf-wolfgang-fellner-medien-raphaela-scharf-oesterreich

6 Vgl. Laurin Lorenz, Journalist und Prozessbeobachter von Der Standard, in: https://www.zdf.de/dokumentation/zdfinfo-doku/sex-und-macht-100.html

7 Vgl. https://www.sueddeutsche.de/muenchen/rammstein-muenchen-row-zero-lindemann-konzert-gruene-stadtrat-olympiastadion-1.5900370

8 Vgl. https://www.thecut.com/article/lizzo-allegations-sexual-harassment-hostile-work-environment.html

9 https://www.thecut.com/article/lizzo-allegations-sexual-harassment-hostile-work-environment.html (eigene Übersetzung)

10 https://www.zdf.de/dokumentation/zdfinfo-doku/sex-und-macht-100.html

11 https://www.tagesschau.de/inland/staatsanwaltschaft-lindemann-100.html

12 https://www.musikexpress.de/till-lindemann-veroeffentlicht-neues-gedicht-abrechnung-mit-vorwuerfen-2504565/

13 Vgl. https://www.bild.de/unterhaltung/leute/leute/till-lindemann-rammstein-saenger-schockt-mit-neuem-skandal-video-86716422.bild.html

14 Thomas Stein in »Hart aber fair! Der Fall Rammstein«, https://www.youtube.com/watch?v=eqRPrJiSzpg

15 Tobias Haberl in »Hart aber fair! Der Fall Rammstein«, https://www.youtube.com/watch?v=eqRPrJiSzpg

16 Willkommen Österreich, ORF, 27.03.2018, https://www.ard mediathek.de/video/gegen-das-schweigen-machtmissbrauch-bei-theater-und-film/machtmissbrauch-bei-theater-und-film/ndr/Y3JpZ DovL25kci5kZS9wcm9wbGFuXzE5NjMzOTYxM19nYW56ZVNlbm R1bmc

17 Gegen das Schweigen – Machtmissbrauch bei Theater und Film, NDR, https://www.ardmediathek.de/video/gegen-das-schweigen-machtmissbrauch-bei-theater-und-film/machtmissbrauch-bei-theater-und-film/ndr/Y3JpZDovL25kci5kZS9wcm9wbGFuXzE5NjMzOTYx M19nYW56ZVNlbmR1bmc 13:00

18 https://www.youtube.com/watch?v=c-ufmvbdWjg

19 Werner Herzog, Eroberung des Nutzlosen, Fischer Taschenbuch 2009, S. 302

20 Vgl. https://www.spiegel.de/kultur/gesellschaft/pola-kinskis-buch-kindermund-ein-durchschnittliches-ekel-a-876885.html

21 https://www.bild.de/regional/hessen/hessen-regional/nach-vergewaltigung-in-giessen-polizei-jagt-triebtaeter-mit-phantombild-87636538.bild.html

22 https://www.deutschlandfunk.de/paradoxes-hormon-testosteron-macht-aggressiv-aber-auch-100.html

23 https://www.zeit.de/zeit-wissen/2015/05/testosteron-maenner-hormon-wirkung

24 https://www.zeit.de/zeit-wissen/2013/05/macht-psychologie-hirnforschung/seite-3

25 https://www.wissenschaft.de/erde-umwelt/testosteron-macht-hart-und-weich-zugleich/

26 https://www.swr.de/swraktuell/baden-wuerttemberg/suedbaden/basel-urteil-im-vergewaltigungsfall-gekippt-100.html

27 https://www.ndr.de/nachrichten/schleswig-holstein/Vergewaltigung-und-Missbrauch-Ex-Staatsanwalt-verurteilt,prozess8794.html

28 Vgl. https://www.geo.de/wissen/gesundheit/der-narzisst--wie-man-ihn-erkennt-und-mit-ihm-umgeht-32963256.html

29 https://www.deutschlandfunk.de/psychiatrie-diagnosen-icd-100.html

30 Vgl. Mitja Back, Ich – Die Kraft des Narzissmus, Kösel 2023, S. 150

31 Vgl. ebd., S. 26

32 Vgl. ebd., S. 157

33 Vgl. ebd., S. 252–285 und https://www.wissenschaft.de/gesellschaft-psychologie/viele-manager-leiden-unter-einer-persoenlichkeits stoerung/

34 Vgl. Back, Ich, a. a. O., S. 60–66

35 https://presse.uni-mainz.de/psychologen-untersuchen-persoenlich keit-von-millionaeren-und-allgemeinbevoelkerung/

36 Ebd.

37 https://presse.uni-mainz.de/zusammenhang-zwischen-narzisstischer-persoenlichkeit-und-rechtspopulismus-aufgedeckt/

38 https://www.sueddeutsche.de/politik/parteien-ulm-studie-waehler-von-afd-und-linke-neigen-zu-narzissmus-dpa.urn-newsml-dpa-com-20090101-181213-99-201720

39 Ebd.

40 Vgl. Back, Ich, a. a. O., S. 292

41 Vgl. Back, Ich, a. a. O., S. 66

42 Vgl. ebd.

43 https://www.youtube.com/watch?v=tWq4TOmLKpw

44 https://www.ardmediathek.de/video/ndr-talk-show/schauspielerin-diana-koerner/ndr/Y3JpZDovL25kci5kZS9hMWE5YTVkMi0zNDU4LTRkZjEtODQ2OS1kMWQ3MTExMTJjNDQ

45 https://www.aerztezeitung.de/Panorama/Genie-und-Wahnsinn-nur-ein-Mythos-217173.html, Auftaktveranstaltung zum 4. Internationalen Symposium der »Göttingen Research Association for Schizophrenia« (GRAS) am Max-Planck-Institut für experimentelle Medizin

46 Vgl. https://www.destatis.de/DE/Themen/Gesellschaft-Umwelt/Einkommen-Konsum-Lebensbedingungen/Zeitverwendung/Ergebnisse/_inhalt.html

47 https://www.spiegel.de/panorama/justiz/harvey-weinstein-new-yorker-gericht-hebt-vergewaltigungsurteil-von-2020-auf-a-001142e7-ff68-46f4-a74f-4619c1eac222

48 Vgl. ebd.

49 https://www.deutschlandfunkkultur.de/weinstein-urteil-vergewaltigung-gericht-berufung-100.html

50 https://www.sueddeutsche.de/muenchen/muenchen-fussballtrainer-missbrauch-prozess-gestaendnis-1.6333041

51 Ebd.

52 Vgl. https://www.sueddeutsche.de/muenchen/muenchen-prozess-jugendtrainer-fussball-urteil-1.6431129

53 https://www.sueddeutsche.de/muenchen/muenchen-prozess-jugendtrainer-fussball-urteil-1.6431129

54 Vgl. https://www.duden.de/rechtschreibung/System

55 Vgl. Niklas Luhmann, Soziale Systeme, Suhrkamp 1987 und https://rechtssoziologie-online.de/kapitel-2/%c2%a7-9niklas-luhmanns-rechtssoziologie/

56 https://www.sueddeutsche.de/muenchen/landkreismuenchen/sexueller-missbrauch-tsv-neuried-fussballtrainer-urteil-1.6434594

57 https://www.tsv-neuried.de/index.php/ueber-uns/praevention-sexueller-gewalt/praevention-sexueller-gewalt/aktuelles

58 https://athleten-deutschland.org/ueber-uns/

59 https://www.sueddeutsche.de/muenchen/muenchen-prozess-jugendtrainer-fussball-urteil-1.6431129

60 Ebd.

61 https://www.tagesschau.de/investigativ/report-muenchen/verurteilungen-vergewaltigung-101.html

62 ebd.

63 https://www.zeit.de/2020/21/gefaengnisse-freiheitsstrafe-gesellschaft
licher-nutzen

64 https://anschlaege.at/das-problem-der-strafe/

65 Vgl. https://rdb.manz.at/document/ris.just.JJT_20230627_
OGH0002_008OBA00036_23M0000_000

66 Ebd.

67 Ebd.

68 https://www.manager-magazin.de/politik/mission-rufmord-mobbing-
gegen-fuehrungskraefte-a-00000000-0002-0001-0000-000169070116

69 https://www.gofundme.com/f/fur-grundrechte-von-professoren?utm_
location=DASHBOARD

70 Vgl. https://www.spiegel.de/kultur/kino/til-schweiger-mitarbeiter-
erheben-vorwuerfe-gegen-den-star-sie-nennen-ihn-den-imperator-a-
f8a5dadd-b717-4156-971b-ec6a99590677

71 https://www.zeit.de/2024/18/til-schweiger-film-manta-manta-jan-
boehmermann/seite-2

72 https://www.zeit.de/2024/18/til-schweiger-film-manta-manta-jan-
boehmermann/komplettansicht und https://www.youtube.com/
watch?v=o_Xl4XKGCyg

73 https://www.zeit.de/2024/18/til-schweiger-film-manta-manta-jan-
boehmermann/komplettansicht

74 Ebd.

75 Ebd.

76 Vgl. https://www.zeit.de/2024/18/til-schweiger-film-manta-manta-jan-
boehmermann/komplettansicht

77 Vgl. https://www.youtube.com/watch?v=o_Xl4XKGCyg

78 https://taz.de/Rassismus-am-Theater/!5603768/

79 Ebd.

80 Vgl. ebd.

81 https://www.buzzfeed.com/de/pascalemueller/star-wissenschaftlerin-
max-planck-gesellschaft-mobbing

82 Ebd.

83 https://www.zeit.de/2020/06/mobbing-professorin-vorwurf-
beleidigungen-gerichtsprozess/seite-3

84 https://www.buzzfeed.com/de/pascalemueller/star-wissenschaftlerin-
max-planck-gesellschaft-mobbing

85 https://www.rnd.de/promis/kida-khodr-ramadan-4-blocks-star-

nimmt-sich-auszeit-TU5TURKFP5ADPIBSXCTJR357XY.html und
https://www.rnd.de/promis/kida-khodr-ramadan-ein-shootingstar-
auf-abwegen-ISAJKJKHRFEUDH25BRAUIOMIXE.html

86 https://www.youtube.com/watch?v=aOVHUhN0rbg
87 Ebd.
88 Ebd.
89 Vera Clemens, Oliver Decker, Paul L. Plener, Elmar Brähler und Jörg
    M. Fegert, Autoritarismus wird salonfähig in Deutschland: Ein Risi-
    kofaktor für körperliche Gewalt gegen Kinder?, Zeitschrift für Kinder-
    und Jugendpsychiatrie und Psychotherapie, 5/2019, S. 6 ff.
90 Vgl. https://www.capital.de/karriere/galerist-johann-koenig--ich-gebe-
    kaum-geld-aus--30562236.html
91 https://www.zeit.de/2022/36/johann-koenig-galerist-sexuelle-
    belaestigung-berlin/seite-2
92 https://www.berliner-zeitung.de/kultur-vergnuegen/johann-koenig-
    die-berichterstattung-der-zeit-ist-falsch-und-irrefuehrend-ich-bin-
    erschuettert-li.263158?afterPayment=true
93 https://www.sueddeutsche.de/kultur/kunst-sexuelle-uebergriffe-
    johann-koenig-kunstmarkt-galerie-1.5702735
94 https://www.facebook.com/SdJcollective/
95 Zuletzt abgerufen am 5. November 2023
96 https://www.ots.at/presseaussendung/OTS_20221220_OTS0131/
    der-bekannte-berliner-galerist-johann-koenig-erwirkt-gegen-
    die-zeit-eine-weitere-einstweilige-verfuegung-des-hanseatischen-
    oberlandesgerichts-wegen-der-berichterstattung-vom-01092022
97 https://www.berliner-zeitung.de/panorama/galerist-johann-koenig-
    ueble-nachrede-hamburger-staatsanwaltschaft-ermittelt-gegen-zeit-
    autorin-li.359851
98 https://www.sueddeutsche.de/kultur/machtmissbrauch-sexismus-
    rassismus-theater-indendanten-1.5272725
99 Ebd.
100 https://anschlaege.at/das-problem-der-strafe/
101 https://beauftragte-missbrauch.de/fileadmin/Content/pdf/Zahlen_
    und_Fakten/240418_Fact_Sheet_Zahlen_und_Fakten_zu_sexuellem_
    Kindesmissbrauch_UBSKM.pdf

Teil 4 Die Institutionen

1 https://www.nytimes.com/interactive/2019/09/10/us/men-military-sexual-assault.html

2 https://www.zeit.de/gesellschaft/zeitgeschehen/2019-09/sexueller-missbrauch-us-armee-soldaten-noetigung

3 https://www.nytimes.com/interactive/2019/09/10/us/men-military-sexual-assault.html

4 https://www.zeit.de/gesellschaft/zeitgeschehen/2019-09/sexueller-missbrauch-us-armee-soldaten-noetigung

5 Vgl. https://www.mdr.de/nachrichten/deutschland/politik/mdrfragt-umfrage-ergebnisse-wehrpflicht-100.html

6 https://www.tagesschau.de/inland/gesellschaft/hoegl-bundeswehr-mangel-frauen-100.html

7 https://www.rnd.de/politik/wehrbeauftragte-hoegl-kritisiert-frauenmangel-bei-der-bundeswehr-CBTDHUCWOZDXTF2KPE65CFVOL4.html

8 Vgl. Maja Apelt, Henrik Dosdall und Ray Trautwein, Militär zwischen Homogenisierung und Anerkennung von Diversität, in: Diversitäts- und Organisationsforschung, Nomos 2023, S. 458

9 Ebd., S. 461

10 Ebd.

11 Max Weber, Wirtschaft und Gesellschaft. Grundriss der Verstehenden Soziologie, 5. rev. Aufl., Mohr Siebeck 2002, S. 517, zit. nach: Maja Apelt, Henrik Dosdall und Ray Trautwein, Militär zwischen Homogenisierung und Anerkennung von Diversität, in: Diversitäts- und Organisationsforschung, Nomos 2023, S. 455

12 Ebd., S. 458

13 Ebd., S 457

14 https://www.youtube.com/watch?v=7LziJDrJtSY

15 https://www.tagesschau.de/investigativ/report-mainz/vollbild-bundeswehr-sexismus-erniedrigung-101.html

16 Vgl. https://www.antidiskriminierungsstelle.de/SharedDocs/downloads/DE/projekte/handout_umfrage_diskriminierung_in_dtschl_2015.pdf?__blob=publicationFile&v=1

17 https://www.tagesschau.de/investigativ/report-mainz/vollbild-bundeswehr-sexismus-erniedrigung-101.html

18 https://dserver.bundestag.de/btd/19/196/1919617.pdf

19 https://dserver.bundestag.de/btd/19/200/1920095.pdf

20 Vgl. https://fragdenstaat.de/anfrage/studie-bunt-in-der-bundeswehr/

21 https://www.spiegel.de/politik/deutschland/bundeswehr-sex-rituale-
    bei-der-kampfretter-ausbildung-a-1132072.html

22 Vgl. ebd.

23 Ebd.

24 https://www.bild.de/politik/inland/bundeswehr/bundeswehr-oberst-
    rechnet-mit-von-der-leyens-ab-52086668.bild.html

25 https://www.spiegel.de/politik/deutschland/bundeswehr-skandal-in-
    pfullendorf-sadistische-praktiken-in-der-ausbildung-a-1134529.html

26 Ebd.

27 https://www.bild.de/politik/inland/bundeswehr/bundeswehr-oberst-
    rechnet-mit-von-der-leyens-ab-52086668.bild.html

28 Ebd.

29 https://www.spiegel.de/politik/deutschland/bundeswehr-skandal-in-
    pfullendorf-sadistische-praktiken-in-der-ausbildung-a-1134529.html

30 Ebd.

31 Vgl. https://www.sueddeutsche.de/politik/bundeswehrreform-rede-in-
    berlin-de-maiziere-beklagt-gravierende-maengel-bei-armee-1.1098936

32 https://www.bmvg.de/de/sicherheitspolitik-und-bundeswehr-
    brauchen-mehr-frauen

33 https://de.statista.com/statistik/daten/studie/809135/umfrage/anteil-
    der-soldatinnen-in-der-bundeswehr/

34 https://www.bmvg.de/de/sicherheitspolitik-und-bundeswehr-
    brauchen-mehr-frauen

35 https://de.statista.com/statistik/daten/studie/809135/umfrage/anteil-
    der-soldatinnen-in-der-bundeswehr/

36 https://www.zeit.de/gesellschaft/zeitgeschehen/2018-01/bundeswehr-
    sexuelle-uebergriffe

37 Erving Goffman, Asyle, Suhrkamp 1973

38 Vgl. Niklas Luhmann, Organisation und Entscheidung, Westdeutscher
    Verlag 1978

39 Falko von Ameln, Peter Heintel, Macht in Organisationen, Schäffer-
    Poeschl 2013, S. 35

40 Max Weber, Gesammelte Aufsätze zur Soziologie und Sozialpolitik,
    J. C. B. Mohr 1988, S. 413

41 Falko von Ameln, Peter Heintel, Macht in Organisationen, a. a. O., S. 38

42 Vgl. ebd.

43 Michel Crozier und Erhard Friedberg, Macht und Organisation, Die Zwänge kollektiven Handelns. Zur Politologie organisierter Systeme, Athenäum 1979

44 Vgl. Ann E. Tenbrunsel und David M. Messick, Sanctioning Systems, decision frames and cooperation, Administrative Science Quarterly, 44(4),1999, S. 684–707

45 Vgl. Falko von Ameln, Peter Heintel, Macht in Organisationen, a. a. O., S. 69

46 https://www.tagesschau.de/wirtschaft/arbeitsmarkt/arbeit-deutschland-ueberstunden-100.html

47 Vgl. Falko von Ameln, Peter Heintel, Macht in Organisationen, a. a. O., S. 68–69

48 Ebd., S. 73

49 https://www.srf.ch/news/schweiz/vorwuerfe-sexueller-belaestigung-republik-stellt-journalisten-frei-woz-leitet-untersuchung-ein

50 Vgl. Falko von Ameln, Peter Heintel, Macht in Organisationen, a. a. O., S. 72

51 Ebd., S. 73

52 Ebd.

53 https://www.srf.ch/news/schweiz/vorwuerfe-sexueller-belaestigung-republik-stellt-journalisten-frei-woz-leitet-untersuchung-ein

54 Ebd.

55 Ebd.

56 Ebd.

57 https://www.watson.ch/schweiz/medien/716059583-belaestigungs vorwuerfe-bei-der-republik-zeigen-komplexitaet-solcher-faelle

58 Ebd.

59 Ebd.

60 Ebd.

61 Ebd.

62 https://www.republik.ch/2023/10/27/vorwuerfe-der-sexuellen-belaestigung-eine-stellungnahme

63 Vgl. https://www.kultur-kreativ-wirtschaft.de/KUK/Navigation/DE/DieBranche/die-branche.html

64 Vgl. z. B. das matrilineare Gesellschaftsmodell der Khasi: https://reportagen.com/reportage/maenner-an-die-macht/

65 Vgl. Judith Muster auf der re:publica 2024: https://www.youtube.com/watch?v=yuSRsZEOgD8

66 Stefan Kühl, Die formale Seite der Organisation. Überlegungen zum Konzept der entschiedenen Entscheidungsprämissen, Working Paper 2 / 2010 Uni Bielefeld, S. 4

67 Ebd., S. 5

68 Ebd.

69 Ebd., S. 8

70 Ebd.

71 Ebd., S. 9

72 Ebd.

73 Vgl. https://www.buehnenverein.de/de/theater-und-orchester/theater-und-orchesterlandschaft.html

74 Martina Staudhammer, Prävention von Machtmissbrauch und Gewalt in der Pflege, Springer 2018, S. 8

75 Ebd.

76 Vgl. ebd., S. 30 – 31

77 Ebd., S. 8 – 9

78 https://www.bz-berlin.de/berlin/lichtenberg/so-erklaert-der-heim-betreiber-den-pflege-notruf

79 https://www.rbb24.de/panorama/beitrag/2024/04/berlin-pflegeheim-domicil-neue-vorwuerfe-lichterfelde-west.html

80 https://www.rbb24.de/panorama/beitrag/2024/04/berlin-pflegeheim-domicil-neue-vorwuerfe-lichterfelde-west.html

81 Niklas Luhmann, Funktionen und Folgen formaler Organisation, Duncker & Humblot 1964, S. 51

82 Stefan Kühl, Organisationskulturen beeinflussen, Springer 2018, S. 2

83 Ebd., S. 13

84 Kühl, Organisationskulturen beeinflussen, a. a. O., S. 13, mit Hinweis auf Rodríguez Mansilla

85 https://taz.de/Rassismus-am-Theater/!5603768/

86 https://www.zeit.de/2021/17/duesseldorfer-schauspielhaus-rassismus-vorwuerfe-ron-iyamu

87 https://taz.de/Rassismus-am-Theater/!5603768/

88 Ebd.

89 Ebd.

90 Ebd.

91 Ebd.

92 Ebd.

93 Ebd.

94 Ebd.

95 Kai Matthiesen, Judith Muster, Peter Laudenbach, Die Humanisierung
    der Organisation, Wie man dem Menschen gerecht wird, indem man
    den Großteil seines Wesens ignoriert, Vahlen 2022, S. 179

96 Stefan Kühl, Wenn die Affen den Zoo regieren, Campus 2015, S. 96

97 Ebd.

98 Ebd., S. 97

99 Vgl. Falko von Ameln, Peter Heintel, Macht in Organisationen, a. a. O.,
    S. 68

100 Vgl. Kühl, Wenn die Affen den Zoo regieren, a. a. O., S. 96

101 K. T. Dirks, D. L. Ferrin, Trust in Leadership: Meta-Analytic findings
    and implications for research and practice, Journal of Applied Psycho-
    logy 87(4), 2002, S. 611 – 628

102 Falko von Ameln, Peter Heintel, Macht in Organisationen, a. a. O.,
    S. 127 – 128

103 Ebd., S. 110

104 Vgl. ebd., S. 111

105 Ebd., S. 113

106 https://www.tagesschau.de/wissen/forschung/stanford-prison-
    experiment-100.html

107 https://www.swr.de/wissen/1000-antworten/was-war-das-stanford-
    prison-experiment-104.html

108 Ebd.

109 Ebd.

110 https://www.tagesschau.de/wissen/forschung/stanford-prison-
    experiment-100.html

111 Ebd.

112 Stefan Kühl, Ganz normale Organisationen – Zur Soziologie des Holo-
    caust, Suhrkamp Wissenschaft 2014, S. 325

113 Ebd., S. 326

114 https://www.zeit.de/kultur/2021-03/theater-machtmissbrauch-
    struktur-klaus-doerr-volksbuehne/seite-2

115 https://www.tagesspiegel.de/wissen/was-tun-bei-machtmissbrauch-
    betroffene-wissen-nicht-an-wen-sie-sich-wenden-konnen-10811083.html

116 https://www.freitag.de/autoren/jenni-zylka/machtmissbrauch-in-der-
    filmbranche-she-she-stop

117 https://www.sueddeutsche.de/meinung/kolumne-marinic-maenner-
    rammstein-gleichberechtigung-1.5933994

118 https://detektor.fm/gesellschaft/machtmissbrauch-am-arbeitsplatz

119 Ebd.

120 https://www.spiegel.de/panorama/gesellschaft/sternekoch-christian-juergens-soll-mitarbeiter-belaestigt-bedraengt-und-drangsaliert-haben-a-19f05aaa-b8c2-4baa-9e63-96aafa8bd996

121 https://www.sueddeutsche.de/wirtschaft/deutsche-bank-me-too-1.5491605

122 https://www.spiegel.de/wirtschaft/unternehmen/bild-chefredakteur-julian-reichelt-und-die-internen-ermittlungen-voegeln-foerdern-feuern-a-456152ee-eff8-4d8f-9b47-1284b4c36c09

123 https://www.capital.de/wirtschaft-politik/me-too-fall-in-der-start-up-szene---ich-habe-sie-am-gesaess-angefasst--33392188.html

124 https://www.handelsblatt.com/technik/it-internet/autoabo-start-up-finn-gruender-tritt-nach-berichterstattung-ueber-sexuelle-belaestigung-zurueck/29117044.html

125 https://www.handelsblatt.com/technik/it-internet/finn-gruender-gericht-erlaesst-strafbefehl-wegen-sexueller-belaestigung/100040907.html

126 https://www.handelsblatt.com/technik/it-internet/finn-gruender-gericht-erlaesst-strafbefehl-wegen-sexueller-belaestigung/100040907.html

127 https://startupverband.de/politik/startupdiversity/

128 https://fortune.com/europe/2024/04/11/pharmaceutical-giant-bayer-ceo-bill-anderson-rid-bosses-staff-self-organize-save-2-billion/(eigene Übersetzung)

129 Ebd.

130 Stefan Kühl, Wenn die Affen den Zoo regieren, Campus 1994, S. 105

131 Ebd., S. 106

132 https://versus-online-magazine.com/de/kolumne/stefan-kuehl/demokratie/

133 Stephan Kühl, Wenn die Affen den Zoo regieren, a. a. O., S. 108

134 ZEIT Christ & Welt, 1. Februar 2024 No 6, S. 1–2

135 https://www1.wdr.de/nachrichten/missbrauchsstudie-evangelische-kirche-100.html

136 https://www.tagesschau.de/inland/gesellschaft/missbrauchsstudie-104.html

137 https://www.boeckler.de/de/boeckler-impuls-demokratie-braucht-gute-arbeit-61085.htm

138 https://www.deutschlandfunk.de/pfadfinder-sexueller-missbrauch-100.html

139 Ebd.

140 Vgl. https://www.faz.net/aktuell/gesellschaft/kriminalitaet/arzt-erhaelt-haftstrafe-fuer-vergewaltigungen-waehrend-der-behandlung-19233877.html

141 https://www.gesetze-im-internet.de/stgb/__174c.html

142 https://www.fr.de/frankfurt/rassismus-krankenhaus-frankfurt-mirrianne-mahn-politikerin-arzt-vorwurf-patientin-poc-news-zr-91176754.html

143 https://www.pnas.org/doi/10.1073/pnas.1516047113

144 Vgl. https://www.spiegel.de/politik/morbus-mediterraneus-das-rassistische-klischee-von-wehleidigen-migranten-a-7eced19d-851a-406e-aeb8-bea60ae28873

145 https://www.charite.de/service/pressemitteilung/artikel/detail/studie_ueber_sexuelle_grenzverletzungen_am_arbeitsplatz/

146 https://www.welt.de/print/die_welt/wirtschaft/article173639067/Sexuelle-Uebergriffe-auch-bei-Aerzte-ohne-Grenzen.html

147 Ebd.

148 https://www.eaf-berlin.de/was-wir-tun/studien-publikationen/publikation/parteikulturen-und-die-politische-teilhabe-von-frauen

149 Vgl. https://www.berliner-zeitung.de/news/meinungsfreiheit-zensurkultur-friedrich-merz-cdu-cancel-culture-ist-groesste-bedrohung-li.250545

150 https://www.prosieben.de/serien/newstime/news/afd-naher-aktivist-will-frauen-zur-abgabe-von-eizellen-verpflichten-347845

151 https://www.boell.de/sites/default/files/2022-11/decker-kiess-heller-braehler-2022-leipziger-autoritarismus-studie-autoritaere-dynamiken-in-unsicheren-zeiten_0.pdf S. 250

152 Ebd., S. 251–252

153 https://www.stern.de/gesellschaft/fall-malte-gallée--ein-gruener-ikarus-34507772.html

154 https://correctiv.org/aktuelles/europa-aktuelles/2024/05/29/im-glashaus-machtmissbrauch-und-sexuelle-belaestigung-im-eu-parlament/

155 https://www.bild.de/politik/inland/politik-inland/sexismus-skandal-um-deutsche-eu-abgeordnete-will-flachgelegt-werden-83077534.bild.html

156 Ebd.

157 Ebd.

158 https://www.spiegel.de/politik/deutschland/anschuldigungen-sexueller-uebergriffe-bei-linken-politiker-fordern-konsequenzen-a-54739ac2-aec8-46ad-9a3f-e622ea568c37

159 https://www.spiegel.de/politik/deutschland/die-linke-vorwurf-sexueller-uebergriffe-in-hessen-betroffene-auessern-sich-erstmals-a-d6e768e4-eec7-4aec-ba16-bfa6337d3723

160 Ebd.

161 https://www.die-linke.de/partei/parteidemokratie/parteitag/erfurter-parteitag-2022/live/detail/den-grundkonsens-erneuern-fuer-eine-feministische-linke-1/

162 https://statistik.arbeitsagentur.de/DE/Navigation/Statistiken/Interaktive-Statistiken/Fachkraeftebedarf/Engpassanalyse-Nav.html;jsessionid=47FE69217BCA8A371D33D56DAFB045A4

163 https://www.pnp.de/archiv/1/pflegepapst-fussek-zu-viele-pflegekraefte-sind-ungeeignet-fuer-den-job-7001675

164 https://www.wegweiser-demenz.de/wwd/alltag-und-pflege/alltagssituationen/aggressionen

165 Martina Staudhammer, Prävention von Machtmissbrauch und Gewalt in der Pflege, Springer 2018, S. 104

166 https://www.klinikumbielefeld.de/4-tage-arbeitswoche.html

167 https://taz.de/Gewalt-in-der-Pflege/!5080082/

168 Ebd.

169 https://www.ardmediathek.de/video/kontrovers/das-skandalheim-vom-schliersee/br-fernsehen/Y3JpZDovL2JyLmRlL3ZpZGVvLzNlY2MyMzk4LWZhZGMtNDhkNS04NTRlLTI3NzFiZDU2MjBkNQ

170 https://www.deutsche-apotheker-zeitung.de/daz-az/2014/daz-43-2014/leichenschau-oft-zu-oberflaechlich

171 https://www.thieme-connect.de/products/ejournals/abstract/10.1055/s-0035-1548782

172 https://www.bosch-stiftung.de/sites/default/files/publications/pdf_import/Altersbilder_in_anderen_Kulturen.pdf

173 Ebd.

174 https://www.deutschlandfunk.de/aelterwerden-im-islam-respekt-und-geduld-100.html

175 https://www.sueddeutsche.de/wirtschaft/klinik-imperium-marseille-verkauft-sein-lebenswerk-1.3680508

176 Ebd.

177 Ebd.

178 https://www.zeit.de/2014/51/schlachthof-niedersachsen-fleischwirt schaft-ausbeutung-arbeiter

179 https://taz.de/Erntehelfer-in-Apulien/!5236507/

180 https://www.buzzfeed.com/de/pascalemueller/vergewaltigt-auf-europas-feldern#.amYZRRWga

181 Aladin El-Mafaalani, Mythos Bildung. Die ungerechte Gesellschaft, ihr Bildungssystem und seine Zukunft, Kiepenheuer & Witsch 2021, S. 151

182 https://health.ec.europa.eu/system/files/2023-06/com_2023_298_1_act_de.pdf

183 https://www.spiegel.de/deinspiegel/experte-zum-thema-mobbing-menschen-neigen-zum-wegschauen-a-65702249-3cdb-413d-9086-76ceb4377f30

184 https://www.sueddeutsche.de/karriere/mobbing-wer-anders-denkt-fliegt-raus-1.558625

185 https://vielfalt.uni-koeln.de/antidiskriminierung/glossar-diskriminierung-rassismuskritik/othering#:~:text=Der%20 Begriff%20Othering%20(aus%20dem,dem%20Kontext%20der%20 postkolonialen%20Theorie.

186 Günther Ortmann, zit. nach Falko von Ameln, Peter Heintel, Macht in Organisationen, a.a.O., S. 112

187 Ebd., S. 32

Teil 5 Das Wir

1 Vgl. Popitz, Phänomene der Macht, a.a.O., S. 187–197. Ich gebe die Geschichte im Folgenden sinngemäß wieder.

2 Popitz, Phänomene der Macht, a.a.O., S. 121

3 Ebd., S. 197

4 Ebd., S. 196

5 Hans W. Bierhoff und Beate Küpper, Sozialpsychologie der Solidarität, zitiert nach: Solidarität, Begriff und Problem, hg. v. Kurt Bayertz, Suhrkamp 1998, S. 263

6 Kurt Bayertz: Solidarität, Begriff und Problem, a.a.O., S. 14

7 Andreas Reckwitz, Die Gesellschaft der Singularitäten, a.a.O., S. 62

8 https://www.wsi.de/data/wsimit_2020_05_dafinger.pdf

9 Jan Skudlarek, Wenn jeder an sich denkt, ist NICHT an alle gedacht. Streitschrift für ein neues Wir, Tropen 2023, S. 142–143

10 https://www.wsi.de/data/wsimit_2020_05_dafinger.pdf

11 Vgl. Armin Falk, Warum es so schwer ist ein guter Mensch zu sein, Siedler 2022, S. 27

12 Ebd., S. 28

13 Vgl. ebd., S. 31

14 Vgl. https://www.briq-institute.org/media/statement_oct2022.pdf

15 https://www.sueddeutsche.de/wirtschaft/iza-armin-falk-simon-jaeger-institut-zur-zukunft-der-arbeit-1.6304806

16 Ebd.

17 Ebd.

18 https://newsroom.iza.org/de/archive/news/statement-from-the-deutsche-post-foundation-on-the-future-of-iza/

19 Auch in der Abwesenheit Schwarzer Personen wäre die Äußerung rassistisch. Die Erwähnung soll verdeutlichen, dass der Mann seine Worte in vollem Bewusstsein wählte.

20 https://texthacks.substack.com/p/37-recherche-hacks-von-daniel-drepper

21 https://recherche.substack.com/p/so-schutzen-wir-menschen-die-mit

22 https://www.ardmediathek.de/video/sportschau/missbraucht-sexualisierte-gewalt-im-deutschen-schwimmsport/das-erste/Y3JpZDovL2Rhc2Vyc3RlLmRlL3Nwb3J0c2NoYXUvYzg4NDRkYTUtOTJlOC00-0ZDA5LTk2YWUtNjU1YWRlZTdlNGUz

23 https://www.ardmediathek.de/video/sport-inside/ich-bin-staerker-als-du/das-erste/Y3JpZDovL3Nwb3J0c2NoYXUuZGUvYWFjMTNlODgtMDAxNi00NjMyLTlkYTQtY2UyYmIwYzMzNDVi

Teil 6 Die Konsequenzen

1 Pascal Demurger, L'Entreprise du XXIeme Siècle Sera Politique Ou Ne Sera Plus, Préface de Nicolas Hulot, l'Aube 2019

2 Erving Goffman, Asyle, a. a. O., S. 11

3 https://www.spiegel.de/panorama/leute/charles-spencer-prinzessin-dianas-bruder-berichtet-von-missbrauch-im-internat-a-d73985c8-cfe7-4e4c-bb83-0f0c7ae0b515

4 Ebd.

5 https://www.dailymail.co.uk/news/article-13176955/boarding-school-

missed-mother-prey-matrons-feminine-warmth-EARL-SPENCER.
html (eigene Übersetzung)

6 https://www.deutschlandfunk.de/odenwaldschule-sexueller-
missbrauch-die-rolle-von-100.html

7 https://www.jugendwerkhof-torgau.de/besuch-2/

8 https://www.zeit.de/2021/11/julian-reichelt-bild-chefredakteur-
machtmissbrauch-axel-springer

9 https://www.morgenpost.de/berlin/article214359861/Was-es-bedeutet-
mit-einem-Polizisten-verheiratet-zu-sein.html

10 Oliver von Dobrowolski, Ich kämpfe für eine bessere Polizei, S. Fischer
2022, S. 194

11 https://www.spiegel.de/panorama/justiz/meiningen-thueringen-
missbrauchsvorwuerfe-an-polizeischule-a-efa026dc-327b-4db5-9486-
2c6b25180de9

12 https://hmtm.de/wp-content/uploads/PDF/HMTM_Chronologie_
2024-04-18.pdf

13 https://www.tandfonline.com/doi/full/10.1080/026783709028156
73?needAccess=true und https://www.antidiskriminierungsstelle.
de/SharedDocs/downloads/DE/publikationen/Expertisen/
expertise_diskriminierungserfahrungen_in_deutschland.pdf?__
blob=publicationFile&v=6

14 Vgl. https://www.youtube.com/watch?v=ujIKfHqPNrc, bei 8:40

15 Ebd.

16 https://hmtm.de/wp-content/uploads/PDF/HMTM_Statement-der-
Studierendenvertretung_2024-04-18.pdf

17 https://www.ekd.de/chronologie-des-verlaufs-des-teilprojekt-e-
forum-82567.htm

18 Ebd.

19 Ebd.

20 Vgl. https://www.youtube.com/watch?v=oW24BaiLz8A, ab 09:05

21 Stephan Voswinkel, Anerkennung und Arbeit. Ein Problemaufriß
am Beispiel der Lohnfortzahlung im Krankheitsfall, in: Grenzenlose
Gesellschaft? Band II / 2. Ad-hoc-Gruppen, Foren, hg. v. Hermann
Schwengel unter Mitarbeit von Britta Höpken, Centaurus Verlag &
Media UG 1998

22 Ebd., S. 4

23 Ebd.

24 Ebd.

25 Ebd.

26 https://www.spiegel.de/politik/deutschland/die-linke-vorwurf-sexueller-uebergriffe-in-hessen-betroffene-auessern-sich-erstmals-a-d6e768e4-eec7-4aec-ba16-bfa6337d3723

27 https://www.tagesspiegel.de/wissen/was-tun-bei-machtmissbrauch-betroffene-wissen-nicht-an-wen-sie-sich-wenden-konnen-10811083.html

28 https://www.spiegel.de/wirtschaft/metoo-expertin-simone-kaempfer-am-besten-haengen-sie-den-verhaltenskodex-in-der-kaffeekueche-auf-a-237868cd-5fd9-469b-88ad-ae57ef968770

29 Ebd.

30 https://www.gesetze-im-internet.de/agg/__15.html

31 https://internetwache.polizei.nrw/ich-moechte-eine-anzeige-erstatten/antragsdelikte

32 Vgl. https://www.gesetze-im-internet.de/stgb/__201a.html

33 https://juris.bundesgerichtshof.de/cgi-bin/rechtsprechung/document.py?Gericht=bgh&Art=en&nr=80684&pos=0&anz=1

34 Ebd.

35 Ebd.

36 Ebd.

37 https://blog.burhoff.de/2024/01/stgb-ii-ich-mache-euch-fertig-ihr-schlampen-oder-keine-meinungsaeusserung-sondern-formal beleidigung/

38 https://www.bild.de/ratgeber/recht/urteil/wen-darf-ich-wie-beleidigen-26418084.bild.html Strafe in diesem Fall: 225 Euro. (AZ: (4) 1 Ss 93 / 04 – 91 / 04)

39 https://www.zeit.de/news/2024-02/12/wahlmann-verbale-sexuelle-belaestigung-als-straftat-ahnden

40 https://journals.sagepub.com/doi/epub/10.1177/08902070231190219

41 Rafik Schami, Gegen die Gleichgültigkeit, Schiler & Mücke 2021, S. 13